幸福感の強い人 弱い人

最新ポジティブ心理学の信念の科学

精神科・心療内科医
ロンドン大学名誉上級研究員
千田要一

まえがき

２０１１年3月11日の東日本大震災以降、さまざまなマスコミの調査などで、人々が人生における「幸福感」を、より重視し始めているという主旨の結果が出ています。書店を見ても、「幸福論」に関する本が、目立って増えています。

大きな天災などによって、多くの方が、それまで当然としてきた自分観、他人観、人生観、世界観を揺さぶられ、人生の意味や幸福について改めて考えている気配がします。

本書を手に取ってくださったあなたは、いかがでしょうか？

どうすれば、毎日の仕事・生活において、幸福感を強くし、生きがい、モチベーションを増すことができるのか、その方法を発見していらっしゃいますか？

ここ数年、経済状況はますます厳しく、仕事でも生活でも、苦労の絶えない方も多いでしょう。「ゼロ地点からプラスオンを目指す方」もいれば、「マイナス地点から何とかゼロに、さらに少しでもプラス地点に」と奮闘している方もいるかもしれません。

どのようにしたら自分は、同じ不運・失敗パターンから脱出できるのだろうか？

この自分、この欠点、この性格、この人生を、もっと幸せ感に満ちたものに変えることはできないのだろうか？

これまで、変えようとして何度も挫折し、「自分はこんなもんさ」と諦めていたけれども、それでもまだ、何かできることがあるならば――。


本書は、そんなあなたのために書かれました。

「どのような人でも、どのような状況からでも、人は、必ず、努力によって、さらに幸福感を増していくことが可能だ！」と、筆者は、強く強く信ずるものです。

この信念は、今最新のグローバルスタンダードの研究・実験・事例から、また、筆者の臨床の経験から、導かれたものです。


筆者は、日本で医学博士号を取得後、世界でもトップクラスの実績を上げているロンドン大学（ユニヴァーシティ・カレッジ・ロンドン）で、最新の心理学の流れであるポジティブ心理学を研究しました。

現在はロンドン大学名誉上級研究員として、欧米の研究機関と国際共同研究を進めつつ、日本では精神科、心療内科のハッピースマイルクリニック（ＨＳＣ）を開業しています。これまでに発表した学術論文は、英語と日本語の論文を併せると約１００本になり、ありがたいことに日本でも海外でもいくつかの学会賞をいただきました。

筆者は、これらの**最新の精神医学的・心理学的知見をもとに、帰納的に、身体の若さや健康、心の幸福感、成功を実現するために持つべき「よい信念」を研究**しています。これによって、誰しも必ず、幸福感を増し、自分の現状と周りの現実を捻じ曲げて、変えていくことができます。そういう**「信念の科学」**を、あなたにお届けしたいのです。

「信念？　私はそんな、たいそうなものは持ってないですけど……」

「むしろ、持ちたいと願っているんですが……」

そう言う人は多いのです。

しかし、すべての人が、つまりあなたも、実は必ず、心の一番奥底に何らかの信念を持っています。本書でいう「信念」とは、おもにあなたが普段気づくことができない潜在意識下にあり、表面に表れたあなたの「性格」を、根元でコントロールしているものです。

性格とは、個人としての思いや言葉や行動などを総合したもので、性格が、日々の人間関係や生活、仕事、もっと大きくいえば、運命や人生、幸・不幸感までをコントロールしています。

つまり、**生活、仕事、運命や人生、幸・不幸感を、一番根幹の部分でコントロールしているのが、あなたの心の奥底の「あなた特有の信念」**なのです。

そして、一番大切な部分であるにもかかわらず、私たちは、その信念を自分で把握するのは、極めて困難であるということです。

でも、これを知っておきたくはありませんか？

本書は、その、あなた固有の信念が、本当にあなたを幸福にするものであるかどうかを最新の心理テストなどで把握し、不幸を生み出すような「悪い信念」を除去し、幸福感が増すような「よい信念」を持つための方法を、科学的に探ってお届けするものです。

そして、その立場から、過去のおもな心理学をすべて鳥瞰し、各種療法の長所・短所を、網羅的にお伝えします。

学問的に少し難しい議論が展開されている箇所が読みにくい場合は、全部お読みいただく必要はありません。

本書の効用、構造、結論、要点を手早く知りたい方は、序章をお読みください。

第3章は、**読むとすぐに元気になれる、奇跡のような科学的実験結果**を列挙しています。

また、第1章の**「最新性格診断」**、第2章の**「失敗パターン診断」**に取り組んだ後、第4章と補章の、ご自分に必要な箇所だけ、お読みいただだいても結構です。

もっと詳しく知りたい方には、巻末に140本弱の参考文献と資料を付けておきました。

最後に、本書の編集に尽力してくださった幸福の科学出版第五編集局の松尾研一氏に厚く御礼申し上げます。

本書が、あなたにとって、新しい自分、本当の自分に出会うきっかけになれば、これに勝る喜びはありません。

2012年7月7日

精神科医　千田要一

『幸福感の強い人、弱い人』――目次

序章
信念で奇跡は起こせる!

第1章

あなたの人生を決める「6つの性格・信念」チェック！

第2章

あなたの「10の失敗パターン」チェック!

第3章

「よい信念」が心も身体も人生も幸せにする!――数々の奇跡の実験

よい信念の効用（信念と精神機能）

信念の科学（可能性の心理学）

スピリチュアリティの脳科学研究

第4章

「よい信念」を強化する仏教の「八正道」とは？

6つの性格を適切な状態にするには、八正道のどの項目？

序　章

信念で
奇跡は起こせる！

仕事で生活で、「幸せ感」が続かないのは、なぜ？（N子さんの場合）

始めに、心の中と人生の現実が、奇跡のように幸福化したN子さんという女性（30歳）の実際の事例をご紹介しましょう（この事例は、ご本人の承諾を得た上で、事例の主旨を残しつつも、枝葉の設定の部分をご本人と分からないように変えて掲載しています）。

N子さんは、今グローバルスタンダードの最新の精神医学、心理学の数々の実験・研究に基づく分析法・実践法の中から、自分に合うものを実践し、よい信念を身につけ、素晴らしい回復をされました。N子さんが実践した方法が、本書の各章に収められています。

事例のご紹介とともに、本書の構造、結論、要点を述べていきます。

◇　◇　◇

N子さんは、仕事でも生活でもトラブルが続き、心身の不調が生じて、筆者が院長を務めるハッピースマイルクリニックに来院しました。「1カ月ほど不眠が続き、仕事ではミスを連発し、ひどく憂うつな気分だ」という症状でした。

来院時、彼女は顔色が真っ青で、声に張りもなく、まさに抜け殻同然でした。

N子さんは、来院の6カ月前、3年間の結婚生活にピリオドを打っていました。整骨院を営む前夫の仕事を手伝っていたのですが、前夫は急に不機嫌になる性格で、彼に自分を合わせて生活するのに精根尽き果てたN子さんは離婚を決意したのでした。

そして、来院の3カ月前、N子さんは、ある生命保険会社にセールス・レディーとして就職。何とか自立していこうと頑張っていた矢先のクリニック訪問でした。

このご時世ですので、どこの職場もそうでしょうが、生保レディーの仕事は、ここ何年かで以前にも増してきつくなっているそうです。

N子さんは一見、明るいのですが、自信があるタイプではなく、人に気を遣う性格で、相手の要求に「ノー」と言えず、自分の気持ちをためこんでしまう傾向がありました。配属先の営業所長は強面で、ただでさえ過剰な営業ノルマを課してくる人なのですが、N子さんを相手にすると、いつにも増して、かさにかかってくるということでした。

「前夫といい、職場の上司といい、私はなぜ、人間関係でこんなに『貧乏くじ』ばかりなんでしょうか……」。

N子さんは、行き詰まっていました。

それでも何とかしなくてはと、N子さんは営業成績を少しでも上げるため、休日も返上して無理を重ねました。その結果、再び、**精根尽き果ててエネルギー不足**に陥ってしまったのです。

どうしたら、なかなか変わりにくい自分、この欠点、この人生を、変えていけるのか。

さっそく、クリニックで治療を始めました。

最新のグローバルスタンダードの心理療法とは

N子さんは、まず、今世界的にメジャーな最新の心理学理論で性格分析をして、自分がどんな性格タイプなのかを知りました（本書の第1章収録）。自分の性格の中の6つの要素の度合がどれくらいかを計った結果、N子さんの性格は、「協調・寛容・公正キャラ」の要素が極端に強い、つまり、「人の気持ちを理解して協調的にやっていくという性格が少し行き過ぎたところまでいっている」という特徴を持っていることが分かりました。

次に、その性格の特徴から、繰り返し陥りがちな失敗パターンも導き出しました（第2章）。N子さんは、性格の特徴が高じて、自己犠牲・感情抑制傾向で失敗する、つまり、人の言うことを、本意に反して聞き過ぎて、バランスを崩すパターンでした。

こうした分析のプロセスのなかで、N子さんは、**性格の根元に隠されていて、性格をコントロールしている自分の心の奥底の「信念」（思いこみ・潜在意識・知らずに採用しているポリシー）を初めて把握しました（第1、2、3、4章）**。

N子さんは、心の奥底で無意識に、自分のことを、「何かを主張しても受け入れられない価値のない存在だ」と信じこんでしまっていました。そしてもっと深いところには、「人間は偶然に生まれて、環境は選べない。能力は遺伝子で決まっている。人間は死んだら灰になっておしまい」という信念がありました。これらから、「自分はこんなもんさ。もう変われない」という失望感が生まれ、それが不幸感覚のもと、エネルギーダウンのもとになり、人間関係での消極性、「聞き過ぎ」が発生していました。

そこで、N子さんは、自分の性格と、その根元の信念を整えるべく、**各種の心理療法の中から自分にあった実践法を生活に取り入れました（補章）**。

また、それらの**心理療法の効果を内包するところの仏教の伝統の智慧、「八正道《はっしょうどう》」をシンプルなスタイルで実践**していきました**（第４章）**。

「八正道」については、初耳の方が多いと思いますが、**２０００年代に入ってからの最新のポジティブ心理学の研究潮流の延長線上で注目されているメソッド**です。精神医学・心理学の立場から見ると、非常に優れた「性格・信念の矯正法」ということができます。イメージ的には、西洋医薬に対する漢方薬（それも西洋薬をはるかに凌ぐ極めて高い効果性を持つもの）だと思っていただければ結構です。

自分に合った心理療法を実践する

N子さんには、まず、生活や職場で発する「言葉」を調えてもらいました。八正道でいう「正語《しょうご》」（正しく語る）です。これはとても効果的でした。「自分にも価値があり」かつ「相手にも価値がある」という信念から、他人の言葉を聞くだけでなく、それに応じて心に生まれた自分の気持ちを、適切に表現するよう心がけてもらいました。

また、「自分は価値ある人間だ」という信念、「自尊心」をアップするために、ポジティブ心理学が提唱する「アファメーション」（補章）を日課にしてもらいました。毎日、「自分には、素晴らしい可能性が眠っている。それが日々、発揮されていく！」と言葉に出して、自己暗示をかけたのです。

また、「行動」と「仕事の仕方」を整えるという八正道の「正業《しょうごう》」も役立ちました。「自分の仕事を通じて、どのように周りの世界、会社や世の中の役に立てているか」という観点から、自分自身で、自分の行動と仕事を振り返るという反省を進めたのです。上司の言うがままではなく、お客様の立場に立ち、相手のニーズを考えてサービスを提供するという視点を持って、自分の頭で考えながら仕事を進めたのでした。

N子さんに起きた奇跡

4カ月が経つと、N子さんは、劇的に表情が変わっていました。

来院時とは、まるで別人のようです。会話中ずっと笑みがこぼれ、声にも張りがあり、対面していると明るくて、まるで後光が差しているかのような感じです。**営業成績も、彼女の所属営業所でトップ**になり、なんと、**全国でもトップ10**に入るまでに急上昇したのでした。

何が彼女をそこまで変えたのでしょうか？

N子さんは、すべての根幹となる「信念」を整えたことで、持ち前の性格の特徴である協調性が、コミュニケーション力としていい形で花開き、そのことを自分でも「自分のよい点だ」と素直に思えるようになり、それがまた嬉しくもあるのでした。

最近、周りの人から「あなた本当に明るいね！　何かいいことあったの？」とよく言われるそうです。

これは実は、以前もよく言われていたことです。ただ、以前はそれが苦痛でした。なぜなら、〝価値のない自分〟を隠すために、無理して協調性を使い、明るく演じていたからです。無理しているので疲れます。疲れてもそれを隠そうと、ますます明るくふるまい、やがてクラッシュして、精根尽き果てる。この繰り返しでした。

でも今は違います。心の奥底で自分を冷たく否定し、ダメ出しをし続けるという、自分に対して失礼なことはもうやめました。そうでなく、「自分は、よいところがある。悪いところもあるけど、そこは努力によって変えていけるのだ」というように、自分に対する信念の内容を、「自分の可能性を温かく深く信じてあげるもの」にセットし直したのです。

すると幸福感が増し、持ち前の協調性が、コミュニケーション力としてよい形で生かされることになりました。言いたいことも言えるようになりました。ほめられたとき、素直に「ありがとう」と言える自分がいました。心のエネルギーが、不完全燃焼でくすぶるのでなく、きれいに完全燃焼して巡っていく感じです。

N子さんは、自分の個性が、きれいに輝くためのノウハウを手に入れました。

それは、他人にも応用できます。周りの人々の個性を輝かせる力と幸せをも手に入れたのです。

「自分のすべての根幹となる信念が根本的に変わったからだ」とつくづく感じる今日この頃です。今、彼女は、毎日を謳歌しています。

奇跡が起きた精神医学的・心理学的な理由

何が奇跡のもとになったのか。

「自分は価値がない」と信じている人が、自分の可能性を、温かく深く信じてあげられるようになるのは、ある意味、難しいことであり、ある種の奇跡といえます。

N子さんを劇的に変えたのは、N子さんが心の中で信じている内容、性格の根元にある

「信念の変化」でした。「自分、他人、人生、世界をどう信じているか」という、その信念の内容です。

N子さんが信じたのは、今グローバルスタンダードの精神医学的・心理学的・科学的研究から導き出された人間の幸福感を高める「よい信念」でした。それは、以下のようなものでした。これは、本書の結論でもありますので、ここで端的に述べておきます。

「私はスピリチュアルな存在で、肉体に宿る魂だ。

それは、神さま、仏さまなどの『聖なる偉大なる存在』の一部であり、永遠の生命を持って、魂修行のために転生輪廻を繰り返している存在だ。

ゆえに、自分は『無限の可能性を持つダイヤモンドの原石』なのだ。磨けば磨くほど光るのだ。

それは、他人もまったく同じだ。

人生は、人格を磨き、魂を磨くための修行場なのだ。自分も他人も、苦労して、その中で頑張っている。

世界は、そうしたたくさんの魂修行者たちが修行するために、神さまや仏さまなどの偉大なる存在が創った慈悲の世界なのだ」

N子さんは、この**「よい信念」を示されて初めて、それまで持っていた自分の心の奥底**

の信念に気づきました。

「人間は、偶然に生まれる存在で、環境は選べない。能力は、生まれたときから遺伝子で決まっている。人間は死んだら灰になっておしまい……」

こうした物質主義の人間観、人生観、世界観は、実は科学的根拠のない、グローバルスタンダードでもない、世界の中でもおもに日本で蔓延する「悪い信念」にしかすぎないものです。

実は物質主義の信念は、「自分には価値がない。可能性がない」という自分否定につながりやすく、また、自己肯定感があったとしても、それをもろく崩れやすいものにし、性格→生活・仕事→人生のトラブルの悪循環の原因になりやすいものなのです。なぜなら、次のような一つの法則があるからです。

人類を代表する偉人が異口同音に同じ信念を

「人は、その人の思う通りの人間になるのだ」。

どんな人でも何度かは聞いたことがあるでしょう。

心理学の父といわれるウィリアム・ジェームズが述べている内容です。

ジェームズだけではありません。数十億の人類が尊敬してやまない偉大な宗教家・釈尊も、偉大な哲学者ソクラテスも、マルクス・アウレリウスも、近代では、アメリカの思想家・詩人であるラルフ・ワルド・エマソンも、人類史の宝ともいうべき数多くの偉人が、異口同音に同じことを述べているのです。

ここに何かがあると思わねばなりません。

そして、**この言葉は、単なる励ましでも思いこみでもなく、「一つの法則」であることが、精神医学的、心理学的、科学的に証明されてきている**のです。

これは、知らない人にとっては「奇跡」でしょう。しかし、これを知り、使いこなす人にとっては「法則」となり、自分で使うことも、他の人に教えることもできるようになります。

奇跡のような実験結果がごまんとある

次のような文字通り「奇跡」の科学的実験結果があるのを皆さんはご存知でしょうか？

「頭のよさは生まれつき」と「信じている」子供は学校の成績が伸びず、「努力次第で頭はよくなる」と「信じている」子供は、成績が実際に伸びます。↓201ページに詳細。

実験で「酒を飲んだ」と「思いこむ」と、実際にはアルコールを摂取していなくても、「酔っ払い」症状が身体に出てしまいます。↓197ページに詳細。

75歳の複数の男性を対象にした1週間の実験で、それぞれ20年前、つまり55歳当時の服を来て、当時の写真を見ながら、その当時のことについてお互いに語り合い、味わう1週間を送ってもらいました。すると1週間後、なんとほとんどの参加者が、身体の柔軟性が明らかに増し、姿勢、聴力がよくなり、握力もずっと強くなりました。また、視力が平均して10％近く改善し、記憶力も向上したのです。見た目も明らかに若返りました。これは、信念が人間の肉体をも若返らせるという驚くべき研究結果です。↓98ページに詳細。

いい意味で楽観主義の人は、幸福感が増し、なんと実際に運がよくなるというデータがあります。悲観主義の人は、危険を避けようとしてあれこれ心配しているのに、実はそれがもとで、かえって危険を引き寄せ、実際に運が悪くなるといいます。↓64ページに詳細。

同種の数々の実験を本書の第1章や第3章に数多く収録しています。これらはほぼ、最新の心理学であるポジティブ心理学の流れの中でなされているものです。

運命を操るあなた自身の心の奥底の「信念」

こうした奇跡のような結果を導いた正体が「信念」なのです。

「信念」を広辞苑で調べると、「ある教理や思想などを、固く信じて動かない心」と定義されています。精神医学・心理学的には、表面意識だけでなく、潜在意識まで含めた心の奥底からの「強い確信」です。信念という言葉が分かりにくければ、学問的に厳密な定義は横に置き、ざっくりと、「潜在意識」という言葉を使うこともできます。もっと柔らかく「人生のポリシー」などの言葉も当たるかもしれません。

人間は、「強く信じ、確信にまで至っている信念の内容」を、「それに基づく行動」と「努力」とで、「人生の現実」として実現してしまう存在なのです。信念は「自分」に対してのもののみならず、「他人」「人生」「世界」に対するものも含まれます。それで幸・不幸が分かれ、運命が分かれていくのです。

こういう法則が厳然としてあるのに、ほとんどの人は、「信念」の内容を、ほとんどチェックせずに採用しています。それはよく考えたら、とても損なこと、いや恐ろしいことだと思いませんか？

あなたが、潜在意識で、自分のことを「絶対、幸福になれる無限の可能性を持つ存在だ」と強い信念を持ち続けていれば、遅かれ早かれ、必ず、その通りになるのです。

恐ろしいことに、逆に、「可能性がない」と信じていたら、それが現象化します。

さて、**あなた自身は、心の深いところで、自分のことを、どう思ってらっしゃいますか？**

どう信じていますでしょうか？

それをチェックしたことがありますか？

「自分の力はこんなもんさ。可能性はこんなもんさ」というように「可能性がないと決め込んだ自分像」を心の奥底のコックピットにセットしてしまい、それを「信じこんで」いませんか？

それが、不幸感覚の大本であり、「生きづらさ」の類の不幸感覚の大本なのです。確認しなくて怖くないでしょうか？

世界標準の実験結果から導き出した「よい信念」

本書では、前述のような数々の実験・研究・事例を数多く紹介し、そこから、「どのような信念を持つと、幸福感、健康、長寿、人生の成功を実現できるのか」という法則と、「どのようにしたら、そうしたよい信念を身につけられるのか」という方法を明らかにします。

本書は、学術的研究に基づいているという点で、単なる自己啓発書ではありません。また、心理学の個別の学派の理論に偏らずに鳥瞰的アプローチで解説しているという点で、これまでの単なる心理学書でもありません。

「どんな信念を持てば、人生にどんな結果がやってくるか」を、精神医学的・心理学的・科学的な実験・事例・研究から抽出して示す書ということです。

本書では、世界中の実験・事例・研究を取り上げ、動かしがたい数々の「結果」から、「原因」を探り出すという「帰納的」作業を試みました。「こういう信念を持つと、幸福感を持てる可能性が高まる」ということを、数々の現実の観察から、帰納的に導き出したのです。

また本書は、読者が、「自分の信念・性格・人生を発見し、よりよいものに練り上げる」ために便利な視点を、数々ご提供します。最新の心理学理論の他、現在、世界的に一番メジャーな性格理論（第1章）、失敗パターンの10の分類（第2章）、奇跡のような実験結果の数々（第3章）、**古今東西３０００の宗教・哲学・思想・学問を網羅的に調べた結果、一番よいと思われる信念矯正法「八正道」（第４章）、さらには、既存の心理学各派の長所と短所とその利用法まで（補章）**を、まとめてご紹介します。

もちろん、本書の理論は完全でも最終形でもありません。今後、さらに実験・研究・事例・理論構築が積み上がるにつれて、発展していくでしょう。非常に楽しみです。

より分かりやすく理解するために、次の見開き34、35ページをご覧ください。今まで述べてきた人間の心の仕組みと、それを本書のどの章で言及するかを図解してあります。

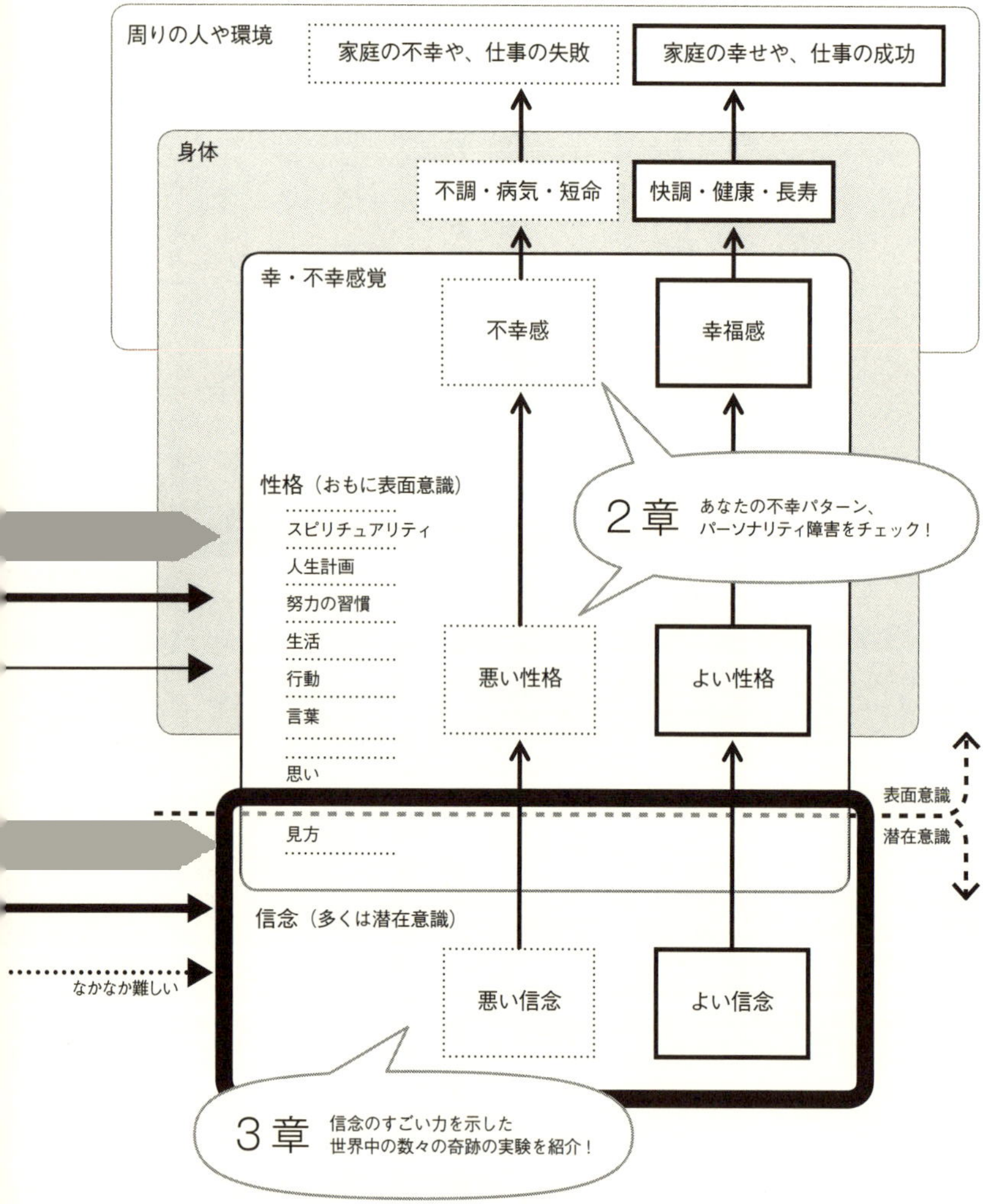
周りの人や環境
家庭の不幸や、仕事の失敗
家庭の幸せや、仕事の成功
身体
不調・病気・短命
快調・健康・長寿
幸・不幸感覚
不幸感
幸福感
性格（おもに表面意識）
スピリチュアリティ
人生計画
努力の習慣
生活
行動
言葉
思い
見方
2章　あなたの不幸パターン、パーソナリティ障害をチェック！
悪い性格
よい性格
表面意識
潜在意識
信念（多くは潜在意識）
なかなか難しい
悪い信念
よい信念
3章　信念のすごい力を示した世界中の数々の奇跡の実験を紹介！

図表１　人間の構造、改善の方法、本書のポイント

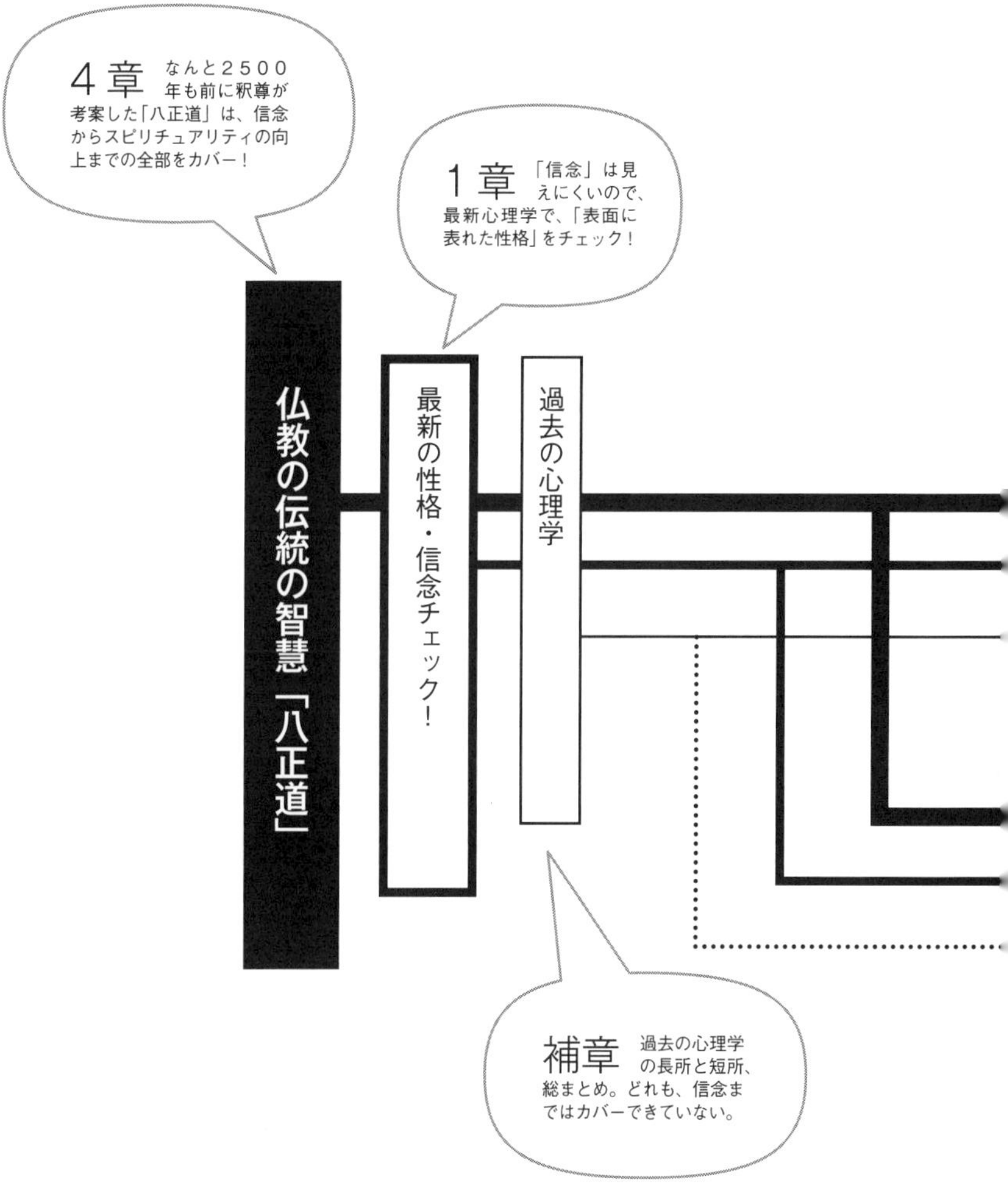
４章　なんと２５００年も前に釈尊が考案した「八正道」は、信念からスピリチュアリティの向上までの全部をカバー！
１章　「信念」は見えにくいので、最新心理学で、「表面に表れた性格」をチェック！
仏教の伝統の智慧「八正道」
最新の性格・信念チェック！
過去の心理学
補章　過去の心理学の長所と短所、総まとめ。どれも、信念まではカバーできていない。

これが世界標準！「よい信念」とは

本章冒頭のN子さんの事例で紹介した本書の結論を、少し詳しく説明しておきます。

今グローバルスタンダードな心理学・医学でいうと、自分について、心の奥底に「よい信念」を持っている人は、「よい性格」「よりよい健康」「より長い寿命」「より多い幸福感」を得る可能性が高まることが分かっています。

「よい信念」の内容を端的に述べた部分を、もう一度、記しておきます。

「私はスピリチュアルな存在で、肉体に宿る魂だ。

それは、神さま、仏さまなどの『聖なる偉大なる存在』の一部であり、永遠の生命を持って、魂修行のために転生輪廻を繰り返している存在だ。

ゆえに、自分は『無限の可能性を持つダイヤモンドの原石』なのだ。磨けば磨くほど光るのだ。

それは、他人もまったく同じだ。

人生は、人格を磨き、魂を磨くための修行場なのだ。自分も他人も、苦労して、その中で頑張っている。

世界は、そうしたたくさんの魂修行者たちが修行するために、神さまや仏さまなどの偉大なる存在が創った慈悲の世界なのだ」

これが、人生を幸福にする「よい信念」の内容です。もちろん、あなたが置かれた環境、思想信条、宗教、哲学、文化、社会、家庭、教育などによって、表現は若干変わるでしょう。本質としては、信念が、このような主旨であれば、心身の健康や、人生の幸福にとってよいことが、精神医学的、心理学的な実験・研究・治癒事例で実証されていると述べたいと思います。

「よい信念」のポイントを説明すると、次のようになります。

一つ目は、底抜けに「肯定的」で、「明るく、積極的で、建設的である」という点です。これこそ、筋金入りの楽観主義、ポジティブ思考です。

よい信念の二つ目のポイントは、「スピリチュアル（霊的）である」（人間が霊であり、霊界と神仏などの存在を認める）という点です。ここに至って、人間の潜在能力が物理的肉体の限界から解き放たれ、無限になります。この点がグローバルスタンダードの精神医学的、心理学的見解です。これについては、3章末で詳述します。

「よい信念」をさらに詳しく分析すると

今述べたところを、さらにもう少しだけ詳しく説明しておきます。

一つ目の「筋金入りの」というのは、**「現実をしっかりと見つめる」という理性・知性を伴っている**という意味です。さらに「その現実を、努力（原因）で変え、結果を得ることができる力を自分は持っている」という内的統制感（自分が関わることで何事も変えていけるという感覚）が伴っているという点です。ゆえに責任感に満ちていて、自尊感・自己肯定感に満ちているのです。現実を見ないで、単に素晴らしい自分、他人、人生、世界だというような単なるお気楽な机上の楽観主義では断じてありません。

一方、現実のみを見つめ過ぎて、信念などはそっちのけというのも、不幸のもとです。自分、他人、人生、世界に対して、「必ず、より、素晴らしくしていけるんだという可能性」を見出せなくなり、「こんなもんさ」という現状固定の信念が形勢され始めると、そこに失望感が生じ、不幸感覚が生じる芽が発生します。

ただの夢想主義でもなく、ただの現実受け入れ主義でもない、「現実を直視しつつ変化の可能性を信じる信念」が大切なのです。

また、よい信念の二つ目の特徴である「霊的である」という部分について、特に、日本人の中には慣れていない人がいるでしょうが、これが世界標準の最新の科学的研究結果であるということを述べておきます。

国際的に精神医学会、心理学会で使われていてる「スピリチュアリティ」とは、よく日

本語で意図的に誤訳されているような「精神性」というニュアンスの言葉ではありません。

要するに、ずばり、「人間が霊であり、霊的な世界からこの世に降りてきて人生修行をしていることを認める」ことなのです。さらに、「神仏のような聖なる存在があり、人間がその一部であることを認める立場」でもあります。これが性格理論に組み込まれており、精神の健康を保つための必要不可欠の要素として入っているのが、国際的な学会の常識なのです。

日本社会では、世界的には珍しいのですが、唯物論的信念、宗教アレルギー信念が広がっているので、この概念が分かりにくい方もいるかもしれません。しかし、この「スピリチュアリティ」は、人間の心身の健康にとって、「なくてはならない決定的要因である」と、これまでの世界的な先行研究で証明されているのです。これらの驚くべき研究結果についての詳細は、第3章後半で取り上げて解説します。

二つ目の「霊的である」という特徴があるゆえ、一つ目の「明るく積極的で建設的であること」が、より強力に担保されます。つまり、「今の現実はどうあろうとも、自分は本来、聖なる存在の一部であり、霊的な存在なのであって、無限の可能性を持っているのだから、自分も、他人も、人生も、世界も、今の現実を未来に向けて変えていくことが可能なのだ」という信念が発生します。それは、「肯定的で、明るく、積極的で、建設的な信念」「努力の力を信じる信念」であり、それを強烈に信じ、維持することができれば、その信念の通りの現実を手にすることができるのです。

逆に自分に対して、「人間は死んだら終わりで、遺伝子によって、すべてが決まる存在だ。努力したって、たかがしれている」「自分の可能性はここまでだ。限界だ」「年を取ったから、脳細胞も壊れて、頭も記憶力は悪くなる一方だ」というような医学的にも心理学的にも正しくない**「暗く消極的で破壊的な信念」を持っていると、恐ろしいことに、それを実現する方向で身体ができ、性格ができ、言葉が出てしまい、生活してしまい、努力してしまい、それが現実になり、結局、不幸な人生に**なってしまうのです。

つまり、「暗く消極的で破壊的な信念」「運命がすでに決定されているという信念」が、その通りの現実、不幸という結果を生んでいくのです。これが悪い信念の正体です。

もちろん、自分についてだけでなく、他人や人生や世界に対しても、悪い信念を持っていると、その人は、それを現実化してしまいます。

「信念」→「性格」→「人生」

さて、あなたは、自分・他人・人生・世界について、どんな信念を持っていますか？

それがすんなり分かったら、苦労しませんよね。そうです。**実際、自分がいかなる信念**

を持っているかを把握するのは、とても難しいことです。信念の大半は「潜在意識」に隠れているからです。ただ、信念は、「表面意識」上に、「性格」として、よく分かる形で姿を現しています。

性格で悩んでいる人は多いでしょう。欲深い性格、怒りっぽい性格、愚痴っぽい性格、自慢したがりの性格、悲観的過ぎる性格、慈悲魔な性格……。こういう性格では、不幸感覚がなかなかぬぐえません。しかも性格は、直そうと思っても、なかなか直しにくいものです。

実は、この見えやすい「性格」の根っこに、見えにくい「信念」が隠れているのです。根っこの信念を修正しないと、性格はなかなかよくならない。そういうカラクリになっているのです。

「性格」を、辞書で引くと、「行動の仕方に表れる、その人に固有の感情・意思の傾向」（大辞泉）とあります。精神医学・心理学的にいえば、ある人を特徴づけている持続的で一貫した行動パターンを、性格（キャラクター）といいます。少し細かい議論になりますが、性格とよく混同される言葉に人格（パーソナリティ）があります。人格とは、その人個人の性質に加えて、社会的、道徳的な内容を含めたものを指します。本書では、まず「個人」の行動パターンに焦点を当てるという意味で、性格という言葉を用います。

要するに、性格は、「信念」を一番底の基盤として、それに基づく、個人の「ものの見方」「考え・思い・感情」「言葉」「行動」「生活」「努力の仕方」（広くいうと人生計画まで含む）を併せたものといえます。

最後の補章で詳しく述べますが、既存の心理学の多くは、心の深いところの「信念」にまで触れて、よりよくするのは不得手で、信念よりももっと表層の「性格」のいくつかの部分にアプローチして矯正するのは得意と考えられます。精神医学、心理学の流派によって、アプローチできる部分が違い、長所と短所があります。ですから、ある症状が、ある療法では治り、別の療法では治りにくいという現象が出てきます。これらを補章で詳しく述べます。

とにかく、**心の一番底に信念があり、それが表面に出てきて分かりやすく表現されたものが性格と呼ばれる**のです。これらをトータルで見ていかないといけないわけです。

筆者の知識背景について

まえがきでも少し触れましたが、本書の記述の前提となる筆者の知識背景について、これまでの研究の内容など、もう少し詳しくお伝えしておきます。

筆者は現在、クリニックの院長を務めながら、ロンドン大学（ユニヴァーシティ・カレッジ・ロンドン）疫学・公衆衛生学講座心理生物学グループの名誉上級研究員として、欧米の研究機関と国際共同研究を進めています。英語や日本語で約１００本の論文を発表し、お陰様で日本でもアメリカでもいくつかの学会賞をいただきました。

実際の研究内容は、以下のように、動物基礎研究、実験的臨床研究、疫学研究、臨床介入研究などを駆使して、多角的に、心と身体がどのように影響し合うかという「心身相関」の解明を進めてきました。

①動物基礎研究では、気管支喘息マウスモデル、肝炎マウスモデル、慢性関節リウマチマウスモデル、認知症マウスモデルなどを用いて、心理的ストレスによる身体疾患の病態生理について詳細に検討しています。

②実験的臨床研究と疫学研究では、メタ解析という統計手法を使って、「ストレスが、がん、アレルギー性疾患、糖尿病、ＨＩＶ感染症、単純ヘルペスなどの発症や予後の悪化と関連している」「怒りや敵意が冠動脈心疾患の増悪に関連している」「生きがい、明るさ、ユーモア、幸福感などのポジティブ思考が人の寿命の延長と関連している」「スピリチュアリティ（霊性）・宗教性が人の寿命の延長と関連している」ことなどを海外で論文発表しています。

③臨床介入試験では、こういった先行研究を踏まえ、ポジティブ心理学にスピリチュ

アリティを加味したHSC（ハッピースマイルクリニック）集団心理療法による抑うつ症状への効果について、無作為対照化試験によって検討し、その有効性について論文を発表しています。学術論文の詳細については、ウィキペディアで「千田要一」（http://ja.wikipedia.org/wiki/千田要一）をご参照ください。

最新潮流、ポジティブ心理学について

筆者が研究しているポジティブ心理学は、第5の心理学ともいうべき大きな流れで、今、ロンドン大学、ハーバード大学、ペンシルベニア大学などを中心として研究されている心理学の最新分野です。

この心理学では、これまでの心理学と異なり、心のマイナス面を修正して平均レベルに戻すことだけでは不十分と考えます。心にはもっとポジティブで積極的な力が秘められているととらえ、「心の可能性に光を当てて発揮していくこと」を試みます。

ポジティブ心理学では、人間が幸福になるための最新の「性格分析」にも踏み込んでいます（第1章）。

また、この学派では、人間を幸せにする「心の法則」についての科学的な研究、実験を数多く積み上げています。これは、過去の人間性心理学が仮説や理論のみを中心としてき

たのとは異なる点です。

さらに、**ポジティブ心理学では、２０００年代に入ってから、古今東西３０００以上の宗教、哲学、思想などが網羅的に研究され、「人間を幸福にする6つの美徳」が抽出**されています（補章）。この理論は現在、発展中で非常に注目すべき内容です。過去数千年にわたって人間を幸福にしてきた「叡智」の体系化作業が進みつつあるのです。

この新しい潮流の中で、今から２５００年前に釈尊によって創られた「驚異の人間幸福化スキーム」である「八正道」が注目されています。これを第4章で取り上げます。精神医学・心理学の本に、突然、仏教の理論が出てきて、びっくりする方もいるかもしれませんが、これは最新の心理学的研究を総合して導き出された発見なのです。

「人間を幸福にするための考え方」は、数千年の人類史の中で、数限りない方々がたくさんの方法を考えてきました。ところが、**「一番優れていて、網羅的で、しかも一番シンプルにまとまっている考え方」が、実は、すでに２５００年も前の東洋・インドで、釈尊の教えをもとに「八正道」として構築されていた**ということが、最近になってようやく見えてきたというわけです。

これらの「人間を幸福にする智慧」の発見すべてを総括して、多くの方にも分かりやすいよう、あえてシンプルに「信念」だけに注目し、よい信念を整えるための実践法を示したのが本書です。「人間を幸福にする信念とは？　不幸にする信念とは？」という「信念の科学」を帰納的に解明しようとする一つの試みです。したがって、本書はあくまで現時点の理論のデッサンであり、これからさらに発展していく学問的体系だと考えています。この行く先に、巨大で深遠な「幸福に関する叡智」の体系が存在していると想定されます。

日本の医学は遅れている

序章の最後に、もう一つ触れておかねばならないことがあります。ある意味、日本の医学は非常に遅れているという点です。つまり、日本の医学界には、グローバル・スタンダードである「スピリチュアリティ」の視点が欠けていて、世界の潮流に乗り遅れているのです。だから治療効果に限界が生まれてきます。まことに日本の患者はかわいそうです。これは、日本人の「信念の科学」の遅れをも意味しています。こういった〝日本唯物論医学教〟の呪縛から、ご自分を解き放っていただきたいという願いをこめ、本書を綴ってまいります。スピリチュアリティの研究については、詳しくは第3章や補章をご覧ください。

第１章

あなたの人生を決める「６つの性格・信念」チェック！

世界的にメジャーな性格分析で、あなたの「性格・信念」チェック！

それでは、まず始めに、50、51ページの図表2「6つの性格・信念チェックリスト！」で性格・信念をチェックし、52ページの「集計表」（図表3―1）に記入して、53ページの「レーダーチャート」（図表3―2）を完成させてください。これで、あなたの性格の特徴を診断でき、性格の根元にある信念を推測することができるでしょう。

この**「6つの性格・信念チェックリスト！」は、今、世界的にメジャーで、最新のポジティブ心理学の理論**である「クロニンジャーの気質と性格の7次元（7つの要素）モデル」に基づいています。

ロバート・クロニンジャー（1944年〜）は、アメリカのポジティブ心理学者で、ワシントン大学精神科教授として、神経生理学的、遺伝学的な視点から精神疾患の説明を行うなかで、「7次元（因子）モデル」を完成させました。つまり、人間の性格は、7つの要素に分けることができ、それぞれが発現する際には、それぞれ特定の部位の脳神経が活性化するという理論をまとめたのです。**【注1】**

性格理論としては、他にも「ビック・ファイブ理論（5因子モデル）」などがありますが、クロニンジャーの7次元モデルの素晴らしいところは、**性格の要素の一つとして、スピリ**

チュアリティを表す「自己超越性」（本書ではスピリチュアル・キャラと呼ぶ）が含まれているという点です。序章でも述べましたが、スピリチュアリティとは、「人間が、神や仏のような偉大なる存在の一部である霊的存在で、この物質界に降りてきて人生修行をしている」ことを信じる性質です。これが、性格理論の中に含まれている、グローバルスタンダードの理論であるわけです。

ちなみに、クロニンジャー理論の優れた点をもう一つ挙げておくと、**「この理論を学ぶと、元気と希望がわく」**という点です。「性格の要素は、それぞれ遺伝で先天的に決まっている部分が、約3割前後ありはするものの、7割は後天的な努力で変えていける」という研究結果が報告されているのです。

このように、クロニンジャーの性格7次元モデルは、これまでの性格理論の中で最もバランスが取れ、かつ世界的に研究が進んでいるため、私たちの性格や強み、その奥の「信念」を分析する有力な尺度として本書では採用しました。

なお、クロニンジャーが主張している性格の要素は7つですが、そのうちの一つが、別の一つから派生したものなので、少しでも複雑化を避ける意味もあり、本書では、6つの要素で、性格を分析することにします。**【注2】**

それではあなたはどんな性格なのか、次の50ページでチェックしてみましょう！

質問			いいえ	はい	計
④	13	自分が境遇の犠牲になっていると感じることは少ない。	0	1	
	14	私の行動は、私が自分の人生のために定めたある目的によって、強力に導かれている。	0	1	
	15	普段から難しい局面を挑戦や好機だと見ている。	0	1	
	16	私の習慣の多くが、価値のある目的を達成するのを容易にしている。	0	1	点
⑤	17	自分のことと同じくらい、他人の気持ちを考えることが多い。	0	1	
	18	自分が学んできたことを、他人と分かち合うことが好きだ。	0	1	
	19	誰かが私を傷つけたとき、その人に仕返しするよりも親切にしたい。	0	1	
	20	公正とか誠実というような原理は、私の人生のあらゆる面で役に立っている。	0	1	点
⑥	21	神聖で素晴らしい霊的な力に触れたように感じた個人的な経験がある。	0	1	
	22	すべての生き物は、完全には説明し切れない、何か霊的な秩序や力に依拠していると信じている。	0	1	
	23	自分のしていることに夢中になり過ぎて、まるで時間と空間から切り離されたように、しばらく我を忘れることが多い。	0	1	
	24	あらゆるものが単一の生命体の一部であると思えるほど、自分が自然と大変強く結びついていると、ときどき感じる。	0	1	点

52ページの集計表へ GO！

図表2　6つの性格・信念チェックリスト！

（心理学者クロニンジャーの世界的にメジャーな心理テスト）

0＝いいえ　　1＝はい

以下の24の文すべてに、
「はい」か「いいえ」で答えてみましょう！

質　問			いいえ	はい	計
①	1	目新しい出来事がないときは、スリルに富むことや興奮するようなことを探し求めることが多い。	0	1	
	2	物事をあまり深く考えずに、本能や予感や直感に従うことが多い。	0	1	
	3	お金は貯めるよりも使うほうが好きだ。	0	1	
	4	難しい規則や取り決めなしに物事をやれるほうがよい。	0	1	点
②	5	他人に比べると、将来、何かがうまくいかなくなるのではないかと心配することが多い。	0	1	
	6	新しくて慣れないことをやる場合は、たいてい緊張して心配する。	0	1	
	7	面識のない人たちと会わなければならないとき、人よりも恥ずかしがり屋であると思う。	0	1	
	8	精力がなく、人よりも早く疲れてしまう。	0	1	点
③	9	人を喜ばすことが好きである。	0	1	
	10	取り乱しているときは、独りにされるよりも、友達が傍らにいるほうがよい。	0	1	
	11	自分自身のやり方で物事を進めるよりも、人の希望に従うことが普通だ。	0	1	
	12	たいていの人より努力するほうだ。	0	1	点

図表3-1
６つの性格・信念チェックリスト！「集計表」

項目	得点
① チャレンジ・キャラ	
② 危機回避キャラ	
③ 人情・報酬依存キャラ	
④ 自尊心・自己責任キャラ	
⑤ 協調・寛容・公正キャラ	
⑥ スピリチュアル・キャラ	

図表3-2
６つの性格・信念チェックリスト！「レーダーチャート」

①〜⑥の点数を点で打ち、その点を線で結んでみましょう！
性格のデコボコがわかります。

（+：高い＝４、±：中等度＝２〜３、低い＝０〜１）

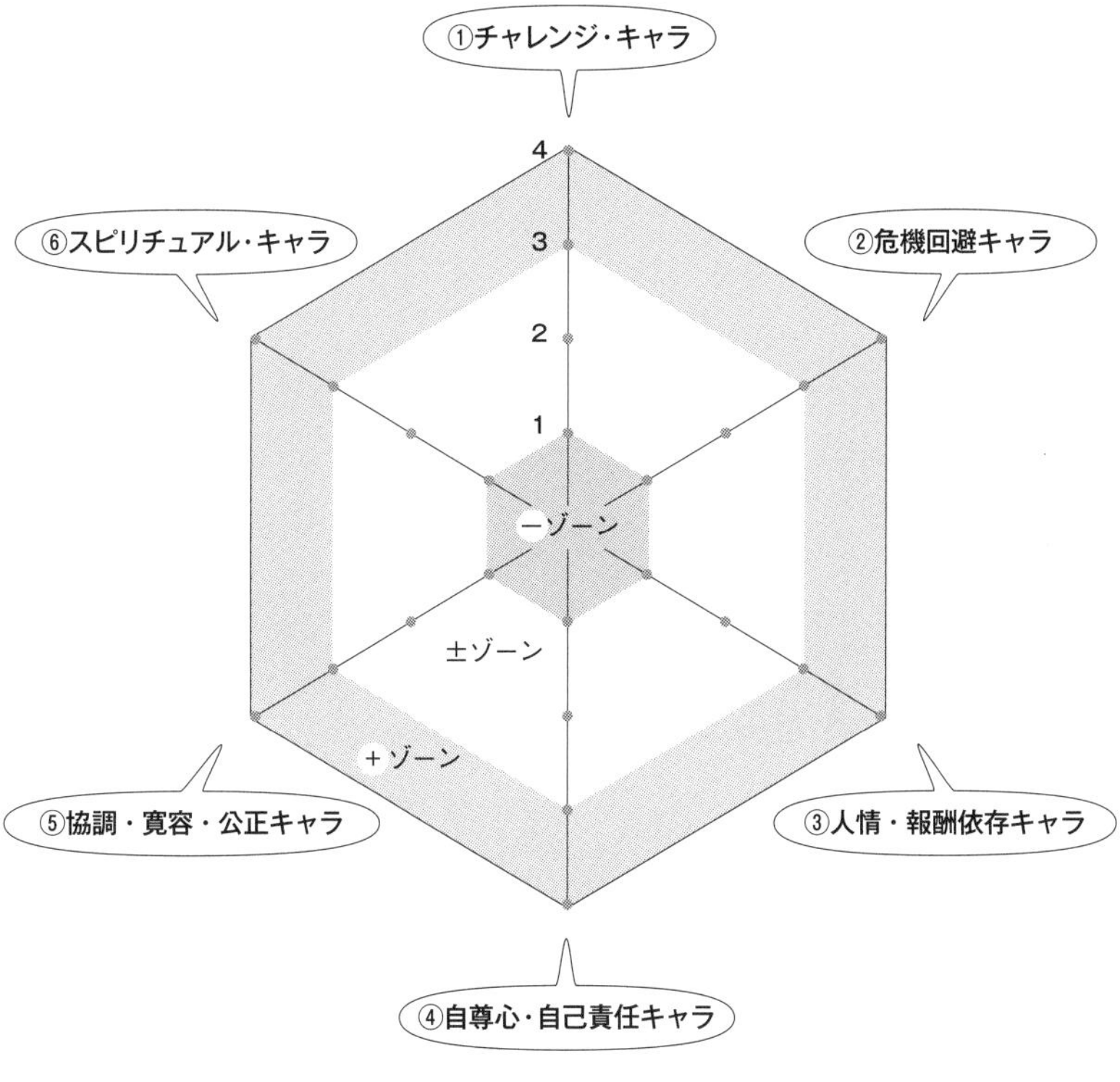

あなたのタイプは何になった？

さあ、52ページの集計表の結果では、①～⑥の6つの性格の項目のうち、どれが高くなり、どれが低くなったでしょうか？

各項目の詳しい説明は後ほどたっぷりいたします。

この性格チェックの各項目は、人の性格を構成する6つの特性を表しています。よく冒険ゲームに出てくる登場人物の特徴を、「攻撃力」「防御力」「すばやさ」「マジックパワー」「体力」などの項目で表しますよね。その結果、それぞれの登場人物の個性が決まってくるわけです。そういうものだと思っていただいて結構です。

採点の結果、各項目がどのようなバランスになっているかで、あなたの表に見えている性格の姿が明らかになっています。必然的に、その根元に眠っている、あなた自身も知らなかった信念の姿も浮きぼりになってきます。

各項目の数値を、レーダーチャートに落としてみたら、どんな形になりましたか？

それぞれの性格の値が、ちょうど2～3の部分、薄白い部分に収まっていれば、バランスの取れたほどよい性格で、落ち着いた穏やかな性格、そういう意味で幸福感はわきやすい傾向にあるということです。

それぞれの**値が４や１、つまりレーダーチャートでいえば周辺部や中心部の濃い灰色の範囲にある場合は、その性格の要素が強過ぎたり、弱過ぎたりしている部分で、それが性格の中で目立つ特徴**となっています。これが、きらめく個性になるか、それとも行き過ぎて欠点になったり、もっとひどくなってパーソナリティ障害になったり、さらに悪化して心の病にまでなったりするかどうか、注意が必要なポイントです。一度バランスが崩れると、失敗パターンに陥り、不幸感覚が強くなる芽があるといえます。ちなみに、**あなた特有の失敗パターンについては、この第１章での分析を踏まえて、第２章で分析**していきます。

この性格診断は、学問的背景があるものなので、そうでない診断よりも正当性があるといえます。ただ、注意すべき点は、こうした診断モノで、すべてが決まるわけではないということです。性格のバランスを知るためのよすがにはなりますが、まあ、半分、遊びの要素を含んだゲームと思ってください。単純なレッテルを貼るのは、よくありません。

人間は、しばしば、思わぬ可能性がきらめく、とても奥深い存在です。

性格のバランスがよくて幸福感が強いという人は、意外に特徴がなく、平凡な人生に終わるかもしれません。性格が金平糖のように凸凹の人は、途中の波風が高くて不幸感覚が強いことがありながらも、その強烈な個性がある種の才能となって、成功人生が花開くかもしれません。それは、エキサイティングな楽しい道のりです。

くどいですが、「人生は、どの時点からでも、努力によって、どうにでも花開かせることが可能なのだ」という信念を持ってください。

そのような奥深い理解をするためにも、６つの性格の項目それぞれについて、これから詳しく説明していきましょう！　各項目の説明には、世界中の実験・研究・事例の驚きのケースも織り込まれています。

Character

① チャレンジ・キャラ（新奇性追求）

クロニンジャーの理論では、この項目は、「新奇性追求」と名づけられていますが、これでは難しくておもしろくないので、本書では、「チャレンジ・キャラ」（キャラクター）と命名します。平たくいえば、**チャレンジ精神**と思っていただいて結構です。

これは、自分の性格の中で、**「新しい刺激を求め、衝動的で興奮しやすい傾向」がどのくらいあるかを測る項目**です。一般に、この因子は**「アクセル」**に例えられます。

チャレンジ・キャラの値が高い人は、例えば、どんなに「危ないよ。やめときな」と注意しても、「え？　だって、おもしろそうじゃん！」などといって、危険なことを平気でしてしまう人です。この**値が高い人は、衝動性、探索的、気まぐれ、飽きっぽい、興奮しやすい、浪費家**であるといった性格特徴になります。

一方、チャレンジ・キャラの**値が低い人は、新たな物事にはゆっくりと取り組む、関心が狭くなりやすい、行動する前にじっくり考える**といった性格特徴になります。

クロニンジャーは、この性格が発揮されるときによく働く脳の部位についても研究しています。脳神経学的には、脳には**「行動賦活《ふかつ》系**（ＢＡＳ：Behavioral Activation System）」という「動機づけシステム」が存在していて、神経伝達物質の**「ドーパミン」**が関わっていると想定されています。このシステムは、人間が、新しい刺激を受けたり、報酬や罰から開放される経験をしたりしたときに、中脳にあるドーパミン細胞が、前脳に向けてドーパミンを放出するという仕組みで働きます。

さて、このチャレンジ・キャラは、私たちの人生にどのように影響しているのでしょうか？　とても興味深い、いくつかの実験を見てみましょう！

《実験１》チャレンジ・キャラがしっかりしていると、幸福感が持続しやすい！

まず、ケネス・シェルドン（ミズーリ大学）とソニア・リュボミルスキー（カリフォルニア大学）らの研究です。**【注３】**

彼らは、「環境的変化」と「意図的変化」のどちらか一方を体験した参加者を集めました。「環境的変化」とは、「引っ越し」「新しい家を買う」「昇給」など、自分の環境にもたらされた重要な変化を指します。

「意図的変化」とは、「新しい趣味を始めた」「新しい仕事を始めた」「知らない人と会う」「新しい技術を学ぶ」など、目標達成や活動開始のために「能動的な努力」が必要な変化を指します。これがチャレンジ精神に相当するわけです。

これらの変化を経験した2群について、数週間にわたって幸福感を測りました。

すると、どちらのグループも、変化を体験した直後は幸福感が急上昇するものの、環境的変化を体験した人の幸福感はすぐに以前のレベルにまで低下し、一方、意図的変化を体験した人の幸福感は長く続いたのでした。

つまり、**チャレンジ精神を起こして能動的に行動する人のほうが、幸福感が長く続くということが科学的に実証**されたということです。

どうしてそうなるのでしょうか？　これは心理学では、「快楽の習慣化」と呼ばれる現象に当たります。人は新鮮な体験をすると高揚感を覚えますが、それが何度か繰り返されると慣れてしまい、喜びが減ってしまいます。環境的変化は、特にこの快楽の習慣化を招きやすいので、幸福感が持続しないのです。一方、意図的変化は絶えず自主的に新しい体験を積んでいくため、習慣化しにくく、幸福感が持続するわけです。

このように、「幸せのためには、チャレンジ精神を失わないことが重要である」と科学的に実証されているのです。

《実験2》チャレンジ・キャラがしっかりしていると、なんと幸運に恵まれやすい!

チャレンジ・キャラがしっかりしていると、なんと「運がよくなる」ことも分かっています。
リチャード・ワイズマン（ハートフォードシャー大学）の調査によれば、「運のいい人は、悪い人に比べ、明らかに、さまざまな場面で新しい経験をしたいと思っている」という結果でした。【注4】
彼の調査では、チャレンジ・キャラを「開放性」という指標で評価していますが、両者はほとんど同義と考えられます。食べたことのない新しい食べ物に挑戦したり、新しいやり方を試したりすることが大好きで、しきたりにとらわれず、予測できない状況を歓迎するという開放性は、チャンスを最大限に広げ、運をよくしていくのでしょう。

《実験3》モノか？　経験か？　出費の目的によって幸福感が違う!

ちなみに、チャレンジ・キャラは、年収が一定額以上の人にとっては、お金の使い方を通して幸福感を高める方向に働くようです。

世界有数の調査会社、ギャラップ社が行った「年収別に見たお金の使い道と幸福感」についての調査結果があります。【注5】

世界150カ国を対象にした調査で、年収が2万5000ドル（約200万～250万円）未満の人は、モノにお金を使っても経験にお金を使っても、幸福度にさほど変わりはないのですが、「年収が2万5000ドル以上の人では、モノを買うよりも、経験に出費したほうが幸福度は2～3倍も高くなる」ことが明らかになったのです。

知識社会においては「自己投資」の重要性が盛んに叫ばれますが、一度買った後は感激が薄れていく一方のモノにお金を使うより、**チャレンジングに自分を成長させる経験のほうに投資する人のほうが、幸福度が高い**ということが分かります。

Character

② 危機回避キャラ（損害回避）

危機回避キャラ（損害回避）は、未来に対して悲観的に心配したり、不確かさを恐れたり、見知らぬ人に対して内気になったりする受動的な回避行動を取る性格の特徴です。また、急激に疲れやすいというような行動抑制・中止に関わる性格です。一般に、この因子は**「ブレーキ」**に例えられます。

表れ方としては、例えば、あらかじめ調査をして準備万端なはずなのに、「まだ他にリスクがあるんじゃないか」と不安になってしまうという感じになります。

危機回避マインドの**値が高過ぎる人は、用心深い、緊張している、予期不安を持っている、怖がり、内気、疲れやすい**といった特徴が出てきます。

危機回避マインドの**値が低い人は、自信に満ちていてリラックスしている、楽観的、社交的、活動的**といった特徴を持ちます。もちろん、このキャラの値が低過ぎると、知恵のない無防備状態になり、人生が危険にさらされることになります。

クロニンジャーの研究によれば、脳神経学的に言って、この性質は、脳の「**行動抑制系**（BIS：Behavioral Inhibition System）」という行動の抑制・中止システムと関わりがあり、神経伝達物質の**「セロトニン」**が関わっていると考えられています。このシステムは、罪や無報酬といった刺激を受け取ると、脳幹の縫線核から、大脳辺縁系に対して、セロトニンが投射されて働く形になります。

さて、この性質をどう見るかですが、感覚的に言って、人間は、自分の身を危険にさらすようなこと、不安感には、非常に敏感に反応しますよね。つまり、人間は、放っておくと、失望しないために、あらかじめ不幸な未来を予測して、「ほーら、やっぱりそうだった」という傾向が、どんどん強くなっていくのです。**安心を得るために、不安感をどんどん強めていく矛盾**のなかで、**悲観的な信念が強化**されてしまうと、**幸福感は薄らいで**いきます。

危機回避マインドの対極には、「楽観主義」があります。

努めて、いい意味でのおおらかな楽観主義者になろうと心がけ、行き過ぎた危機回避キャラを解体したほうがよさそうです。実は、楽観主義が幸福感を高め、健康を増進することが数多くの研究で確かめられています。しかも、楽観主義には、「マイナス体験をプラスに変える力がある」ことも分かっています。

《実験4》「いいとこ探し力」が強い人は、怒りや不快感から自由になれる！

マイケル・マカラックら（マイアミ大学）の研究グループは、マイナス体験からの「いいとこ探し」の効果を実証しました。**【注6】**

彼らは、300名を超える大学生に、自分の嫌な思い出を書いてもらいました。それは裏切り、拒絶、無視、侮辱まで多岐にわたる不快な体験でした。

その後に、3つのグループに参加者を分けました。第1グループには、自分がそのとき、どれほど不快に思ったか、自分にどれほど悪影響を及ぼしたかについて、数分間で詳しく書くように指示しました。第2グループには、同様に数分間で、そういったマイナス体験から自分が得たプラスの教訓について書いてもらいました。さらに、第3グループには、翌日の予定だけを書いてもらいました。

その結果、**「マイナス体験から得たプラスの教訓について、数分間考えるだけ」で、怒りや不快感を静める効果**があることが分かったのです。また、「自分を傷つけた相手に仕返ししたい」という感情が減り、「許そう」と考える気持ちも前より強くなったのです。

《実験5》楽観主義の人のほうが、実は忍耐力・精神力が強い！

「楽観主義の人は、いわゆる『お気楽主義』で、忍耐力がないのではないか」と指摘する人がいるかもしれません。

しかし現実には、楽観主義者ほど「忍耐力が高い」ということが実証されているのです。マーティン・セリグマン（ペンシルベニア大学）は、次のことを明らかにしました。**【注7】**

楽観的な人たちは、逆境を、「限定的で一時的なもの」（それほど大したことではないし、すぐに回復するだろう）と解釈し、悲観的な人たちは、同じ出来事を、より「大々的で永続的だ」（まったくひどい状況だ。もう二度とよくなることはないだろう）と考える傾向があるというのです。

こういった気持ちは、そのまま行動に表れます。

つまり、後者のタイプは、逆境に遭うと無力感に落ち込み、努力を止めてしまいますが、前者のタイプはよい結果を出そうと、いっそう努力するのです。

《実験6》なんと実際は、楽観主義のほうが、幸運に恵まれやすい！

さらに、リチャード・ワイズマンら（ハートフォードシャー大学）の実験によれば、楽観主義には実際に「運をよくする」効果もあることが分かっています。**【注8】**

彼らは、参加者たちに新聞を渡し、その中に何枚、写真が載っているかを数えるように指示しました。

楽観的な人は指示された作業を終えるのに、ものの「数秒」しかかかりませんでした。

一方、悲観的な人たちは、平均して「2分」もかかったのです。

この差は何でしょう？　実は、新聞の2ページ目に大きな字で「数えなくてもいいです。この新聞の写真は43枚です」と書かれていたのです。つまり、数えなくても答えが与えられていたというわけで、おもしろいのは、楽観的な人たちのほとんどがこのメッセージに気づいたが、悲観的な人たちは見逃したという点です。

このように**楽観主義が身についている人は、心が幸運に対してオープン**になっていて、心理学ではこれを「予測符号化」という言葉で呼んでいます。「好ましい結果を予測していると、思考がそれを符号化するので、それが現れたときに、期を逃さずチャンスをつかめる」というわけです。「幸運の女神には後ろ髪がない」といわれますが、本当に、楽観主義者ほど幸運の女神の〝前髪〟(?)をつかみやすいのです。

Character

③人情・報酬依存キャラ(報酬依存)

さて、3つ目の性格の特徴を詳しく見ていきましょう。人情・報酬依存キャラ(報酬依存)といって、これは、「人からほめられたり認められたりという『報酬』を求める気持ち、大事に思う気持ちが強い」という傾向性です。また、「友達と一緒にいるほうが好き」(人情にいつも触れていたい)という「社会性」に近い意味合い、「人情肌」のニュアンスも含まれています。少々乱暴ながら、もっと砕いていうと、**人の目や世間体にどれほどの価値を置いているか、その度合い**ということになるでしょう。

このキャラには、さらに、報酬や社会性を得るために**努力を持続する、一つのことをずっと続けられるという資質(固執)も入っています。**【注9】

表れ方としては、例えば、相手と仲良くなろうとして、「自分はあなたのために一生懸命なのよ！」と頑張ってしてしまうという性格になります。

この**値の高い人は、他者を喜ばそうとしたり、共感的であったり、心情的である傾向**が強くなります。そして、最終的な報酬のために努力します。高過ぎると、他人から奪う傾向として嫌われます。また固執の面でいえば、完璧主義になりがちです。

一方、これが**低い人は、社会的に孤立していて、情緒的には冷静で、感傷的でなく、報酬が得られない場合はすぐに飽きてしまう**といった特徴があります。低過ぎると、冷たい感じ、変人のような感じになるでしょう。また固執の部分でいえば、何でもいい加減になってしまいやすいといえます。

この値が適度にある人が、人間関係を円滑に保つことができることが、これまでいくつかの研究で実証されています。

脳神経学的には、神経伝達物質の**「ノルアドレナリン」**が想定されています。

報酬依存は、先に説明したチャレンジ・キャラ（新奇性追求・アクセル）と危機回避キャラ（損害回避・ブレーキ）の両者を調整する役割があります。例えば、アクセルを踏み過ぎて、相手のことを顧みずに行動して対人関係が不調和になりそうなとき、相手の顔色や相手の快・不快を気にする性質である人情・報酬依存キャラがあれば、ブレーキが効いて、対人関係を調整する機能が働くというわけです。この性質が適切に働くことで幸福になるという興味深い実験結果を見ていきましょう。

《実験7》夫婦関係円満のコツは、プラス表現がマイナス表現の「5倍以上」あること!

まず、人情・報酬依存キャラを発揮する際の注意点とでもいうべき結果を示す調査結果を見ていきます。

例えば、ジョン・ゴットマン（ワシントン州立大学）は30年以上にわたって、「夫婦がすれ違う原因」を科学的に分析してきました。【注10】

彼は3000組以上の夫婦を対象として、それぞれの夫婦の間で表現されるプラスの表現（共感、理解、許しなど）とマイナスの表現（敵意、批判、軽蔑など）の頻度を綿密に記録し、その後の夫婦関係の成り行きを追跡調査しました。

その結果、円満な関係を続けるためには、「プラスの表現が、マイナスの表現の5倍以上必要」だったのです。相手から返ってくる反応や気持ちを大事にする人情・報酬依存キャラが適切に発揮されたカップルほど、ハッピーな結婚生活が送れるわけです。

つまり、相手からよい反応が返ってくることが予想されるプラスの表現を、相手がどんな気持ちになろうと気にしないマイナスの表現の5倍実行することで、夫婦はハッピーになれるということです。「5倍以上」というのは結構な割合ですよね。そこまでやっているかな?とドキッとする人も多いのではないでしょうか。

人情・報酬依存キャラの発揮の仕方として、これが行き過ぎて強くなり過ぎると、ともすれば「相手の気を引く」「利益をゲットする」ために行動するというように、報酬が最優先事項となり、いやらしくなりがちです。

しかし、この研究結果のように、このキャラが適正に発揮されること、つまり、相手からの報酬を得るために行動するというマイナス面より、相手の喜びを与えることそれ自体のために行動するというプラス面を大幅に大きくすることが必要なのです。あくまで、相手の大きな幸せを発生させる「与える（ギブ）」があって、その自然な発露としての感謝の報酬をいただく「取る（テイク）」というあり方が、人間関係が幸福になる道だという科学的実証です。

《実験8》目標達成（報酬）を強く意識すると、努力が続けられる！

また、「成果を得たいと強く願って、努力を持続すること」が大きな成功の力になることを科学的に示したのが、有名な「割れ窓理論」に基づく実験です。【注11】

割れ窓理論とは、「ささいな公共物破損行為が、またたく間に犯罪増加につながる」という現象で、社会学者のジェームズ・ウィルソン（ペパーダイン大学）とジョージ・ケリング（ラトガース大学）によって考案されました。つまり、放置された建物の窓が一つ壊されると、他の窓も次々に壊され、落書きがなされる。そうなると、その近辺で、強盗や車の盗難が起きるようになるというのです。

１９８０～90年代のニューヨーク市は、手に負えないほど荒れた状態で、どれほど予算を投じても、どれほど警察が頑張っても、町の危険度を下げることはできませんでした。

そこで、市の職員チームは、割れ窓理論が逆に働くかどうかを試したのです。彼らはまず、悪名高い地下鉄から始めました。割れた窓を直すことと落書きを消すという小さな努力に予算と努力を結集し、車両を1台ずつ地道にきれいにしていったのです。

その過程では、ニューヨーク市民から、「そんなささいな対策で……？」と、その効果への懐疑的な意見が寄せられました。しかし、彼らはめげず、割れ窓理論が反意的に示す成果を強く意識して、小さな努力を継続していったのです。

ついに、最終的には市内のすべての電車をきれいにするところまでいき、その結果、地下鉄の犯罪や暴力が減っただけにとどまらず、市内全体の犯罪件数も急減したのでした。

職員チームは、市の犯罪低下という成果（つまり、報酬）を強く期待するがゆえに小さな努力を続けたのです。努力の持続が大きな成果につながった。そんな好例といえます。

《実験9》他人からの評価を気にしすぎて、結局は損をしてしまう！

人情・報酬依存キャラには、「他人からの評価や世間体に依存する」という要素が含まれていますが、これが強くなり過ぎると、さまざまな判断を誤らせ、不幸になる可能性があります。

例えば、最近の行動経済学では、「人は、他人からの評価に左右されることによって、自分にとって最も利益になるはずの合理的な判断を下すことができなくなることがある」ということが分かってきました。実際にやってみましょう。【注12】

例えば、次のAとBの二つの文を読んで、あなたは、どちらの状況を選びますか？

A．同僚の収入が2万5000ドル（約200～250万円）で、あなたの年収は5万ドル（約400～500万円）。

B．同僚の年収が20万ドル（約1600～2000万円）で、あなたの年収は10万ドル（約800～1000万円）。

普通に考えると、誰もがB、つまり5万ドルより10万ドルを選ぶはずですよね。

ところが、実際には、約半数の人たちが、Aの年収5万ドルを選んだのです。

絶対的な年収が半分であっても、「他人と比べて2倍の所得がいい」というわけです。「絶対的」な収入や所持品よりは、他人と比較した「相対的」な量の方が重要だというおかしな判断になってしまいました。つまり、**幸福を求めて、他人との比較、他人からの評価、世間体を気にするわけですが、気にしすぎると、理性的でなくなり、結局は損**をして幸福を逃してしまう可能性があるわけです。

Character
④自尊心・自己責任キャラ（自己志向性）

自尊心・自己責任キャラ（自己志向性）は、自分で決め、自分で意志をふるい起こし、自分が選択した目的や価値観にしたがって、行動を統制し、調整する力です。何かをする場合、**意識を、他人や環境ではなく、自分のほうに向け、自分の力を信じて何かを切り開いていこうという性質**で、自分に価値を見出し、尊び、ゆえに何事も自分の責任だと感じることができる気持ちも強くなるということです。

この性質は、人間の幸・不幸に、極めて重要な関わりを持っています。第2章で詳しく述べますが、自尊心・自己責任キャラの値の低さが、「10パターンある『パーソナリティ障害』のすべてに共通する」ことが確認されているからです。つまり、ざっくりいうと、人間の

失敗・不幸パターンは、世界標準の精神医学的にいえば10種類に分けられるのですが、そのすべてが、自尊心・自己責任キャラの値が低い状態であるということです。自尊心・自己責任キャラの度合いが、**メンタルヘルス維持に、決定的な役割**を担っているのです。

この性質はどのように表れるかというと、例えば、生活や仕事でさまざまな逆境に遭った場合に、「これらの**問題には何か意味がある**」「自分は**何を学べといわれているのか**」「大変な環境でも、**何か自分にできること、すべきことがあるはずだ**」と、自分ができることに意識を向けて、自分を信じ、自己責任で前進していくという形になります。

自己志向性が高い人は、責任感、自尊心、目標を設定して、それに向けて行動し、目標を達成する能力を持ちます。あまりにも度が過ぎると、慢心したり、過度の責任を背負い込んで不調になったりする面もあります。

一方、低い人は責任感が薄くなり、他人や環境に原因を求める傾向が強くなります。目標に向けた行動を起こせず、自尊心が低く、自己奮起できないといった特徴を持ちます。

脳神経学的基盤としては、**「内側前頭前野」**が担当しているのではないかといわれています。

《実験10》子供の頃から自己統制力が高い人は、仕事力、逆境乗り越え力が高い大人になる！

自尊心・自己責任キャラの重要な特徴の一つが「目的指向」です。**目的志向が高いほど、人として成長できる**ことが、いくつもの研究で確かめられています。心理学では、「意味への意志」とも呼ばれていますが、人生の意味、あるいは、目的を持っている人は、主体的、積極的に人生課題に取り組んでいけるのです（第4章、補章で詳述）。

有名な研究が1960年代にウォルター・ミシェル（スタンフォード大学）らが行った「マシュマロ」実験です。**【注13】**

彼らは4歳の子供たちを一人ずつ部屋に呼び、テーブルを見せました。そこには、一つのベルとマシュマロ1個が置いてあり、その隣にマシュマロがさらに2個並んで置いてありました。そして子供たちに、こう伝えました。

「しばらく私たちはいなくなるが、その間、テーブルの1個のマシュマロに手を出さずに我慢できたら、隣の2個のマシュマロをあげるよ」。

「もし、我慢し切れずに、ベルを鳴らせば、いつでも私たちは戻ってくる。ただしその場合は、マシュマロは1個しか食べられないよ」。

ベルを鳴らしてマシュマロを1個だけ食べるか、じっと我慢して2倍のごほうびを手に入れるか、幼児期の子供にとっては厳しい選択です。

このテストで調べられたのは、「目的に対する自制心があるか」という目的指向性でした。

結果はこうでした。子供たちの3分の1はすぐに1個のマシュマロに手を出し、3分の1は少しだけ我慢してからベルを鳴らし、残り3分の1は実験者が戻るまで待って2個のマシュマロを手に入れたのでした。

この実験は、実はここで終わりではなく、10年後に追跡調査が行われ、その結果が大変興味深いものでした。

10年後、14歳となった子供たちの成長度を調べると、実験者が戻るまで待つことができた自尊心・自己責任キャラの値が高い子供たちは、きちんと仕事をこなせる自立した少年に成長しており、逆境を乗り越え、挫折しても立ち直れる力が強かったのです。

逆に、すぐマシュマロに手を出してしまった自尊心・自己責任キャラの値が低い子供たちは、集中力と意欲に欠け、だらしない少年に育っていたのでした。

《実験11》「私は努力で結果を得られる人間だ」と信じる人は、心身が健康で長寿になる！

「自己責任」は自尊心・自己責任キャラの重要な構成因子の一つですが、心理学では**「内的統制感」**と呼ばれていて「自分自身の行動が結果に直接作用する」という信念です。

その反対の**「外的統制感」**を持つ人は、「日々の出来事が自分以外の外なる力によって支配されているので、自分では責任が負えない」と責任転嫁をしやすい思考パターンを持っています。

この内的統制感が、精神的にも肉体的にも健康によいと実証されています。例えば、エレン・ランガーら（ハーバード大学）が行った有名な実験があります。【注14】

ある介護施設で、入居者全員に鉢植えの植物を配った上で、半数には自らその世話をしてもらい、残りの半数には植物の世話は施設の職員がすると伝えました。

その6カ月後、そのちょっとした植物の世話もさせてもらえなかった入居者は、世話をした人たちに比べて、幸福感、健康、活力が大幅に減少したのです。さらに驚くべきことに、植物の世話をした人たちの死亡率は15％だったのに対し、世話をしなかった人たちの死亡率は30％になったのでした。「自分でやれる」「自分の責任だ」という精神には、寿命まで伸ばす力があったのです。

《実験12》自尊心の高い人のほうが、物質主義でなく精神性が高くなる！

自尊心・自己責任キャラの値が高い人は、自尊心が高くなり過ぎてエゴイズムになって、所有欲が強くなるのではないかという疑問がわきます。

そこで、2007年に行われたラン・グエン・チャプリン（イリノイ大学）とデボラ・レダー・ジョン（ミネソタ大学）の実験を見てみましょう。これは、「自尊心と物質主義」

の関連を調べた実験でした。【注15】

そこでは8〜18歳までの子供たちを集めて、まず、自尊心に関するアンケート調査を行いました。次に、趣味（キャンプ、スケートボードなど）、スポーツ、品物、人（友人や先生など）、自慢できること（いい成績、楽器が弾けるなど）の5つのテーマに分かれた絵のついたボードを使って、コラージュを楽しんでもらいました。

このコラージュ遊びの中で、子供たちが「品物」の絵を選んだ割合を数えて、子供一人ひとりについて「物質指向」を計算しました。

その結果、自尊心と物質指向の間に強い逆相関が見つかったのです。

つまり、自尊心の高い人のほうが、低い人よりも、物質主義でなく、はるかに精神性が高いということが分かったのです。

Character

⑤協調・寛容・公正キャラ（協調性）

「協調・寛容・公正キャラ」（協調性）とは、他者に対して協力し共感する傾向です。「人情・報酬依存キャラ」と似ていて重なる部分も少なくありませんが、人情・報酬依存キャラのほうは、「物事を続けるのに、どのくらい報酬や評価を気にするか、その度合い」を測る項目であるのに比べ、協調・寛容・公正キャラは、純粋に「他人と関わる社会的能力」、要するに、多くの**人の気持ちを理解する力**、報酬や評価にかかわりなく相手に奉仕する能力と考えられます。

他人の気持ちを理解できるので、**寛容さ**も伴います。さらに、多くの人の気持ちに共感できるので、**自分の都合を超えた公正さ**も伴います。

自尊心・自己責任キャラと同様、この協調・寛容・公正キャラも、**値が低いと**「パーソナリティ障害」になりやすくなります。**10の失敗・不幸パターンのどれにも陥りやすくなる**のです（第2章で詳述）。

協調・寛容・公正キャラは、例えば、自分に役に立つ情報を知ったら、思わず、他の人にもその情報を共有し、一緒に喜ぼうとするという表れ方をします。

協調・寛容・公正キャラの値の高い人は、社会的に寛容・公正で、共感的、同情的ですが、低い人は社会的に不寛容、他者に無関心、他の役に立つことが難しい、そして利己的で執念深い傾向があります。

脳神経学的基盤としては、脳の**「眼窩《がんか》前頭皮質」**が、協調・寛容・公正キャラが外に表現されるための脳機能の中枢と想定されています。

《実験13》「閉じた身ぶり」の人は運が悪く、「開いた身ぶり」の人は幸運に恵まれる!

協調・寛容・公正キャラの重要な因子の一つが「共感力」であり、平たくいえば、他者への関心といえるでしょう。この「他者への関心」が高いと、それが幸運を呼び込むことが分かっています。

リチャード・ワイズマン(ハートフォードシャー大学)の調査によれば、運がいい人は、たくさんの人と会うこと、「対人関係の磁石」になることなど、いつも人の付き合いを大切にしているとのことです。さらに、運がいい人は、悪い人に比べ、笑う回数が2倍多く、アイコンタクトの回数もはるかに多かったといいます。【注16】

最大の違いは、身ぶりの違いにありました。運の悪い人は、腕や足を組み、相手から距離を置こうとする「閉じた身ぶり」が多く、反対に、運のいい人は、相手のほうに自分の体を向けて、腕や足を組んだりせず、手のひらを広げて相手に見せるなど、「開いた身ぶり」が多かったそうです。運のいい人が「開いた身ぶり」をする回数は、**運の悪い人よりも、3倍も多かった**のです。

《実験14》「サービスに心がこもっている」と感じるほど、人はより多くのお返しをする!

聖書では「受けるより、与えよ」とありますが、「他者への協力」「サービス精神」は協調・寛容・公正キャラの重要因子として挙げられます。これについても学術的研究がいくつも行われています。

デービッド・ストロメッツら（モンマス大学）が行った研究が有名です。【注17】

レストランのウエーターが、客に勘定書を渡すとき、キャンディーを添える場合と添えない場合で、チップの額が変わるかどうかを調べ、おもしろい結果を得ました。

キャンディーを客一人につき1個添えた場合は、何も添えない場合より、チップが3％増え、客一人につき2個添えると、チップが14％増しになったのです。

さらに工夫し、ウエーターが、キャンディーを客一人につき1個ずつ渡した後、テーブルから遠ざかる前に、ふとポケットに手を突っ込んで、テーブルに引き返して、もう1個ずつキャンディーを配った場合、チップの額が23％増しにまで上昇したのでした。

結果的に客一人が受け取ったキャンディーの数は、前例の2個と同数です。しかし、ウエーターがテーブルに引き返した行為が、「自発的なサービス」と客に受け取られ、その結果、相手からのお返しが1・5倍強、増えたのです。心からの「他者への協力」は、善の循環を生んで、より大きな成果を生んでいくことが実証されているのです。

《実験15》理解力が高い人は、復讐心や怒りから自由になれる！

また、協調・寛容・公正キャラに含まれる「同情心」は復讐心と対置される要素です。相手を理解し、同情できる力が、復讐心や怒りを静めます。

同情心が怒りをいかに静めるかを明らかにした実験が、怒りの研究の専門家、ドルフ・ツィルマンら（アラバマ大学）によって行われました。

彼らは、被験者に自転車こぎマシンで運動をさせつつ、一人の実験助手に芝居で横柄な態度を取らせ、被験者に対して悪態をつかせました。

その上で、被験者には、その横柄な助手に対して、仕返しするチャンスを与えました。

すると、被験者たちは、当然のことながら、ここぞとばかりにその実験助手に、厳しい評価を加えました。

ところが、被験者たちが評価にとりかかる前に、その助手が横柄な態度を取った理由を、「あの人は、もうすぐ卒業論文の口頭試問があるので気が立っているんです」と説明したところ、怒っていた被験者たちは、仕返しをするどころか、彼に同情の声を寄せたのでした。

《実験16》怒りは心臓病の発生率を、19％も上げてしまう！

これは筆者の疫学研究なのですが、**怒りが狭心症や心筋梗塞などの冠動脈心疾患の発症率を、19%も引き上げる**ことが判明しています。【注18】

先の実験の通り、同情心には怒りを静める効果があるので、つまりは、**同情心には身体への悪影響を取り除く力がある**といえるのです。

参考までに、私が報告した研究では、怒りによる冠動脈心疾患の発症率上昇は、女性より男性のほうが顕著でした。つまり、冠動脈心疾患の予防のために、怒りを静める効果のある同情心を身につけることが必要なのは、女性より男性のほう⁉といえるのかもしれません。

Character

⑥ スピリチュアル・キャラ（自己超越性）

スピリチュアル・キャラ（自己超越性）は、「自己を越えたものと一体感を感じる傾向」ですが、それにとどまらず、**「霊的現象を受け入れる」という、ずばりスピリチュアルな資質**です。本書では国際的にはなじみのある「スピリチュアリティ（霊性）」という言葉をそのまま使い、「スピリチュアル・キャラ」と呼ぶことにします。

日本では戦後、意図的に唯物的な教育が続けられたため、この種の教養が薄く、能力が低い人が多いのですが、信仰深い欧米人などには、この種の能力が高い人がいます。

この能力は、例えば、このように表れます。人生で逆境に遭ったとき、性格にスピリチュアル・キャラの要素がまったくないガチガチの合理主義のみで生きている人は、逆境のみじめな現実にのみ意識が固定して、「人生に負けた」と**失望する度合いが強く**なります。性格に神秘的なスピリチュアル思考の余地がある人は、悲惨な現実ではあるが、この世がすべてではないため耐えられます。「その奥に何か霊的な意味、人格を生長させる教訓などがあるはずだ」と、自分の前向きな成長に資するベストな選択をする余地があるのです。ただこの場合、「自尊心・自己責任キャラ」が低いと、ただの現実逃避になってしまうのですが。

スピリチュアル・キャラが高い人は、**聖なるものを信じる気持ち**が強く、合理的には理解を超えた**霊的現象を理解**し、**自己を超えた神仏を感じ取れる特徴**があります。

この資質が低い人は、唯物的で肉体自己から意識を広げにくく、聖なるものを感じる霊性（スピリチュアリティ）が低い傾向があります。

第3章の後半で詳述しますが、スピリチュアリティの発揮には、脳神経学的には、「脳側頭葉」が関係していると想定されており、最近では、**脳の「ゴッド・スポット」**と呼ばれる部位が、注目を集めています。スピリチュアリティを、すでに述べたような意味として受け入れにくい方は、第3章に、関連の実験・研究を列挙していますので、お読みください。

肉体が車で、スピリチュアルな自己が運転手

日本的な特殊な教育から来る固定観念から出られない方のために、もう少し別の角度から説明しておきましょう。

すでに述べてきたように、クロニンジャーの研究によれば、性格の6つの要素が発現する際には、これまでの先行研究により、脳のある部分が活性化することが分かっています。活性化する脳神経学的中枢部位をもう一度まとめると、それぞれ次の通りです。

「チャレンジ・キャラ」→中脳〜前脳のドーパミン投射経路。

「危機回避キャラ」→脳幹の縫線核〜大脳辺縁系のセロトニン投射経路。

「人情・報酬依存キャラ」→ノルアドレナリン経路。

「自尊心・自己責キャラ」→内側前頭前野。

「協調・寛容・公正キャラ」→眼窩前頭皮質。

「スピリチュアリティ・キャラ」→脳側頭葉「ゴッドスポット」。

性格の発現と脳機能の関連性は、このような研究結果になっています。

ところが、第3章後半で詳述しますが、「臨死体験」のように、**心肺停止して脳死・仮死状態になった人でも、正常に思考が働いている現象が、現に存在している**ことが判明しています。

つまり、論理的に考えれば、脳機能だけで性格が発現したり、思考が働いたりしているわけではないといえるのです。これも第3章後半ですが、**最新の脳科学の研究**も踏まえると、**脳以外に何かの思考の主体を想定し、3次元以外の異次元にエネルギーの流れを想定しなければ、私たち人間が考えたり、ものを認識したりするこの現象を、説明できない**のです。

例えていえば、脳が車という機械で、脳以外の思考の主体、スピリチュアルにいえば「霊」「魂」のようなものが車の運転手のようなものです。運転手が思考の主体で、車という機械を通して走行するのです。たとえ車が故障して、思い通りに動かなくなったとしても、運転手自身がおかしくなったわけではなくピンピンしているのに似ていて、脳機能に障害が起こって正常な「表現」ができなくなっても、霊的存在である思考の主体は、正常に働いているというわけです。

クロニンジャーの世界的な性格理論に欠くべからざる要素として入っているスピリチュアリティという概念は、このような研究が進むなかで出てきたものなのです。

スピリチュアルな思考ができる性格かどうかは、幸福感に密接に関わっています。さて、その証拠となる実験・研究・事例の一部を見ていきましょう。

《実験17》幸運な人は、そうでない人よりも、2倍以上の人が瞑想を実践している!

スピリチュアル・キャラを適正に保つ方法として「瞑想」(メディテーション)があります。日本ではなじみが薄いですが、海外では多くの人、経営者やビジネスパーソンなども、メンタルヘルスを保つ方法として生活のなかに取り入れています。

リチャード・ワイズマン(ハートフォードシャー大学)の調査によれば、瞑想するようにしていると答えた人は、運の悪い人に比べて、運のいい人のほうが2倍以上に上ったそうです。【注19】

実際、アップルコンピューターを創業した天才企業家、スティーブ・ジョブズも瞑想を習慣にして、商品開発のアイディアを得ていたようです。彼は出す商品がことごとく世界的なヒットになっていましたが、瞑想を通して運をつかんだ成功例と考えられます。

《実験18》死を意識すると、心が洗われ、慈悲深く優しくなれる!

また、スピリチュアル・キャラは、死後の世界、死後の生と密接に関係していますが、この「死を意識すること」の精神的影響が、エバ・ジョナスら（ミュンヘン大学）の研究グループによって調査されています。【注20】

彼らは、通行人を呼び止めて慈善活動について答えてもらいました。対象者の半数は葬儀社の前で、あとの半数は一般のビルの前で答えてもらったのです。その結果、葬儀社の前で自分自身の死を意識させられた人は、死とは関連しない普通のビルの前で答えた人より、明らかに慈悲深い回答をしたのでした。このように、死を意識すると人は慈悲深くなるのです。

これに関連して思い出すのが、チャールズ・ディケンズの中編小説「クリスマス・キャロル」に登場する冷酷無慈悲でエゴイストな初老の守銭奴、エベニーザ・スクルージです。彼は、人間の心の温かみや愛情などとはまったく無縁の日々を送っていたのですが、クリスマス・イヴの夜に3人の精霊が彼のもとを訪れます。そのうち、過去と現在の精霊は、スクルージがその金銭欲と利己主義によって、いかにみじめで孤独な存在になったかを悟らしめます。いよいよ3人目の未来の精霊が現れ、訪れる人もなく荒れ果てたスクルージ自身の墓を見せます。そこで始めて彼は己の人生を反省し、思いやりのある真に心豊かな人間に生まれ変わろうと決意するのです。実際、スクルージは慈善家になり、のちに「ロンドンで一番クリスマスの楽しみ方を知っている人」と皆から慕われる存在に変わったのでした。

《実験19》一流プロフェッショナルたちが味わう忘我状態の強烈な幸福感！

さらに、スピリチュアル・キャラの重要な要素として、「自己忘却」がありますが、これは心理学では**「フロー現象」**として研究されてきました。

これは、約40年前に、ミハイ・チクセントミハイ（クレアモント大学）によって発見された現象で、人がある行為に完全に没頭しているときに感じる充足感の状態を指します。**【注21】**

この状態は、スポーツ選手がいうところの**「ゾーンに入った」**という現象であり、画家や音楽家は**「美的な恍惚状態である」**などと表現します。

フローにある人は、目的に完全に集中していて、他の考えや不適切な感情をあちこちに散らす余裕はありません。その代わり、行動をコントロールできているという感覚を得て、**「自分が世界に全面的に一体化している」**と感じます。時間の感覚は歪み、何時間もが、たった1分に感じられます。その状態で行うことは何でも、「それ自体のためにする価値がある」と感じられ、「生きていることそれ自体」を正当化するものになります。このフロー現象からくる至高の幸福感は、われわれ自身が作り出せるものであり、意識を豊かにし、人間としての大きな成長を促します。

スピリチュアリティと心身に関する研究は、これら以外にも、数多く報告され実証が進んでいます。それらの研究結果については第3章で詳しくご紹介します。

性格の奥にある信念とはどんなものか？

以上、性格の6つの項目それぞれについて、「クロニンジャーの気質と性格の7次元モデル」をベースに説明してきました。もう一度、性格診断をした後の53ページのご自分のレーダーチャートを振り返って、その凸凹を見て、性格の特徴を振り返るのもいいかもしれません。

さて、ここで、もう一段深めて理論化していきたいと思います。

自分の性格を分析したはいいものの、では、何をどうすればいいのか、ここからが肝心です。チャレンジ・キャラの値が少ない人が、今日からそれを高めようと思って、簡単に高めることができますか？　また、一人で仕事をするのが好きで、他人への協調マインドが少ない人が、明日から、協調性あふれる性格になろうと思って、できるでしょうか？

図表4　6つの性格と、その根底にあるおもな信念

性格	自尊心・自己責任キャラ	人情・報酬依存キャラ	協調・寛容・公正キャラ	チャレンジ・キャラ	危機回避キャラ	スピリチュアル・キャラ
信念の分類	自分	他人		人生		世界
3軸論	空間軸			時間軸		次元軸

できませんよね。長年、性格を直そうと思っても、なかなかできなかったのが現状のはずです。**性格はなかなか変えにくい**というのが、実体験を伴った一般的な認識でしょう。

でも、性格を変えようとして長年悩んでいる人はたくさんいます。

いったいどうすればいいのか。序章で述べた通り、今まで見てきた6つの性格の根元には、それぞれ何らかの信念があることを思い出してください。この**信念を変えれば、性格も変わっていき、幸福感がもっと増す**はずです（図表4）。

自尊心・自己責任キャラの根元には→「自分」に対する信念
人情・報酬依存キャラ→「他人」に対する信念
協調・寛容・公正キャラ→「他人」に対する信念
チャレンジ・キャラ→「人生」に対する信念
危機回避キャラ→「人生」に対する信念、
スピリチュアル・キャラ→「世界」に対する信念、があります。

もちろん、厳密には、一つの性格の根元に、複数の信念が

関わっていると考えられるでしょうが、本書では分かりやすくするために、最も関わりが深いと思われるもの同士、あえてシンプルに一つに一つが対応すると割り切って考えます。

「表面に出て見えやすい性格」の根元にある「見えにくい信念」を上手に調整する。すると、性格は、その個性の素晴らしさが生かされる方向でプラスに花開き、幸福感も増す。表面の性格だけをいじろうとしても、なかなか変われるものではない。そういうことなのです。

さて、あなたの性格の根元にある、自分、他人、人生、世界についての信念は、どんなものですか？　本当は、暗く、消極的で、破壊的な信念を握り締めていませんか？　ときどき、繰り返し、そこはかとなく寂しく空しい悲しい気持ちにとらわれて、抜け出しにくいと感じることはありませんか？　ぜひ、ご自分で振り返ってみることをお勧めします。

信念についての考え方を3軸で整理

さらに、信念について、別の角度から説明します。より「立体的」に把握するために、「空間」軸、「時間」軸、「次元」軸の3軸でとらえてみます。図表5を見てください。

中心の黒い丸が自分だとして、自分の周りにたくさんの他人がいるとすると、それは、一つから複数へと広がる空間的な意味合いになり、「自分」や「他人」への信念は空間軸でとらえられるでしょう。

図表５　信念を３軸でとらえてみると

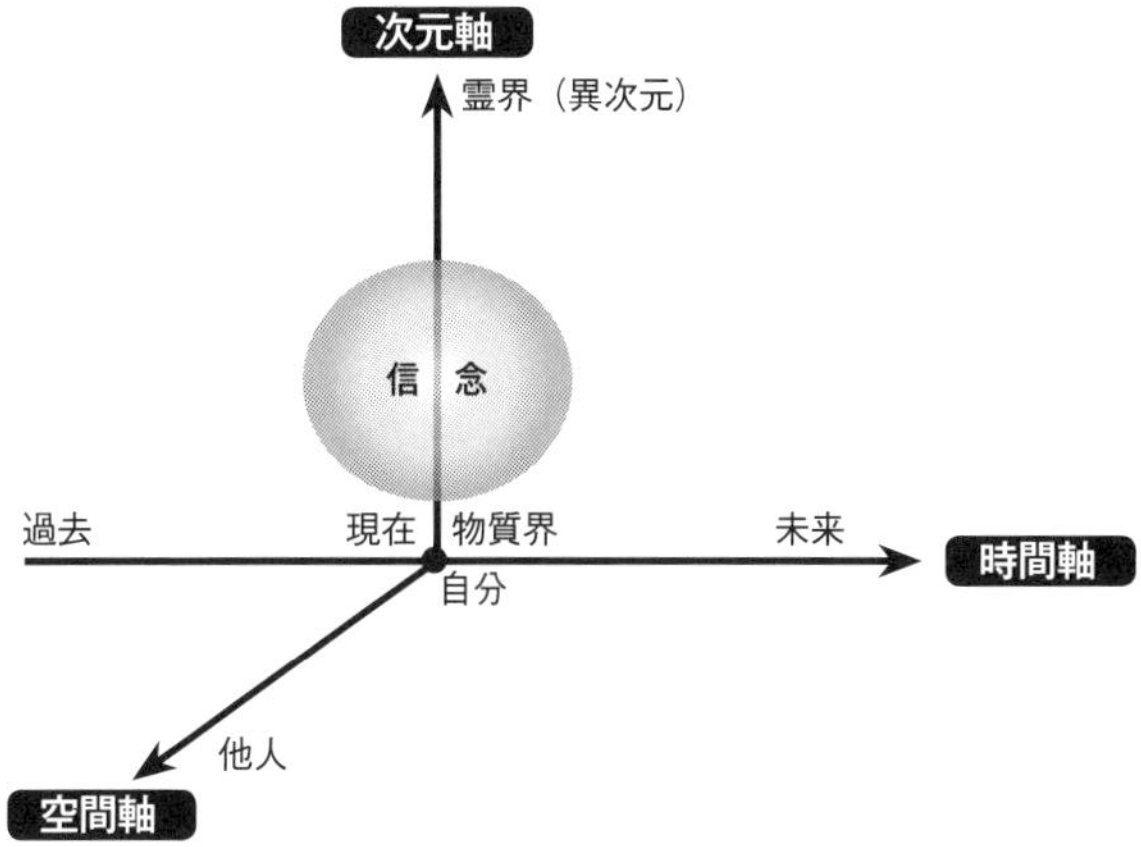

中心の黒い点を現在とすると、時間的には過去→現在→未来があるので、これは、人の命が時間の川を下っていくように、「人生」への信念を「時間軸」でとらえることができるでしょう。

中心の黒い点を、自分が存在する物質界だとすると、持つべき世界観は、スピリチュアルな世界観、霊的視点を取り込んだ３次元以外の世界を想定する「多次元的世界観」になります。「世界」への信念は「次元軸」で把握するのがいいでしょう。

精神医学的、心理学的には、世界について語る場合、唯物的世界観では片手落ちになります。もっとも物理学においても、多次元世界観については、例えば、２００８年にノーベル物理学賞を受賞した南部陽一郎博士の超弦理論（超ひも理論）では26次元を想定して理論構築されており、多次元的世界観は少なくとも理論物理学では認められています（第3章で詳述）。**【注22】**

以上をまとめると、自分を中心として、数多くの他人が存在する空間を、肯定的で、明るく積極的で建設的なものだという信念で埋め尽くす。

さらに時間についても、現在を中心として、**過去については「すべてが教訓だった」**と思い、**未来については「必ずよくしていける」**という肯定的で、明るく積極的で建設的な信念で埋め尽くす。

次元については、世界はこの3次元だけでなく、霊界があり、神仏がいる。自分も他人もその一部であり、努力して自己超越を果たし神仏に近づいていくべき存在なのだという信念を持つ。神仏が見守ってくれているという深い安心感と感謝を持つ。

すべてを明るく積極的で肯定的な信念で埋め尽くし、その中に住む、という感じです。

信念があなたの人生をコントロールしている

さあ、ここまで、説明すると、こう思う人もいるかもしれません。

「そんな、きれい事を言っていて、この『渡る世間は鬼ばかり』のような人生を、渡っていけると思っているの？」。

「肯定的で、明るく積極的で建設的？　何か幼稚園の世界みたいで、恥ずかしい。そんな人生観は、オレの美学が許さねえ」。

そう、まさしくあなたは、そのような信念を採用して、その通りの結果を受け取るべく、自分自身で人生をコントロールしているのです。

もちろん、どのような信念を持つことも、あなたの自由です。でも、そういう信念を持つと、その通りの現実を引き寄せます。その**結果を、晩年の自分が受け取る**ことになりますが、本当にいいですか？　それで本当に大丈夫でしょうか？　そういうことなのです。

私たちは、**ほとんどすべての人が、何らかの信念を、未確認、未調整のまま採用しています。**実はそれが、私たちのストレス反応、体調、対人関係、運命をコントロールしているのにもかかわらず……。

信念とは心の奥底からの「思いこみ」であり、これが、その内容のままの現実を、作り出しているのです。精神医学的、心理学的には、すべての人が、そういう神や仏のような力を持っているといえます。いわば一つの信念は、一つの宗教のようなものです。宗教に入っていない人であっても、すべての人が、必ず何らかの「わたし教」に入っているといえます。

したがって、どのような信念が、どのような現実を作り出すのか、本章や第3章にある通り、学問的にさまざまな研究が行われ、さまざまな法則が発見されているのです。

信念を設定する最たるものが、さまざまな思想・哲学・宗教の類です。

例えば、カチカチの唯物論の人は、特有の自分、他人、人生、世界の信念の型を持っています。「この世がすべてだ。死んだら人間は灰になってなくなるだけ。できるだけ人生を楽しまなければ。少々は、他人に迷惑をかけても仕方がないかもしれない」というような、（これはもちろん極端に分かりやすく言っているわけですが）享楽的・刹那的人生が生まれてきます。

マルクス主義にはマルクス主義の「結果平等思想」が染みついてしまい、努力の差によって生まれた格差に嫉妬して、努力はそっちのけという性格が出現します。

キリスト教にはキリスト教の「贖罪思想」が染みついてしまい、人間は原罪を持っていて非力な罪深い存在なので、その罪をあがなうためには神の救いが必要で、善行を積まなければならないのだという消極的性格になります。仏教には仏教の「清貧の思想」が挙げられます。特に原始仏教では極端な心の平和主義になりやすいため、この世の富をさげすみ、お金持ちに嫉妬する性格になることがあります。

また、そんな格式ばった思想を持ち出さずとも、お金が大好きな親に育てられた人は、お金を持っている自分は素敵で、貧乏な自分はダメ、他人も同じで、人生も世界も金・金・

金……という信念を知らずに採用しています。「とにかく公務員になりなさい」という親のもとで育った人は、偏った職業的な信念が潜在意識に染みついているかもしれません。

学問的研究が進めば、信念分析法と治療法が発達するかも

これ以降は、まだ研究途上ですが、おそらく、人間の心の奥底の信念を決めるものは、その人自身の持って生まれたものに加えて、その人が属する、国、民族、宗教、哲学、思想、イデオロギー、文化、家庭、業界、業種、周りの人間関係など、後天的に、さまざまなものが形成要因となっているはずです。この一つひとつに、それ特有の自分観、他人観、人生観、世界観が伴っているはずで、**何気なく触れただけで、信念を組み込まれ、それが性格や人生を作り上げ、さまざま幸・不幸を作り上げているとしたら大変なこと**です。学問的には、ここに無限の研究の余地が生まれてくるでしょう。

この研究が進めば、未来には、以下のような**よりよい分析・診断・処方が可能になるかもしれません**。

「ああ、あなたは、もともとこういう気質を持っているのに加え、キリスト教徒で、公務員で、判断業務が中心ですか――それなら、わが国ではこういう信念の特徴を持っている人が多いのですが、どうですか？　だから、こういう性格になって、こういう現実が出てきているんですね。現状をさらによくするための、信念矯正法は、これとこれですよ」。

なぜ、私たちは、自分の信念に気づきにくいのか？——心の3層構造

私たちが自分の性格の奥なる信念に気づきにくい理由の一つが、心の構造にあります。
アメリカ心理学の父といわれる**ウィリアム・ジェームズ**（1842〜1910年、シカゴ大学初代心理学部教授）は「人間はその潜在能力の数パーセントしか活用していない」と述べています。【注23】

現代心理学でも、普段私たちが認知している**表面意識は10〜20％程度**で、**残りの80〜90％は潜在意識**だと考えられています。

したがって、自分の信念を本当に知るためには、表面意識に少しだけ見えている信念だけでなく、もっと深部の潜在意識に潜む信念まで探求する必要があるのです。

さらに潜在意識で外せない考え方が、潜在意識には「個人的潜在意識」と「普遍的潜在意識」の2種類があるということです（図表6）。

分析心理学の創設者、**カール・ユング**（1875〜1961年）は、個人領域の潜在意識を超え、人類全体が共有する「普遍的潜在意識」（集合的無意識）があると結論づけています。この普遍的潜在意識そのものは意識的に直接把握することはできませんが、「元

図表６　心の構造

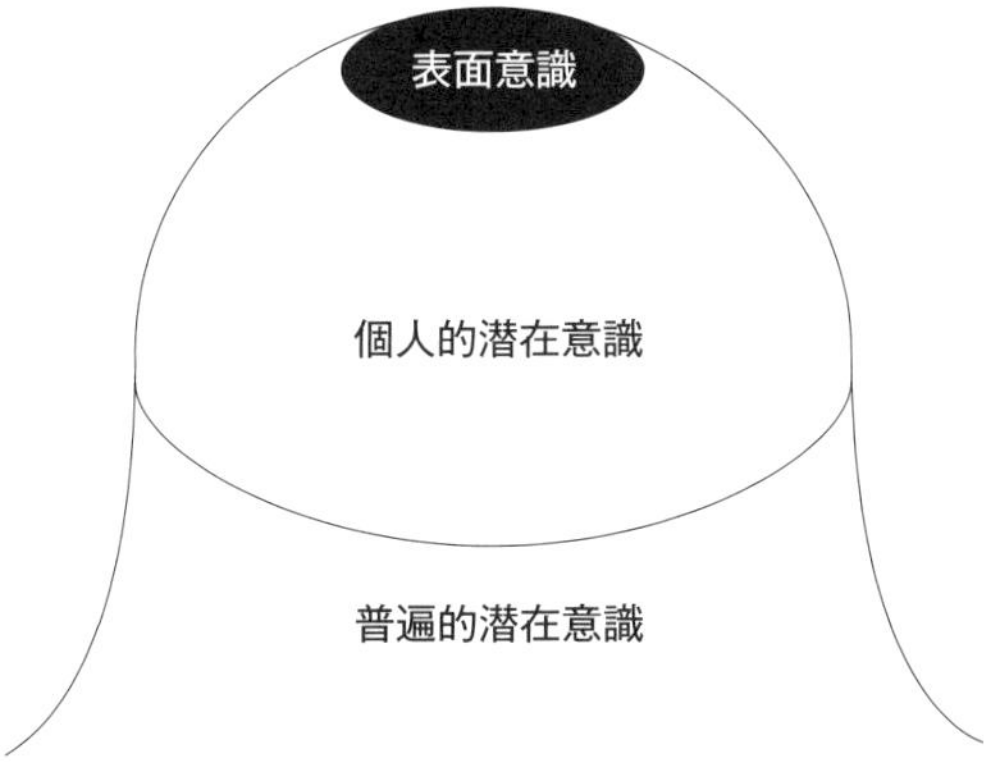

型（アーキタイプ）」というイメージ・パターンとして認識されるといいます。【注24】

　このように**心は、少なくとも3層構造**になっていて、私たちが**普段、認識できない2層の潜在意識も関わっているため、自分がいかなる信念を持っているのかが、とても分かりにくくなっているの**です。

　しかし、本書の「性格・信念チェックリスト」は6つのパラメーターを使って多面的に自分の信念に光を当てる工夫・設計がされていますので、この評価テストを使って一度チェックすることをお勧めします。

人生をコントロールしている恐るべき信念の力の実証研究

《実験20》「20年若い」という信じこみが、1週間で物理的に身体を若返らせた！

それでは、信念が、私たちの人生を、いかに知らず知らずのうちにコントロールしているかを実証した研究をいくつかご紹介しましょう。

まずエレン・ランガー（ハーバード大学）が行った有名な「カウンター・クロック・ワイズ研究（時計の針巻き戻し研究）」です。**【注25】**

彼は、1979年に75歳の男性たちを対象にした1週間の実験を行いました。男性たちはこの実験の目的は知らされず、単に1週間合宿所で暮らすということしか教えられていませんでした。

合宿所には、1959年以降の写真、新聞、雑誌、書籍などを持ってくることを禁じられました。そして、**「これから1週間、今が1959年であると思ってください」**と告げられ、その頃のようにふるまうよう指示されます。

1959年というと、20年前、男性たちが55歳だった年です。このシナリオの強化のために、その当時の服が用意され、全員にその人の50代の頃の写真が入った身分証明カードも配られました。この1週間、男性たちはまさに55歳の目で世の中を見て、お互いに当時を振り返って「味わう」ように設定されたのです。

その1週間後、どうなったと思いますか？　なんと、**ほとんどの参加者が、身体の柔軟性が明らかに増し、姿勢がよくなり、聴力もよくなり、握力もずっと強く**なりました。また、**視力が平均して10％近く改善**し、**記憶力も向上**したのです。そして、**第3者に、彼らの合宿の前後の写真を比べてもらったところ、「合宿後のほうが、ずっと若く見える」と答えた**のです。

これは、信念が人間の肉体をも若返らせる力を持つという驚くべき研究結果です。

《実験21》「伸びる可能性がある」という信念を持つ教師の生徒は、実際に成績が伸びる！

次にご紹介するのは、「ピグマリオン効果」です。「教師期待効果」とも呼ばれます。

ローマ詩人オウィディウスによれば、ピグマリオン王が、ある女性をかたどった彫像を好きになってしまい、その彫像が実際の人間になったらいいのにと熱望していたところ、その願いを聞いたアフロディーテの神が彫像を人間に変身させてしまいました。ピグマリオン効果という名称は、この「女性の彫像を人間化して欲しい」という信念が実際に現実

になったという話に由来しています。【注26】

このピグマリオン効果を実験で実証したのが、ロバート・ローゼンタールら（カリフォルニア大学）の研究グループです。【注27】

彼らは、ある小学校で知能テストを行いました。その後、各クラスの教師に、次の旨を説明し、こう釘を刺しました。

「クラスに素晴らしい素質を備えた生徒がいる」。

「その子供たちはこれから才能が大いに伸びる可能性がある」。

「その子供たちにはそのことを言わないように」。

「教室で教えるときは、生徒間で差別しないように」。

「教師たちが公平に教えているか、監視する」。

その1年後、子供たちを知能テストで再調査したところ、素晴らしい素質を備えるとされた（実際にはそうではない）生徒の知的能力が、明らかによくなっていたのです。

ごく普通の学生たちを飛び抜けて優れた子供にしたものは何だったのでしょうか？　教師たちは直接その子供たちに何も言わなかったし、特別な教え方はしませんでした。

ただ決定的なことは、教師たちがその生徒たちの潜在的能力を信じた**「信念の力」**が、**言葉以外の方法で無意識のうちに伝わった**ということ。さらに、教師たちの信念がその生徒たちに何らかの力として伝わって、知的能力向上という形で現実化したということです。

心の病がなかなか治らないのは、なぜ？

ここまでは信念に関する学術研究を中心に取り上げてきました。

次に、私の臨床経験からも信念について述べてみたいと思います。私はハッピースマイルクリニック（精神科、心療内科）において、年間で延べ**1万7000人前後の患者さんを診療**し、日々患者さんの生の声をさまざまにお聴きしています。

患者さんとお話ししていて感じることは、「薬さえ飲んでいれば病気が治るのだ」と思いこんでいることです。これは、ある意味、極めて日本的な唯物的薬物療法への信念でしょう。確かに、医療者側にも問題があって、日本の精神医療が患者を「薬漬け」にして根治に取り組んでいない現状が指摘されています。

ただ、医学的には実際は、**「薬物療法だけでは、ストレスは整理できず、考え方を変えることはできない。したがって治りにくい」**というのも真実です。

実際、イギリスの臨床研究では、**うつ病の再発率は、薬物療法のみの単独グループは44**

％で、薬物療法に心理療法を加えた併用グループは27％と低く、うつ病の治療成績がよいことが証明されています。【注28】

うつ病は、現代日本では、7人に一人が一生の間にかかるといわれています。

うつ病では、抗うつ薬で抑うつ症状は軽減しますが、それは対処療法にしかすぎません。

症状が同じうつ病であっても、ストレスの原因が子育て問題のこともあれば、ビジネス問題であることもあり、その原因は違ってきます。薬物療法で子育てがうまくなったり、ビジネス問題が解決できたりするとは思えません。さらに、**うつ病には、悲観主義や完璧主義などの本人の信念が絡んでくる**ため、問題はいっそう複雑です。

このようになかなか治療が進展しない患者さんを見ていると、**「薬物療法への誤った信念」**と、本人がもともと持っていた**「病気を呼び込む信念」が、回復の邪魔を**しているのです。

この本人の考え方や、その根元の信念を明らかにして修正していくのが、各種の心理療法なのです。

ある心理療法では治らず、別の心理療法で治るのは、なぜ？

また他院からハッピースマイルクリニックに転院してきた患者さんたちの中には、「精神分析療法」や「認知行動療法」など、ポジティブ心理学以外の流派の心理療法を受けてきた方々がいらっしゃいます。治療効果が得られずに転院してきたわけですが、当院のポジティブ心理療法で軽快されるケースが少なくありません。

なぜ、ある心理療法では治らずに、別の心理療法では治るという現象が起きるのでしょうか？　その秘密は、**患者さんごとに、それぞれ違った信念を持っていて、それに治療法が合うか合わないか**というところにあります。

先述した「信念の3軸論」の時間軸で説明すると、精神分析は「過去」の問題を扱い、認知行動療法は「現在」の問題を扱い、ポジティブ心理学は「過去〜現在〜未来」の問題をおもにカバーしています。したがって精神分析療法や認知行動療法で治らなかった患者さんがポジティブ心理療法で治ったのは、その方の信念の問題が、人生の目標や生きがいなど「未来」に関わるものであったと想定されるわけです。

このように、人によって信念のどの部分に問題があるか違いがあるため、心理療法の種類によって、治り方に差が出てくるのです。どの症状、どの信念が、どの心理療法に合うのかは、おもに補章で詳しく解説していきます。

精神医学・心理学を超える力を持つ良質の宗教の力を借りる方法も

よい信念や性格の形成については、「心理学や精神医学では一定ラインまでは効果があるが、あるラインを超えると効果が出ない」という限界が生じることもあります。

その場合、より強いスピリチュアリティの力で、より強烈によい信念を引き出す理論を持つ**良質の宗教を求めるのも有効な道**です。良質の宗教は、毎日できる実践法を持っているのも強みです。例えば、よい信念を植えつけるような高質の祈りや経文を繰り返し読む習慣などは、心理学的なアファメーション（補章の328、329ページ）を超える力を発揮することがあるでしょう。

良質の宗教選びについては、第2章182ページで詳しく述べます。

第4章では、これらの一つの例として、**ポジティブ心理学の研究者らが注目**している**仏教の2500年の智慧である「八正道」**について詳しく説明します。

以上、本章では、「あなたの性格・信念が、あなたの人生を決めている！」という信念理論について、学術的治験と臨床経験をもとに体系的に述べてきました。第4章で、さらにスケールアップさせた理論へと発展させていきます。

次の第2章では、本章で分析したあなたの性格・信念が陥りやすい失敗パターンを、診断・分析していきましょう。

第２章

あなたの「10の失敗パターン」チェック！

あなたの失敗パターンを、「パーソナリティ障害」類型で見てみよう

本章では、第1章の「6つの性格・信念チェックリスト！」の結果をもとに、110ページの図表7「10の失敗パターン判別フローチャート！」を使って、あなたの性格の特徴が悪いほうに転んだ場合に生じる短所、悪い性格、それがもとで**繰り返し陥りがちな失敗パターンを、詳しく分析**し、その克服の方法を考えてみましょう。

性格の特徴がよいほうに出れば、長所になります。例えば、元気いっぱいの性格、慎重で手堅い性格、おおらかな性格、何事にも興味津々な性格、感情表現が豊かな性格などです。

逆に、**同じ性格の特徴が悪いほうに転べば、短所**になります。皆さんよくお分かりの通り、短所は長所の裏返しの面があるわけです。元気があるのはいいけど空気が読めない性格、慎重なのはいいけど少し神経質過ぎる性格、大雑把過ぎて人の気持ちが分からない性格、飽き性で三日坊主な性格、すぐに感情的になる性格……。

あなたは、学校、家庭、職場、その他人間関係、さまざまな人生の局面で、「繰り返し失敗する」という点がありませんか？　繰り返し襲ってくる不幸感覚はありませんか？

それが、性格の特徴が悪いほうに転んだ場合に現れる短所です。短所が、さらに悪化すると、心の病のもとになる性格の歪み、「パーソナリティ障害」といわれるかもしれません。

パーソナリティ障害とは

「パーソナリティ障害」とは、**「悪い性格を10パターンに分けたもの」**とお考えいただければいいでしょう。うつやその他の心の病と強い相関性があり、精神障害と診断されます。

これらのパーソナリティ障害は、アメリカ精神医学会の最新の診断基準マニュアルであるDSM—Ⅳ—TR（精神疾患の診断・統計マニュアル）で、これが今、**グローバル・スタンダードとして世界中で使われて**います。

本フローチャートは、ロバート・クロニンジャー（ワシントン大学）らが、この「パーソナリティ障害」分類と、「クロニンジャーの気質と性格の7次元モデル」（第1章の性格診断）の相関関係を調べた研究結果を参考にしました。**【注1】**

さらに10のパーソナリティ分類に加えて、**「発達障害」**も取りこみ、より広範に評価し、対処法を考えられるようにしています。

この第2章では、あなたが性格上、陥りやすい短所、失敗を点検し、さらにその性格の歪みの奥に潜む「悪い信念」をあぶりだしていきます。自分の**失敗パターンを知っておけ**

ば、不幸感覚や失敗を繰り返さずに済みます。また、人生の試練のとき、人間関係や環境が悪化する運の悪い時期に、よく自分を統御し、**事態を悪化させずに済みます。**それではチェックしていきましょう。

失敗パターンチェックの方法

110ページのフローチャートの使い方を説明します。

スタートが**「自尊心・自己責任キャラ」**です。すでに述べたように、**これが低過ぎることが、すべてのパーソナリティ障害につながる芽**になります。

第1章での「性格・信念チェックリスト」の採点結果が、「+」（=4点）であれば正常という評価ですが、「±」（=3か2点）あるいは「−」（=1点）であれば、「協調・寛容・公正キャラ」のステップへ移ります。そのキャラが「+」であれば演技性パーソナリティ障害という評価ですが、「±」あるいは「−」であれば次のステップへ移ります。そして次に……という具合にフローチャートを進み、行き着いた円で囲まれたところが、自分が陥りやすいかもしれないパーソナリティ障害です。

もちろん、第1章でも述べたように、このチャートで判定されたからといって「病気」というわけでは決してありません。失敗パターンを知るための、半分遊びを含んだ**ちょっ**

とした手がかり程度にとらえてください。
フローチャート内の略語は、それぞれ以下を表します。
「演技性」＝演技性パーソナリティ障害
「反社会性」＝反社会性パーソナリティ障害
「依存性」＝依存性パーソナリティ障害
「回避性」＝回避性パーソナリティ障害
「強迫性」＝強迫性パーソナリティ障害
「統合失調質」＝統合失調質パーソナリティ障害
「統合失調型」＝統合失調型パーソナリティ障害
「妄想性」＝妄想性パーソナリティ障害
「境界性」＝境界性パーソナリティ障害
「自己愛性」＝自己愛性パーソナリティ障害
フローチャートで診断した後、その後の112ページの図表8「あなたの失敗パターンの特徴は？」をご覧ください。あなたが陥りやすいパターンの説明が書いてあります。

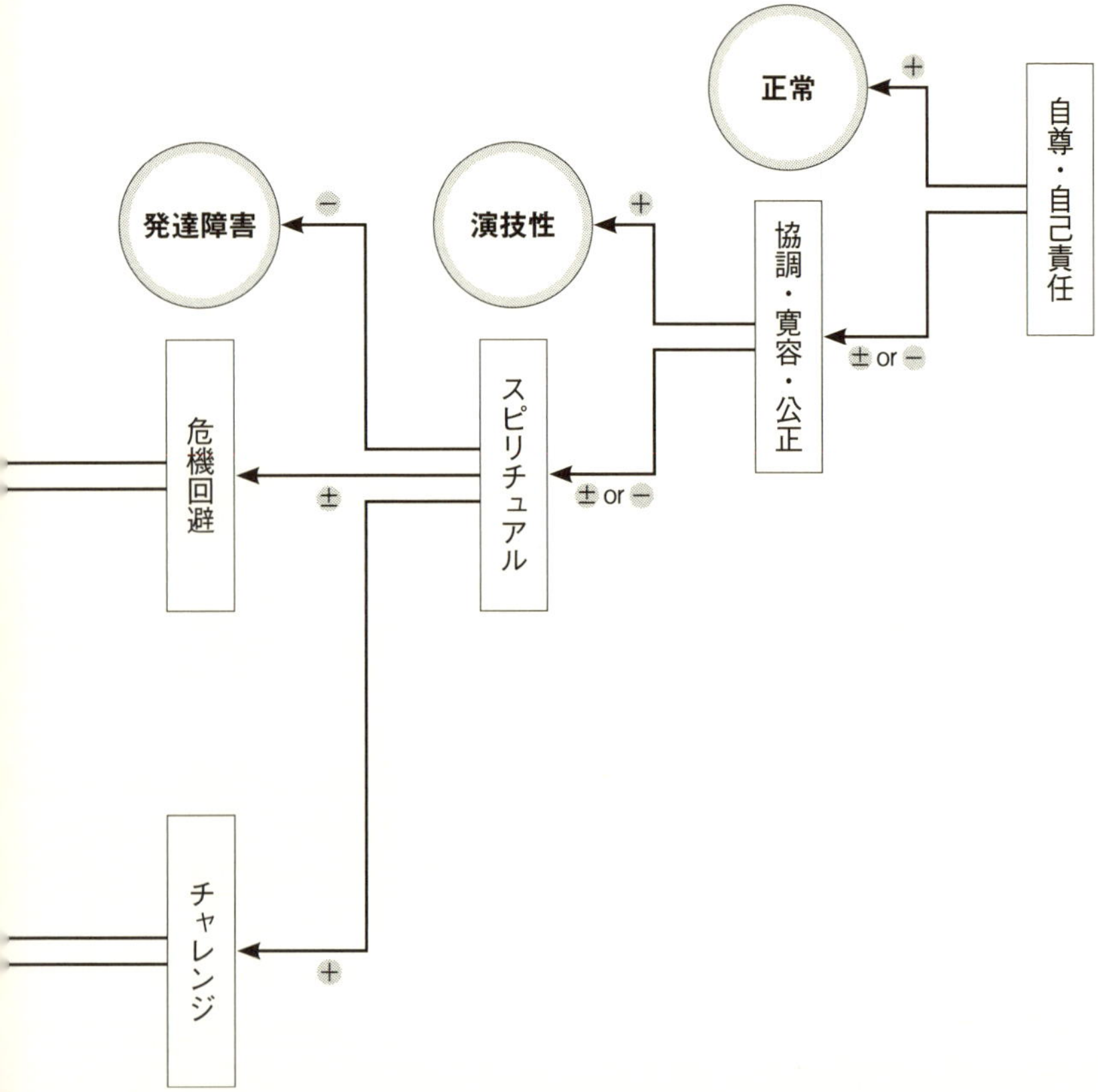
正常
自尊・自己責任
発達障害
演技性
協調・寛容・公正
±or−
危機回避
スピリチュアル
±or−
±
チャレンジ
+

図表７　10 の失敗パターン判別フローチャート！

第1章「6 つの性格・信念チェックリスト！」(p.50) の結果をもとに、
あなたの「10 のパーソナリティ障害」＋「発達障害」を割り出します。

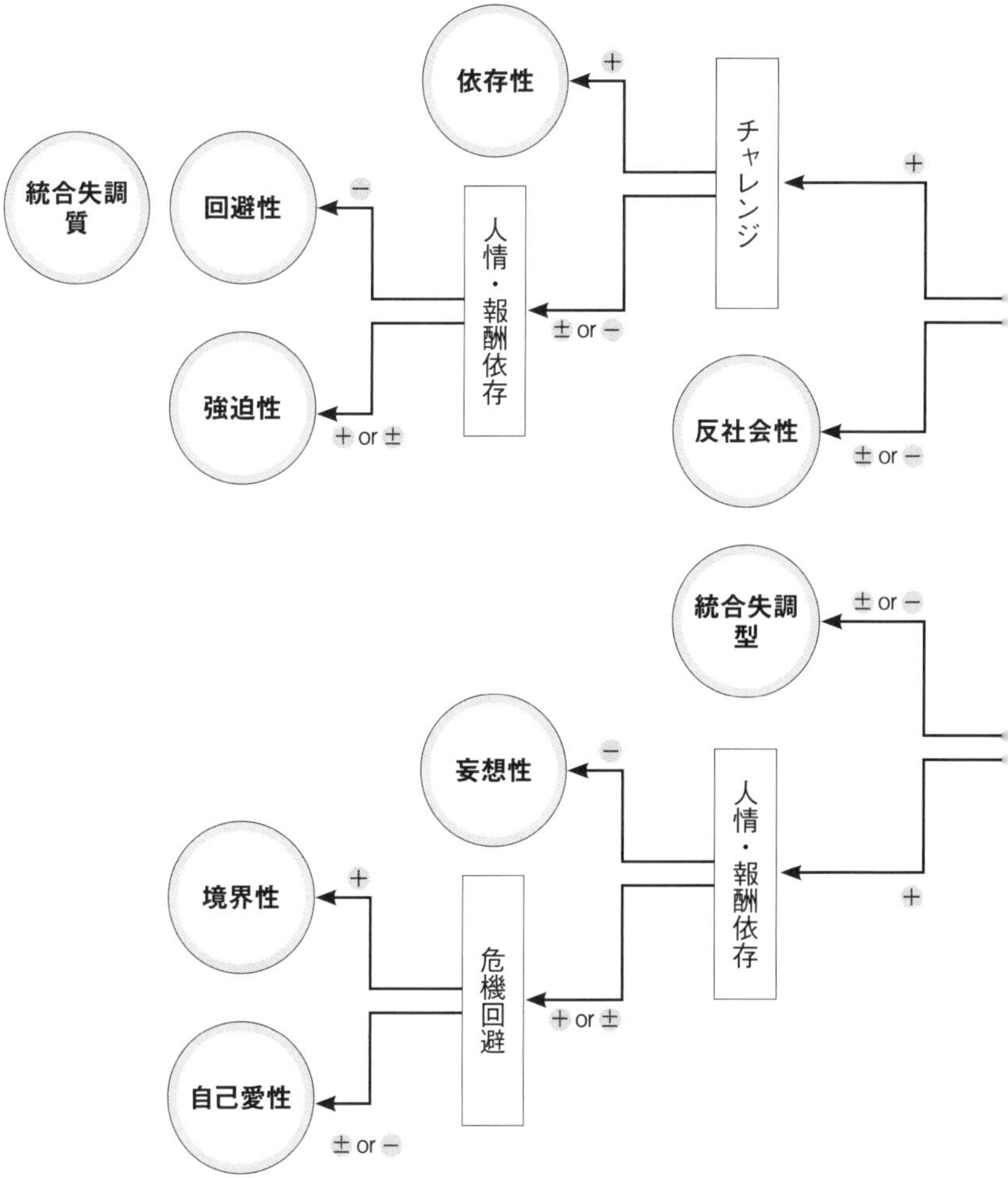

パーソナリティ障害	特徴	関連疾患
演技性 パーソナリティ障害	(1)他人を魅了しなければ、自分が無価値になるというとらわれがある。 (2)周囲の注目を集めるため虚言癖がある。 (3)満たされることのない愛情飢餓があり、多くの場合、母親との関係に問題がある。	身体表現障害、 パニック障害、 うつ病、 薬物依存症、 違法行為、性犯罪
反社会性 パーソナリティ障害	(1)他人を信じられず、冷酷に搾取していく。 (2)社会的な規範や通念を軽視、敵視している。 (3)親から否定されてきた怒りを親に向けることができず、社会に投影している。	違法行為、 性犯罪、 薬物依存症、 ギャンブル依存症
妄想性 パーソナリティ障害	(1)他人を信じられず、疑り深く、過度に秘密主義。 (2)他人を権力や力で支配しようとする。ワンマン型の経営者や管理者など。 (3)父親に愛されなかった、あるいは極度に恐れていた生育歴が多い。	躁うつ病、 ストーカー、 ＤＶ、 パワハラ
統合失調型 パーソナリティ障害	(1)頭で生きているタイプ。浮世離れした雰囲気。超越的な存在や非論理的な思考に親和性がある。直観力に富む。 (2)常識とかけ離れるのに頓着せず、マイペース。 (3)トラウマティックな親子関係により孤立傾向になる。あるいは、幼少時の対人接触機会の不足が疑われている。	統合失調症、 引きこもり
統合失調質 パーソナリティ障害	(1)対人接触より、孤独な環境を好む。 (2)物質的なものより、精神的で、内面的な価値に重きを置く。恒常性が高く、何事も淡々と続ける。 (3)自分の意思を親から否定され続けて育ち、自分の意思を表現するのをあきらめた人に多く見られる。	引きこもり
発達障害	(1)得意、不得意の差がはっきりしている（発達凸凹）。相手の思考で考えられず、周囲の感情に無頓着。 (2)同じ行動パターンに固執し、狭い領域に深い関心を持つ。 (3)親から虐待を受けたり、幼児期に親との離別体験があったりすることが指摘されている。	うつ病、 引きこもり、 不登校、 いじめ

図表8　あなたの失敗パターンの特徴は？

パーソナリティ障害	特徴	関連疾患
強迫性 パーソナリティ障害	(1)律儀で責任感の強い努力家。完璧主義者。修行者タイプ。 (2)絶えず何かしていないと落ち着かず、のんびりリラックスできず、プロセスを楽しめない。突発的アクシデントに弱い。 (3)生育歴:過干渉で支配的な親に忠実過ぎたタイプ。	うつ病、 不安障害、 心身症
依存性 パーソナリティ障害	(1)主体性を放棄し、他者に委ねてしまっている。過剰適応。ノーと言えない。 (2)「過剰適応型」と「幼児型」がある。孤独が苦手で、依存する対象の人を求めてしまう。 (3)過干渉で支配的な親に頼り過ぎたタイプ。	パニック障害、 うつ病、 心身症、 恋愛依存、 共依存のイネイブラー
回避性 パーソナリティ障害	(1)自分に自信がなく、失敗や傷つくことを極度に恐れ、試みの事態を避ける。深い人間関係を避ける。 (2)いじめや虐待などトラウマ体験が多い。 (3)過干渉で支配的な親に潰されたタイプ。優秀な兄弟と比べられて兄弟コンプレックスがあることが多い。ほめられたことがほとんどない。	うつ病、 不安障害、 引きこもり、 スチューデント・アパシー
境界性 パーソナリティ障害	(1)自己否定感と見捨てられ不安。 (2)ささいなことで傷つくと両極端に気分変動する。 (3)周囲をコントロールするための自殺企図、自傷行為。 (4)親への深いこだわり(必要なときに、親から十分な愛情と保護を与えてもらえなかった)。	躁うつ病、 うつ病、 摂食障害
自己愛性 パーソナリティ障害	(1)一見魅力的で、優雅だが、内心では他人の気持ちに無関心で共感性が乏しい。 (2)自己否定による落ち込みを避けるために、誇大な自信を振りかざす。 (3)幼い頃にはかわいがられて育ったが、途中で養育者と別れてしまった愛情剥奪体験が多い。	うつ病、 引きこもり、 性倒錯、性犯罪、 セクハラ、 ストーキング、 ＤＶ

自分の失敗パターンをよく知っておくことの利点

第1章の性格分析から、10の「パーソナリティ障害」や「発達障害」のどれかに行き着いたと思います。あなたはどれになりましたか？

このように6つの性格・信念の各要素の値の高低と、パーソナリティ障害などは関連しています。性格・信念のバランスが崩れていくと、何となくブルーになって不幸を感じるという段階から、もっとひどくなると日常生活に支障をきたす精神不調になるのです。

パーソナリティ障害とは一言でいえば、**「偏った考え方や行動パターンのため、家庭生活や社会生活、学業や職業生活に支障をきたした状態」**です。「私は支障をきたすほどでない」と思う方の中で、フローチャートを試した結果、特定のパーソナリティ障害と診断された方もいるでしょう。その場合は、パーソナリティ「障害」と呼ぶべきではなく、**パーソナリティ「失敗タイプ」**とでも表現すべきレベルでしょう。

ただ、人生のなかでは、さまざまな環境要因によって、日常生活に支障をきたすほど精神の調子を崩してしまうこともありますよね。そんなときに、この概念を知っていれば、「ああ、このパターンにはまっているのかな？」と分かり、**分かっていれば、そこから脱出しやすい**というのも事実です。「先々、極度に調子が悪くなったら、こうなる可能性がある」

という意味で、過信しないために、名称は、「パーソナリティ『障害』」のままにしています。

読み進める上で羅針盤となるように、パーソナリティ障害、6つの性格・信念との関係をまとめましたので、活用していただければ幸いです（図表9）。

図表9　6つの性格・信念と10のパーソナリティ障害の関係

6つの性格・信念 / パーソナリティ	自尊心・自己責任キャラ	人情・報酬依存キャラ	協調・寛容・公正キャラ	チャレンジ・キャラ	危機回避キャラ	スピリチュアル・キャラ
強迫性	−	±	−	±	＋	±
依存性	−	＋	−	＋	＋	±
回避性	−	−	−	±	＋	±
境界性	−	±	−	＋	＋	＋
自己愛性	−	±	−	＋	±	＋
演技性	−	±	＋	±	±	＋
反社会性	−	±	−	＋	±	±
妄想性	−	−	−	＋	＋	＋
総合失調型	−	−	−	±	＋	＋
総合失調質	−	−	−	±	＋	±
発達障害	−	−	−	±	＋	−
信念の分類	自分	他人		人生		世界

失敗パターンは克服して強みに変えることができる

もう一つ、ここで確認しておきたいのは、パーソナリティ障害だから問題ばかりというわけではないということです。

例えば、強迫性パーソナリティ障害の人は「～ねばならない」思考で自分を追い詰めて消耗し、うつ病になりやすい傾向がある一方、目標に向かって実直に仕事をこなしていく努力家が多いのが事実です。悪い面ばかりに目を向けるのではなく、あなたのその**持ち前の性格の特徴、個性が、どう「吉」と出るように調整するか、そのために、その根元にある信念の持ち方を、どう変えていくか、これが重要**なのです。

また、今回診断したパーソナリティ障害は、これで決まりというわけでなく、将来変わっていく可能性もあることにも触れておかねばなりません。

オットー・カーンバーグ（コーネル大学）という精神分析学者がいて、パーソナリティ障害の研究をしていますが、この人のパーソナリティ障害概念によれば、ある人のパーソナリティ障害は、生涯一つの種類に固定したものではなく、さまざまな出会いや人生経験によって、他のパーソナリティ障害に変遷し得るものと考えられています。【注2】

また、この後の歴史上の有名人の事例でも出てくるように、**信念が変われば、どのようなパーソナリティ障害からでも、成長し、世界的偉業を成し遂げることができます。**「できる」という信念を持てば、その通りになるということを繰り返し述べておきます。

「自尊心・自己責任キャラ」が一番大切

このフローチャートで、特に注目すべきなのは、正常とパーソナリティ障害の分かれ目になるのが「自尊心・自己責任が十分にあるかそうでないか」ということです。この点は第1章の「自尊心・自己責任キャラ」の項でも指摘しました。

つまり、「自尊心・自己責任キャラ」が適度にあれば、精神不調に陥る可能性が低くなるということです。これは、精神の健康のための最大の基盤であるということがいえるでしょう。ただ、「自尊心・自己責任キャラ」が「+」で、「正常」になってしまい、すぐに終わっておもしろくないという人は、当然、「自信があふれ過ぎて慢心して失敗」するパターンも考えましょう。また、あえて「±」に進み、万一、不幸が重なったときに注意しておくべきパターンはどれか探っておくのもおもしろいでしょう。

それでは次節からパーソナリティ障害10タイプ+発達障害について、それぞれ詳しく解説していきます。分かりやすいように、歴史上の有名人を典型例として挙げながら説明します。なかにはヒトラーも出てきますが、あくまで極端な典型例として挙げているだけで、「あなたがヒトラーみたいだ」と言っているわけではないので、悪しからず。

なお、各障害の説明で、障害の誘引となった「育てられ方」について解説していますが、**幼少期にどのような育てられ方をされたとしても、いくらでも取り戻しは可能**であり、それを一生ひきずって生きるか、それを肥やしにして人格者として成長するかは、あくまで、その後の本人の「自己責任」であることを指摘しておきたいと思います。

実際、子供の頃に性的虐待を受けた人でさえ、その約３分の１には、大人になってからの後遺症がほとんどないことが分かっています。【注３】

人間というものは実に複雑なものです、よき師に巡り会い、人生の生き方を教わるかもしれませんし、親との関わりに問題があったとしても、その代わりをする貴人に出会えるかもしれません。

それでは一つひとつ失敗パターンを見ていきましょう。その後には、悪い性格と悪い信念がどういったものなのかをあぶり出し定義していこうと考えています。そして、本章末では、**悪い信念を持つと、精神だけでなく、体にも悪影響が及ぶ**ことについて、学術研究を引用しながら明らかにしていきます。

失敗パターン

①強迫性パーソナリティ障害（完璧主義）

「私の失敗パターンが、強迫性パーソナリティ障害だ」という方の特徴を一言でいうと**「完璧主義」**です。完璧主義者は目標を持ち、それに向かってがむしゃらに努力していきます。ある意味、極端にストイックな修行者タイプです。明確な目標があるということは、浮き草のような人生を送っている人たちより、よっぽど優秀で健全ですが、すぐに目標に到達したいと焦り、秩序や一定の流儀にこだわり過ぎて、目標までのプロセスが楽しめなくなっています。

義務感や責任感が過度に強いため、人に仕事を分担できず、独りで仕事を抱え込んで消耗し、「うつ病」や「心身症」に最もなりやすいのがこのタイプです。

手洗いや鍵の確認など無意味な行動を何度も繰り返してしまう「強迫性障害」と名称は似ていて、本障害と合併することがあるものの、基本的には別の精神疾患です。

完璧主義の特徴は、以下のように**7つ**にまとめられます。**【注4】**

①目標までの道は一直線と考える――現代日本はＩＴ社会でデジタル化されていて、物事を一直線で考える風潮になっていますが、それは仮想空間でしか成り立ちません。現実世界では、目標までの道のりは、不規則ならせん状です。完璧主義者は、山登りでも、頂上を見定めたら、それに向けて一直線で、わき道にそれて別のルートを楽しむということが苦手です。

②失敗を恐れる――完璧主義者は、失敗を極度に恐れます。目標が高くなればなるほど、失敗を犯すリスクが高まり、失敗せずにはいられないはずですが、彼らはその事実を認められません。したがって、失敗を受け入れるのに時間がかかってしまい、かえって失敗に

よる傷口を大きくしてしまうのです。

③目標だけが大事――目標だけが大事になってしまうと、極端な成果主義になってしまいます。物事は、動機（原因）→過程（プロセス）→目標（結果）というステップを踏んでいて、どのステップも軽視できません。東洋の仏教の智慧では、「因・縁・果」といわれます。目標だけにとらわれると、「結果よければすべてよし」という考えになりかねず、モラルも低下するでしょう。

④「全か無か」の思考――完璧主義者は、「～ねばならない」思考なので、自分の思ったように成果が上がらなければ、すべてダメという「全か無か」思考に陥っています。現実世界では、白か黒かだけでなく、中間のグレー・ゾーンもあるのですが、それが認められません。頭の中の「全か無か」思考は、現実とは遊離しているので、そのギャップにより慢性的なストレスになるわけです。

⑤自己防衛が強い――完璧を志向するあまり、自分の欠点や弱点が許せません。人間は神さまではないので、間違いを犯しながら、そこから学んで成長していけばいいのですが、現時点で完璧でなくてはならないため、他の人からの忠告やアドバイスを聞けません。それでかえって、自分の成長する機会を逃してしまうのです。

⑥あら探し屋――完璧主義者は、目標を持ち、自分に厳しいことが多いのですが、他の

人にも完璧を求めるため、相手の足りない点、欠点が気になり指摘して、対人トラブルになることが少なくありません。人のあら探しをしていると、関係者はまたいつ自分の批判をされるかと怖くなり、その人からは距離を取るようになってきます。人間としての器が小さくなるので、組織のリーダーとしても大成するのは難しくなります。

⑦硬直・静的――「～ねばならない」思考なので、自分の想定外の事態に対応する柔軟性がなく、動きが取れなくなってしまいます。視野も狭くなりがちなので、自分以外の意見や見方を受け入れる器がありません。決められた仕事をこなすのは得意ですが、新しい発想を伴う企画力や創造性が乏しく、その意味で静的です。「今、ここ」を感じる新鮮な感覚が鈍っています。

【育てられ方は？】

強迫性パーソナリティ障害には、親子関係が強く影響しています。特に、高学歴のエリート・ママ（あるいは、パパ）は、過剰な期待を子供にかけるため要求レベルが高く、子供が頑張って成果を上げてきても、**ほめずにさらに高い目標**を課していきます。

一方、学歴コンプレックスがある**劣等感ママ**（あるいは、**パパ**）も、自分で実現できなかった目標を子供には実現してもらおうとして、子供に不釣合いな目標を押しつけて、それを達成するよう追い立てていきます。そういった過干渉で支配的な親に忠実に従い、潰されずに生き残ったタイプが、このパーソナリティ障害には多く見受けられます。思春期の反抗期がない、いわゆる「いい子ちゃん」タイプが多いようです。

以下の性格・信念を調整すれば、緩和することができます。

【性格と信念はどんなふうにバランスが崩れている？】

まとめると、強迫性パーソナリティ障害の人は、6つの性格のうち、「自尊心・自己責任キャラ」と「協調・寛容・公正キャラ」が低く、「危機回避キャラ」が極端に高くなっているというタイプです。つまり、自尊心が低いために、過剰に危機に敏感になり、不安感や恐怖感が強いため、考え方に融通性がなくなるのです。

そうした性格の根元では、「自分、他人、人生」に対する「信念」が歪んでいると考えられます。つまり、自分や他人の無限の可能性に対して積極的な信念を持てず、人生についても、「明るく希望に満ちたものだ」という信念も持てないため、硬直した杓子定規の行動パターンしか取れなくなるわけです。

それでは強迫性パーソナリティ障害である人の実例を見てみましょう。

〈実例1〉　唯物論的進化論を唱えた「チャールズ・ダーウィン」

チャールズ・ダーウィンは、1809年にイングランド、シュロップシャー州シュルーズベリーで生まれ、医師で裕福な投資家だった父ロバート・ダーウィンと母スザンナの間に、6人兄弟の5番目の子供（次男）として育てられます。

母はダーウィンが8歳のときに没し、キャロライン ら3人の姉たちが母親代わりを務めました。父は思いやり深かったのですが、妻の死によって厳格さが増し、子供たちには過干渉になっていったようです。

チャールズ・ダーウィン
dpa/PANA

ダーウィンには秩序や一定の流儀へこだわりがあったようで、ケンブリッジ大学では必修ではなかった博物学や昆虫採集に傾倒しました。1831年に大学を卒業すると、恩師ヘンズローの紹介で同年末、イギリス海軍の測量船ビーグル号に乗船することになります。

そしてほぼ5年の歳月をかけ、世界一周の科学調査航海を終えます。その航海途中、立ち寄ったガラパゴス諸島で、ダーウィン・フィンチ（スズメ目）の多様性から、進化論のヒ

アルフレッド・ウォーレス
dpa/PANA

ントを得たといわれています。

　彼が結婚を意識し始めた1838年に、研究ノートに将来の見通しについて以下のような二つの走り書きをしています。「結婚」の利点について「永遠の伴侶、年を取ってからの友人……いずれにせよ犬よりまし」。欠点については「本のためのお金が減る、恐ろしい時間の無駄」とあり、極端にストイックで硬直的な考えをしていたことがうかがえます。

　また、彼には子供が10人いましたが、「娘を傷つけてしまいそうで恐ろしい。自分ではそうしたくないと分かっていても、その恐ろしい考えが頭から離れない」と強迫観念（繰り返ししつこく頭にこびりついている考え）があったことを告白しています。またその強迫観念がぬぐえないため、家にあった尖ったものやナイフ類は、すべて隠してしまったといいます。

　ダーウィンはもともと信仰心が希薄で「死は、神や罪とは関係なく、自然現象の一つである」と断言し「唯物的進化論」を唱えました。一方、1858年に進化論のアイディアを共同論文発表した**アルフレッド・ウォーレス**は心霊主義者であり、**「スピリチュアリティを前提にした進化論」**を唱え「唯物論的進化論」とは一線を画しています。

以上、チャールズ・ダーウィンは「強迫性パーソナリティ障害」に「強迫性障害」を合併した症例と考えられます。また、めまい、吐き気、動悸、呼吸困難感、不眠、重度の抑うつ症状などの心身の不調（心身症、うつ病）は、すでに16歳頃から始まっており、73歳で亡くなるまで彼を悩ませ続けたようです。第3章で**スピリチュアリティが心身の健康を増進させる**ことに触れますが、心霊主義を否定したダーウィンの考え方（ほぼ唯物論）が、彼の心身不調の原因の一部であったと考えられます。**【注5】**

失敗パターン

② 依存性パーソナリティ障害（他人に依存する）

失敗パターンの二つ目を見ていきましょう。依存性パーソナリティ障害の特徴は、**自分の主体性を他人に委ねてしまっている**ことです。つまり自分で判断するのが苦手なのです。判断には責任が伴いますが、家族やパートナーに判断してもらうことで責任を取るリスクを回避するわけです。

このパーソナリティ障害には二つのタイプがあり、正反対の症状を呈します。

一つ目が**「過剰適応」タイプ**で自己犠牲的、献身的な行動が目立ちます。日常生活は普通か、むしろ活動的で主体的にも見ますが、内情は自分で判断するのが不安で恐怖さえ覚えます。したがって自分の依存対象、自分の行動を判断してくれる人にはノーと言えず、自己主張を抑えてしまいます。また、不特定多数に対しても相手からの評価を気にして、嫌われるのを恐れて無理に相手に合わせてしまうのです。この行動を心理学では「過剰適応」と呼んでいます。

過剰適応タイプの人は依存対象に恵まれると幸運ですが、相手が悪いと「食い物」にされます。特に依存対象が、後述する過剰な要求を押しつけるタイプの「反社会性パーソナリティ障害」や「自己愛性パーソナリティ障害」を持った相手だと地獄を見ます。彼らに過剰な要求を押しつけられ、それに必死に応えますが、その要求が満たされるとさらなる要求を押しつけられ、永遠に続くかに見える「負のスパイラル」が続くのです。

このいびつな関係は、心理学では**「共依存」**と呼ばれ、いつかは破綻を迎えることになります。共依存の関係で要求に応え続ける人を「イネイブラー」といいますが、依存性パーソナリティ障害の人はこのイネイブラーになりやすいのです。イネイブラーが要求に応え続けていると、心身ともに疲弊してうつ病、パニック障害、心身症などになって、共依存関係は終焉を迎えることが少なくありません。回復したとしても、信念が歪んだままだと、相手を変えてまた共依存が始まってしまいます。

依存性パーソナリティ障害の二つ目は、**「幼児」タイプ**で受動的依存行動を取ります。生活能力が低く、家族やパートナーに一から十まで頼って生きていて、引きこもりになっていることが多いようです。外界との接触や交渉は、すべて家族やパートナーが仲介役となってすべてのことを済ませます。自立心がなく、完全に依存対象に頼っているため、その相手の態度や行動によって心身が不安定になり、うつ病やパニック障害を抱えやすいのです。

【育てられ方は？】

依存性パーソナリティ障害でも、強迫性パーソナリティ障害同様、親子関係が強く影響しているといわれています。**過保護で支配的な親**に育てられていることが多いのです。そういった親は「転ばぬ先の杖」を自認し、常に子供が失敗しないように、いちいち子供の行動に介入してきます。しかし、それで結局、子供の自立心が育たなくなり、成長して親元を離れたとしても他の誰かに依存して生きていかなければならなくなるのです。

また、家庭が温かくてリラックスできる状態ではない、いわゆる**「機能不全家庭」**で育った子供の一部は、自分が無理して明るくふるまうことによって、家庭に光を灯そうと頑張ります。心理学では、**「アダルトチルドレン」**と呼ばれ、大人になっても自己犠牲的、献身的な行動を取るクセが抜けず、無理してピエロ役を演じてしまうのです。過剰適応タイプの依存性パーソナリティ障害の背景には、こういった機能不全家庭が潜んでいることもあります。

以下の性格・信念を調整すれば、緩和することができます。

【性格と信念はどんなふうにバランスが崩れている？】

まとめると、依存性パーソナリティ障害の人は、6つの性格のうち、「自尊心・自己責任キャラ」と「協調・寛容・公正キャラ」が低く、「チャレンジ・キャラ」「危機回避キャラ」「人情・報酬依存キャラ」が極端に高くなっています。つまり、自尊心が低いため、責任感が希薄で、リスクを恐れ、人に依存する傾向が強いのです。チャレンジ・キャラが高いのは、危機回避キャラが高いことと一見矛盾するかに見えますが、チャレンジ・キャラには、「衝動性」のファクターもあるので、依存性パーソナリティ障害の人はその衝動性が高いと見るべきでしょう。不安感が強くて、人に衝動的に依存するのです。

その性格の歪みの根元では、「自分、他人、人生」に対する「信念」が歪んでいます。つまり、自分に対して暗い信念しか持てず、リスクを伴う人生を恐れ、衝動的に他人に依存するようになるわけです。

分かりやすい実例を見てみましょう。

〈実例2〉第42代アメリカ大統領「ビル・クリントン」

ビル・クリントンは1946年、アーカンソー州ホープ市で生まれます。しかし、その約3カ月前に自動車事故で実父を亡くすという悲劇に見舞われます。彼が4歳のとき、母ヴァージニア・キャシディ・ブライスは自動車販売店を営むロジャー・クリントンと再婚し、義父、母と3人で暮らし始めます。義父はいわゆる「酒乱」で頻繁に家庭内暴力を振るっていました。ビルが小学生のときには、酒に酔った義父が発砲した弾丸がビルの耳元をかすめる事件が起きるほどでした。彼の家庭はまさに機能不全家庭だったのです。

ビル・クリントン
AFP =時事

しかしそういった家庭の闇を打ち払うかのように、彼は1978年、弱冠32歳でアーカンソー州知事に初当選、同州の教育水準の向上や道路の整備などに献身的に取り組みます。その後、南部成長政策理事会理事長、全米知事協会副会長、全米知事協会会長、全州教育委員会委員長と着実に実績を積み、ついに1992年、アメリカ大統領選に勝利し、47歳にして大統領に就任します。

大統領を2期8年勤めますが、大統領選挙のときから多くの疑惑やスキャンダルが指摘されていました。その極めつけが、1998年のモニカ・ルインスキー事件です。当初は肉体関係を否定していたものの、検察捜査追及の結果、「私はルインスキーさんと、適切でない関係を持った。実際、それは間違ったことだった。重大な判断の誤りであり、私一人が完全に責任を負うべき個人的な失敗である」と告白せざるを得ない状態になり、アメリカ合衆国の品位を著しく貶めたのです。

ビル・クリントンは自分の家庭の闇を吹き払おうと献身的な行動を取りました。ただ、そういったヒーロー的な光の影に、何か心が満たされない、誰かに依存したい気持ちが潜んでいたのでしょう。その象徴がモニカ・ルインスキー事件でした。彼は当然パーソナリティ障害とまではいえませんが、その行動パターンを見ると「過剰適応」タイプの依存性パーソナリティ障害傾向はあるといえます。**【注6】**

③ 回避性パーソナリティ障害（傷つくのを恐れる）

回避性パーソナリティ障害の特徴を一言でいうと**「失敗や傷つくことを極度に恐れ、傷つくのを恐れるあまりチャレンジしなくなる」**ということです。自尊心が低く、自分はどうせダメなんだというネガティブ信念にとらわれているのです。どうせ気持ちがみじめになるのだから、最初から幸福にならないほうがましだとさえ思いこんでいます。

人間関係でも、深い関係になって、嫌われたり拒絶されたりするのを恐れ、親密な人間関係を避ける傾向があるのです。目立つことも嫌いで、引きこもりの原因にもなります。いじめや虐待などのトラウマを抱えていることも多く、思春期で自分は何をやってもダメなんだという回避思考が強くなると、いわゆる「スチューデント・アパシー（学生無気力症）」になります。これは男子大学生に多いようですが、不登校や引きこもりの温床になります。

回避性パーソナリティ障害の傾向のある人は、信念のパラメーターである「協調・寛容・公正キャラ」と「人情・報酬依存キャラ」の値が低いことからも分かるように、他人に対する関心があまりなく、実は**自分中心の思考**になっているようです。ある意味、「エゴイスト」の側面があるのかもしれません。自分がどう見られているかということに非常に敏感で、他人からの自分への言葉や態度に一喜一憂して情緒不安定になりがちです。社交不安障害、パニック障害、全般性不安障害などの不安障害を合併することが少なくありません。またチャレンジして失敗するのを恐れているので、人生の目標、生きがいが見えなくなり、うつ病になるリスクも高くなります。

【育てられ方は？】

回避性パーソナリティ障害でも、強迫性パーソナリティ障害や依存性パーソナリティ障害と似ていて、親が過保護で支配的であることが少なくありません。親が過剰な期待を子供にかけるため、子供ができたことより、できないことのほうをあげつらい、子供を「ほめる」ことがほとんどありません。子供の足りないこと、弱みをあげつらっていきます。そういった、親のプレッシャーに自分の自信が押しつぶされ、回避行動を取るようになったのが回避性パーソナリティ障害の本体です。

ちなみに、同じ親の過剰な期待に対しても、**何とか忠実に応えていったのが強迫性パーソナリティ障害、過保護で支配的な親に従順になり過ぎたのが依存性パーソナリティ障害**と考えられます。また、回避性パーソナリティ障害の人では、優秀な兄弟がいて、親が彼らと引き比べていつもダメ出しされてきた生育歴があることもあります。この場合「兄弟コンプレックス」が背景にあるわけです。
以下の性格・信念を調整すれば、緩和することができます。

【性格と信念はどんなふうにバランスが崩れている？】

まとめると、回避性パーソナリティ障害の人は、6つの性格のうち、「自尊心・自己責任キャラ」「協調・寛容・公正キャラ」「人情・報酬依存キャラ」が低く、「危機回避キャラ」が極端に高くなっています。つまり、自尊心が低いために、これ以上自分が傷つきたくないので、自分が傷つくリスクを回避するために、協調性や社会性が落ちるのです。
その根元では、「自分、他人、人生」に対する「信念」が歪んでいるわけです。つまり、自分に対して無限の可能性があると信じられないため、対人関係や人生課題においてリスクを恐れるようになり、それらを回避することになるわけです。
実例を見てみましょう。

〈実例3〉イギリス王「ジョージ6世」

ここで取り上げるのは第83回アカデミー賞（2011年）に輝いた史実映画「英国王のスピーチ」で一躍有名になったイギリス王、ジョージ6世です。彼は1895年、当時ヨーク公だったジョージ王子（後のジョージ5世）とメアリー妃の次男として生まれました。彼は生来左利きでしたが、5歳の誕生日を期に父から利き腕を右手に矯正するよう指導されることとなります。例えば食事の際は、左手に長いひもを結びつけられ、字を書く際も無理矢理右手で書くよう家庭教師たちから矯正されます。これらの厳しい指導に怯える弟の姿を、兄エドワード（後のエドワード8世）は執拗なまでにからかっていたといいます。

さらにX脚だったことから父の方針により、9歳頃から脚の形を矯正するために1日に数時間ギプスを着用することが強制されました。ギプスによる足の痛みに耐え切れず、泣き叫ぶようなこともしばしばあったといいます。こういったイギリス王家の過度なストレスにより、重度のどもり症（「吃音症《きつおん》」ともいう社交不安障害の一種）に悩まされるようになります。

人前での仕事を避けるため、彼は裏方の仕事に徹していましたが、結婚スキャンダルでイギリス王を退位した兄の後を受け、1936年、国王を継承します。急遽国王として即位しなければならなくなった引っ込み思案な彼は、こういった**大舞台を最も恐れており、泣きじゃくった**といいます。ただこの間、エリザベス王妃の献身的支えがあり、どもりに起因する演説に対する苦手意識を克服すべく取り組みます。特にオーストリア人でセラピスト兼演劇人であったライオネル・ローグの治療を受けたことにより、徐々にどもりは解消されていきました。

1939年、第二次世界大戦が始まると、ドイツ空軍機によるロンドン空襲で命を落としかけるも、「イギリス国民が危険にさらされているのに、その君主である自分が逃げ出すわけにはいかない」と宣言して、バッキンガム宮殿にとどまり続けました。そうして彼は王妃とともに**第二次世界大戦中のイギリス国民を大いに勇気づけ、国民からは「善良王」**とまで称されるようになったのです。

このように、ジョージ6世は、過保護で支配的な父王によって自信を失い、また兄との兄弟コンプレックスが自信喪失に拍車をかけたといえます。回避性パーソナリティ障害に社交不安障害を合併した典型例といえるでしょう。

ジョージ6世

ただ、王妃エリザベスやセラピストらのサポートが、彼の症状が好転していくきっかけとなりました。それに加え、なんといっても他人（国民）のためにお役に立とうとした奉仕の心が、彼の信念を変え、回避性パーソナリティ症から脱皮する決定打となりました。

図表10　境界型パーソナリティ障害の特徴

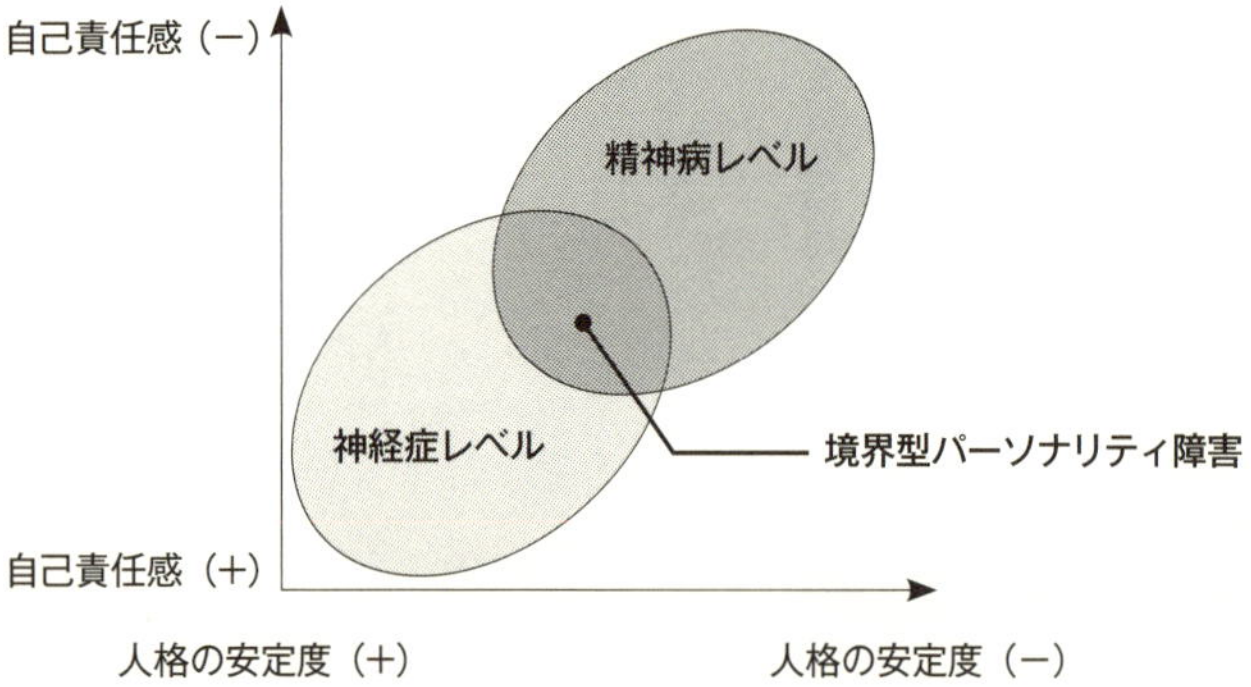

このように、**信念が変われば、どのようなパーソナリティ障害からでも成長し、自分の潜在能力を発揮することができる**のです。【注7】

失敗パターン

④境界性パーソナリティ障害（気分のアップダウンを繰り返す）

境界性パーソナリティ障害は、**最高と最低の気分変動を両極端にゆれ動く状態**と要約できます。「境界性」とは、これを体系化したオットー・カーンバーグの言葉で、神経症レベルと精神病レベル（特に統合失調症）の「境界」の症状という意味です。【注8】

図表10に示すように、神経症レベルから精神病レベルにいくにしたがって、自己責任感

が強い→弱くなる。また、人格の安定度が高い→脆くなると考えることもできます。

境界性パーソナリティ障害の他の特徴としては、自己否定感が強く、**強い見捨てられ不安**がある点です。**心にポッカリと穴が開いたようだ**と訴え、その心の寂しさを埋めるために他人に過剰に依存することになります。相手の気を引くために自殺未遂を起こしたり、リストカットなどの自傷を繰り返したりするのです。「自尊心・自己責任キャラ」が低いのも特徴で情緒不安定を家族やパートナーのせいにして周りを巻き込んで困らせていきます。

気分変調の度が超えてくると、躁症状と抑うつ症状を繰り返す躁うつ病になったり、気分が沈んだまま上がってこなければ、うつ病と診断されます。内面の自信のなさを体型で補おうと、無理をして摂食行動が異常になり、摂食障害（いわゆる拒食症や過食症）になる方も少なくありません。

【育てられ方は？】

境界性パーソナリティ障害の人は**すべからく親に対する葛藤**を抱えています。親に対するこだわりと言い換えることもできます。

イギリスの精神科医、ジョン・ボウルビィの「愛着理論」によれば、生後6カ月から1

歳半ぐらいまでが愛着形成にとって最も重要な時期とされます。愛着とは、人と人との絆を結ぶ能力であり、人格の最も土台となる部分を形作っています。**【注9】**

人間は必要な時期に親から十分な愛情と保護を与えてもらえると、成長するとともに親離れをして精神的自立を果たしていきます。ところが適切な時期に十分な愛情や保護が与えられないと、自立ができなくなり大人になっても精神的親離れができなくなるのです。これがいわゆる**「愛着障害」**で、いつまで経っても親を求め続けたり、こだわり続けるようになるのです。

対象が親から他の人に変わったとしても、その相手からの愛情を確認しようともがきますが、そうした渇愛は満たされることがありません。境界性パーソナリティ障害における愛情欲求は、まるで飲めば飲むほど喉が渇く「塩水」のようなものです。

以下の性格・信念を調整すれば、緩和することができます。

【性格と信念はどんなふうにバランスが崩れている？】

まとめると、境界性パーソナリティ障害の人は、6つの性格のうち、「自尊心・自己責任キャラ」と「協調・寛容・公正キャラ」が低く、「チャレンジ・キャラ」「危機回避キャラ」「スピリチュアル・キャラ」が高くなっています。つまり、自尊心が低いため、周囲の反応で気分変動が激しく、恐怖心も強く危機回避傾向が強いのです。また、衝動性を反映してチャレンジ・キャラが高く、霊的直感能力を反映してスピリチュアル・キャラが高いものと考えられます。

その根元では、「自分、他人、人生、世界」に対する「信念」が歪んでいます。つまり、自分の素晴らしさに対する信念がなく、それに連動して、他人から見捨てられた気持ちが強くなり、環境に振り回される人生になるわけです。

実例を見てみましょう。

ダイアナ・フランセス・スペンサー

〈実例4〉元イギリス皇太子妃
「ダイアナ・フランセス・スペンサー」

ダイアナは、オールトラップ子爵、ジョン・スペンサーと子爵夫人フランセスの3女としてイングランドのノーフォークで1961年に生まれました。ダイアナが7歳のとき、母フランセスは4人の子供を置いて家を出て不倫相手と再婚しました。さらに15歳のときには父ジョンが再婚。この両親の不和はダイアナに大きな心の傷を与えたのです。

その後、チャールズ皇太子と交際を深め、1981年、彼女が20歳のとき彼と結婚することになりました。チャールズと二人の息子をもうけましたが、彼は結婚前から付き合っていた恋人、カミラ・パーカー・ボウルズとの交際を止めませんでした。このため、彼女は手首を切るリストカットや腕や太ももを傷つける自傷行為、過食・嘔吐を繰り返す摂食障害を発症します。これを機にダイアナも王室職員や大富豪のドディ・アルファイドなど、複数の男性と大っぴらに付き合うようになり、夫婦は1996年に正式離婚することになりました。そして1997年、彼女が36歳のとき、パリでアルファイドとともにパパラッチに追跡された果てに、乗車したハイヤーがパリ市内のトンネル内で交通事故を引き起こし急逝したのでした。

ダイアナの両親は彼女が幼少期から不仲であったと予想されます。問題を抱えた親から十分な愛情を注がれない生育環境に育ったので、彼女の生涯を貫く、**見捨てられることへの不安と情緒の不安定性**を生み出したと考えられます。

彼女の執事だった人は「かんしゃくがひどく、女官たちが次々と辞めていきました。しかし、公の場では、上手に機能していた」とTVインタビューで証言しており、両極端にゆれ動く気分変動も認められます。ダイアナの自傷行為も鑑みると、彼女は典型的な境界性パーソナリティ障害だったと考えられるのです。

ただ、対人地雷廃止運動やエイズ啓発活動などの慈善活動に、活発に取り組んでいたことや、彼女の葬儀は、ウェストミンスター寺院で国民葬として盛大に行われたことなどを見れば、単なる気分屋ではなく、自分の傷つきやすい繊細な心を慈善活動に昇華して（つまり、人の痛みが分かる愛の心）、徳ある人生を送ったのだということができるでしょう。

【注10】

失敗パターン

⑤自己愛性パーソナリティ障害（私は特別だから私を見て！）

自己愛性パーソナリティ障害の特徴を要約すると、自分は特別な存在であり、他人が自分を賞賛し特別扱いするのは当然だと考えています。思っているだけでなく、外見も華やかで耳目を引く格好をしています。自分の存在を印象づけるため、地位のある人との関係や有名人との関係をいかにも近しい友人であるかのようにふるまうこともあります。

このように一見魅力的で、優雅に見えますが、内心では他人の気持ちに無関心で共感性が乏しいのが実情です。彼らは**「自尊心・自己責任キャラ」が低く、この自己否定による**

落ち込みを避けるために、外面的に誇大な自信を振りかざし自分を守ります。

さらに無理して人並み以上に努力するため、一般的に優れた能力を有していて「チャレンジ・キャラ」も旺盛です。

彼らが抱いている内心の自己顕示欲は、現実とはギャップが大きく、相手にとって厚かましく感じることが少なくありません。そこで対人関係でさまざまな歪みを生み、それに耐え切れずに、うつ病になったり、人気を避けて引きこもりになったりします。

一方、自己顕示欲を笠に着て弱者を相手に傲慢な態度を取ったり、暴力を振るったりするケースもあります。これがストーキングやＤＶ（家庭内暴力）の温床になるのです。またセクシャルな内容を帯びるとセクハラの原因にもなったり、ひどいと盗撮、痴漢、婦女暴行などの性倒錯や性犯罪につながったりします。特に相手が、先述した依存性パーソナリティ障害を持った相手だと、とことん「食い物」にしていきます。いわゆる「共依存関係」にはまっていき、自己愛性パーソナリティ障害の人は、ギャンブル依存症や薬物依存症など各種依存症から逃れられなくなるのです。

【育てられ方は】

自己愛性パーソナリティ障害で最も多く見られる生育歴が、幼い頃には十分にかわいがられて育てられていたが、離婚や死別により養育者から引き剥がされてしまったという**「愛情剥奪体験」**をしていることです。その際にこうむった心的外傷や寂しさを、周囲の人たちから賞賛を受けることで補おうとしているのです。または肥大化した自己顕示欲によって、相手より優位な存在だと信じることで、自己否定感から自分を守ってきたのです。

以下の性格・信念を調整すれば、緩和することができます。

【性格と信念はどんなふうにバランスが崩れている？】

まとめると、自己愛性パーソナリティ障害の人は、6つの性格のうち、「自尊心・自己責任キャラ」と「協調・寛容・公正キャラ」が低く、「チャレンジ・キャラ」と「スピリチュアル・キャラ」が高くなっています。

つまり、「自尊心・自己責任」が低く、この自己否定による落ち込みを避けるために、自分を大きく見せ、無理して人並み以上に努力するので「チャレンジ精神」も旺盛です。

ただ、他人が賞賛し自分を特別扱いするのは当然だと考えるため、他人との協調性はありません。一方、霊的直感能力に優れ、一般的に優れた能力を持っていることが少なくありません。

その根元では、「自分、他人、人生、世界」に対する「信念」が歪んでいます。つまり、

チャールズ・チャップリン
ⓒ MPTV/amanaimages

自分に対して明るく積極的な自信を持てず、また人生にも明るい信念を持てず、他人からの賞賛で自分の精神的落ち込みを補償しようという歪んだ信念を持つことになるわけです。

実例を見てみましょう。

〈実例5〉喜劇王「チャールズ・チャップリン」

チャールズ・チャップリンは1889年、イギリスはロンドンに出生します。両親はともにミュージックホールの歌手でしたが、彼が1歳のときに離婚。父チャールズは若くしてアルコール依存症で死去し、チャールズを異父兄シドニーとともに引き取った母ハンナも喉を痛めて歌手としての生活を失ってしまいます。彼らはやがて乞食同然の生活を送り、その極貧生活のなかで、母親は発狂し、精神病施設に収容されたのでした。

1898年、彼が9歳のとき、やっと孤児院を出て、回復してきた母と、ロンドンで狭い屋根裏部屋を借りて暮らし始めます。母は婦人服仕立ての内職、兄のシドニーは電信技手、そしてチャールズはミュージックホール出演などで、3人が助け合いながら暮らしていきました。

　その後、チャールズは23歳のときに映画関係者の目に留まったことをきっかけに、ハリウッド映画界に進出します。山高帽、ちょびひげ、だぶだぶのズボンの扮装を考え出し、「成功争い」を第1作として、多くの短編的喜劇で人気を集め、続いて「キッド」「偽牧師」によって喜劇俳優として大成し、1925年の「黄金狂時代」によって世評を高めました。その後も超大作を連発し、天才的な喜劇俳優であるとともに、戦争や社会を風刺して、その芸術家気質を発揮したのです。

　チャップリンが映画の中でこだわったこと。それは「愛着」でした。チャップリン自身は53歳で生涯の伴侶となるウーナ夫人と出会うまで、女性スキャンダルにまみれた生活を送っていました。生涯に4度結婚しましたが、16～22歳までの時期は、いずれもうら若き乙女を結婚相手に選びました。その後も、チャップリンのロマンスには枚挙に暇がありません。晩年はスイスでひっそりと暮らし、1977年、88歳の生涯を閉じます。

　チャップリンは5歳のとき、声の出なくなった母親の代わりに舞台に立ち、観客から喝采を浴びています。彼は幼少期からすでに周囲の耳目を引く行動をしていたのです。チャップリンが映画の中でとき折り見せる寂しげな目……それは、悲惨な幼少期に身についたものなのでしょうか？　彼はその際にこうむった「愛情剥奪体験」を、周囲の人たちから賞賛を受けることで補おうとしていたのかもしれません。数多くの女性遍歴も、彼の内面に潜んでいる愛情欲求の一つの表れだったのでしょう。【注11】

失敗パターン

⑥ 演技性パーソナリティ障害（どんなことをしても注目されたい）

演技性パーソナリティ障害の核心は、「自尊心」が低く、他人から注目されなければ自己否定されるという思いこみです。したがって人々の耳目を集めるためなら、なりふり構わず行動するところが特徴です。

先に解説した自己愛性パーソナリティと似ているように見えますが、自己愛性の場合は「傲慢」な態度が目立つのに対し、**演技性の場合は「衝動的」**で、注目を集めるためなら、自分を貶めたり傷つけたりすることも平気でやってしまうところがあります。また、演技性では**「虚言癖」**があるのが違いです。嘘をついてまで人の関心を引きたいわけです。

ちなみに本書では、チャールズ・チャップリンを自己愛性パーソナリティ障害として紹介しましたが、演技性パーソナリティ障害に分類する専門家もいます。喜劇俳優だった事実を「自分を貶めた」ととらえれば演技性と見えるのかもしれませんが、衝動性や虚言癖の部分が当てはまりません。

このように非常に衝動性が高い演技性パーソナリティ障害では、自殺未遂や自傷を繰り返したり、薬物乱用などの犯罪に関わったりするところがあります。関心を集めるためなら手段を選ばないわけです。また、少しでも注目を浴びなくなることを非常に恐れていて相手の反応に過敏で、パニック障害を引き起こしやすいのです。

さらに人の関心を集めることができなくなると自己否定感がすぐに前面に表れてくるため、うつ病になりやすいのも特徴です。失声や四肢の脱力など内面的葛藤が体に表れてくる症状を医学では**「ヒステリー」**（正式には「身体表現性障害」）と呼びますが、この疾患も演技性パーソナリティ障害では多いようです。体の不具合によって周囲の関心を引きたいという潜在意識の表れと考えられます。

【育てられ方は？】

演技性パーソナリティ障害でも、境界性パーソナリティ障害と同様、満たされない愛情欲求があり、親子関係に問題を抱えていることが少なくありません。**特に母親との関係で愛着障害**があり、母親と会ったり、母親の話題が出たりすると情緒不安定になるようです。以下の性格・信念を調整すれば、緩和することができます。

【性格と信念はどんなふうにバランスが崩れている？】

まとめると、演技性パーソナリティ障害の人は、6つの性格のうち、「自尊心・自己責任キャラ」の値が低過ぎる状態にあり、「協調・寛容・公正キャラ」と「スピリチュアル・キャラ」が高くなっています。つまり、「自尊心」が低く他人から注目されなければ自己否定されると思いこみ、人々の耳目を集めるためなら、嘘をついてまで他人と協調しようと努力します。また、霊的直感能力に優れ、一般的に優れた能力を持っています。

その根元では、「自分、他人、世界」に対する「信念」が歪んでいます。つまり、自分の可能性を信じられず、同時に、他人の善性も信じられないため、他人を騙してでも自分へ関心を引かせようとするわけです。

実例を見てみましょう。

〈実例6〉シャネル創業「ココ・シャネル」

ココ・シャネルは本名、ガブリエル・ボヌール・シャネルといい、1883年、フランス南西部オーヴェルニュ地方の救済病院で生まれました。11歳のときには母ジャンヌが病死、行商人の父アルベールに捨てられ、孤児院や修道院で育ちます。18歳になってやっと孤児院を出た後は、お針子仕事の傍ら、歌手を志して飲食店で歌っていました。ちなみに、愛称の「ココ」は「Ko Ko Ri Ko（コケコッコウ）」と、「Qui qu'a vu Coco dans le Trocadero（トロカデロ駅でココを見たのはだれ）」という歌の題名にちなんでつけられたそうです。

その後、芸能界への道はあきらめ、交際していた将校エチエンヌ・バルサンに伴われてパリ郊外へ移ります。そこで退屈しのぎで制作していた帽子のデザインが評価され、１９１０年に、パリのカンボン通り21番地に「シャネル・モード」という名で帽子専門店を開業したのでした。１９３９年には当時４０００人を抱える大企業として成長したシャネルでしたが、労働者側が苛烈な労働条件の緩和を求めストライキを敢行。ココは一部店舗を残してすべてを閉鎖し、一時引退します。

第二次世界大戦中の１９４０年、フランスはヒトラー率いるドイツ軍に占領されました。その際、フランス国民は抵抗運動を起こして、戦死したり、拷問されたりしていた人たちが少なからずいたのですが、ココはドイツ軍の

ココ・シャネル

ヴァルター・シェレンベルク親衛隊少将と愛人関係にあり、それがもとでフランスを裏切ってドイツ側についたと見なされました。このことから、1944年の連合国軍などによるフランス解放後に、「対独協力者」としてフランス中からの非難を浴び、シェレンベルクとともに戦後の数年間スイスで亡命生活を送ることになったのでした。

1954年、スイスでの亡命生活を終えてパリに戻ったココは、15年ぶりにファッション界へカムバックを果たしました。その後、彼女のデザインは女性の社会進出がめざましかったアメリカでは熱狂的に受け入れられることになりました。そして享年87歳で、住居としていたパリのホテル・リッツにてコレクションの準備中に亡くなったのでした。

ココ・シャネルは学童期に母と死に別れ、父に捨てられるという見捨てられ体験をします。こういった親子の愛着障害により、彼女には底知れぬ愛情欲求があったと容易に想像できます。彼女は人々の耳目を集め、自分の愛情欲求を満たそうとなりふり構わずデザイン業に打ち込んだのでした。

彼女は時代を先取りする透徹した目と、歯に衣着せぬ率直さが身上だったにもかかわらず、虚言癖も強かったといいます。例えば、彼女は、6歳のときには天涯孤独であったかのように語っていますが、実際、母親が亡くなったのは11歳のときであったことが明らかになっています。

以上を踏まえると、ココ・シャネルは、演技性パーソナリティ障害の疑いが強いでしょう。ただそれは、彼女の人を引きつけ、魅了する能力とも分かちがたく結びついており、人々の関心を集めたいという衝動を、部分的に昇華したケースといえます。【注12】

失敗パターン

⑦反社会性パーソナリティ障害（冷酷に搾取する）

反社会性パーソナリティ障害は、**同情心に乏しく、他人から冷酷に搾取**していくのが特徴です。さらに踏み込んでいえば、端から人を信じる気持ちを捨てており、自分を信じている相手さえ平気で裏切り、屈辱を与えていきます。まるでその裏切りが自分の強さの証明であり、自分の存在意義であるかのように……。

このパーソナリティの方は他人に同情を寄せたり、情けをかけたりするのは格好が悪いとさえ考える傾向にあります。心の奥底に潜んでいるのは、人や社会に対する「復讐心」であり、相手を傷つけることで自分が過去に受けた心のトラウマが癒されるという思いこみです。不幸な自分と同じような人が増えることで、自分の不幸が楽になったように感じる信念は、ある意味、人として最もよくない心境といえるでしょう。

反社会性パーソナリティ障害を持つ人は、社会的規範やモラルを軽視、敵視していて、ためらいもなく違法行為に手を染めていきます。相手が、先述した依存性パーソナリティ障害を持った人だと、とことん「食い物」にし、「共依存」の関係になります。反社会性パーソナリティ障害の人は、ギャンブル依存症や薬物依存症など各種依存症から抜けられなくなっていきます。

【育てられ方は？】

反社会性パーソナリティ障害の多くは、幼少期に親から否定され続けてきた不信の生育暦を抱えています。子供時代に、独立した一個の個性として尊重されず、**親に頭ごなしに要求を押しつけられ、心に激しい怒り**をためこんできたのです。自分が成長し、思春期になれば、反抗期として、それまでためこんできたうっ憤を親に向かって晴らすこともできます。しかし、反社会性パーソナリティ障害となるまで心に不満をためこんでいる場合は、それでは飽き足らず、大人になってから、親以外の相手や社会にやり場のない怒りをぶちまけるわけです。親への復讐心を社会に「投影」しているのです。

以下の性格・信念を調整すれば、緩和することができます。

【性格と信念はどんなふうにバランスが崩れている？】

まとめると、反社会性パーソナリティ障害の人は、６つの性格のうち、「自尊心・自己責任キャラ」と「協調・寛容・公正キャラ」が低く、「チャレンジ・キャラ」が高くなっています。つまり、自尊心が低く、他人に対しても同情を寄せたり、寛容であったりすることは格好が悪いと考えています。そういった、人に対する憎しみ、恨みの衝動性があって、「チャレンジ・キャラ」が高くなっているのでしょう。

その根元では、「自分、他人、人生」に対する「信念」が歪んでいます。つまり、自分の可能性が信じられないことについて、他人を虐げることで気分を晴らそうという信念であり、暗くて破壊的な人生像が、心に刻み込まれているわけです。

次に、非常に極端な例になりますが、実例を見てみましょう。

〈実例7〉ナチス・ドイツ総統「アドルフ・ヒトラー」

ヒトラーは１８８９年、オーストリアとドイツとの国境にある都市ブラウナウで、税関吏の父アロイスと母クララの間に、４番目の子として生まれます。

彼が11歳の頃には母との関係は良好でしたが、父は農業事業に失敗した苛立ちから、たびたびヒトラーに鞭を使った虐待をしたといいます。さらに、高校進学の頃になると古典

アドルフ・ヒトラー

教育が学べる高校に進みたいと主張したヒトラーを父は無視して、工業高校への入学を強制し、彼の言い分を決して認めませんでした。ヒトラーの父への憎しみは大きくなり、１９０３年に父が病没し、憎む対象を失った後になっても彼の非行は収まらず、ついに工業高校を退校処分になったのです。その後、芸術の都であるウィーンに移住して美術を学びますが、画家としてはパッとした活躍はできませんでした。

ヒトラーは第一次世界大戦の最中、１９１４年からドイツ軍（バイエルン軍）の伝令兵として従軍し、終戦後に政界進出することになります。

１９２９年の世界大恐慌をきっかけとしてヒトラー率いるナチ党が大躍進し、１９３３年の首相就任後に他政党や党内外の政敵を弾圧し独裁指導体制を築きました。

そして人種主義的思想（ナチズム）に基づき、血統的に優秀なドイツ民族が世界を支配する運命を持つと主張し、血統を汚すとされたユダヤ人の大虐殺（ホロコースト）や障害者迫害などの政策を行ったのでした。

さらに民族を養うための「生存圏」が必要であるとして、軍事力による領土拡張政策を主張し、1939年のポーランド侵攻によって第二次世界大戦を引き起こしたのです。しかし連合軍の反撃を受け、包囲されたベルリン市の総統地下壕内で自殺したとされます。

ヒトラーは父への復讐心を社会に投影した反社会的パーソナリティ障害の非常に極端な典型例でした。また、冷酷に人を搾取していく行動パターンは、首相就任後に他政党や党内外の政敵を弾圧し独裁指導体制を敷いた経緯に端的に表れています。同様に、情けをかけることもなくホロコーストを推し進めたところにもその冷酷さが顕在化しています。

彼の内面的うっ憤は、徐々に心身をも蝕んでいったようです。例えば、1928年頃には、身体的には健康なのに何か病気ではないかという「心気妄想」の治療を受けていますが失敗しています。また1936年頃には胃痙攣、不眠、とめどない放屁、足の湿疹に悩まされるようになっています。

ヒトラーは**過去の父親への復讐心をうまく昇華できなかった極端な典型例**といえるでしょう。他人や社会に復讐することで自分が過去に受けた心の傷が癒されるという歪んだ思いこみは、ある意味「悪魔の信念」と言っても過言ではありません。また次に説明する妄想性パーソナリティ障害もヒトラーは併発していたと考えられます。【注13】

失敗パターン

⑧ 妄想性パーソナリティ障害（自他を信じられない）

妄想性パーソナリティ障害の特徴は、一言でいえば「疑い」です。人を心から信じることができないのです。最も親しい間柄でさえ、いつも裏切られるのではないかという恐怖心を抱いています。

彼らは人を信じられないため権力や暴力でコントロールしようとし、権謀術数に大変興味を持つのです。

人への**猜疑心は実は、自分が信じられないことの裏返し**であり、それゆえ自尊心が異常に低いことの表れでもあります。自信が低いゆえに、心の空虚さを満たしてくれる人を実は求めているのも事実で、最初は過度の「秘密主義」ですが、いったん相手に心を開くとその人は格別の存在となります。まるで相手が自分のためだけに存在しているかのような思いこみを抱くのです。

したがって、このタイプの人は特別な存在の相手を縛ろうとして、執拗に相手に執着して手ごわいストーカーになることもあります。また相手が自分の期待にはずれた行動をしたり、自分を避けたりするようなしぐさを見せようものなら、一気に憎しみが噴出しＤＶやパワハラの原因ともなるのです。この豹変は妄想性パーソナリティ障害がささいなことでも攻撃と受け取り、プライドを傷つけられたと激しく憤る「敏感さ」、柔軟性が乏しく、冗談も通じにくい「硬直性」を示しています。さらに気分の波を伴うことが多く、常に猜疑心が強く相手の行動を精力的に監視し続けようとして「躁状態」になったり、終わることのない監視行動で心身とも疲労し「抑うつ状態」になったりするなど、躁うつ病になることもあります。

【育てられ方は？】

妄想性パーソナリティ障害を抱える人は、**父親との葛藤**を抱えていることが多いようです。精神分析学（詳しくは、本書の補章を参照）では母親を父から奪って自分のものにしたいという欲望を「エディプス・コンプレックス」と呼んでいますが、まさにこれが当てはまります。エディプスとはギリシャ悲劇の一つ「オイディプス」（エディプス王）に由来し、オイディプスは知らなかったとはいえ、父王を殺し自分の母親と結婚したという物語です。こういった父親との葛藤が妄想性パーソナリティ障害では、権力や迫害者との戦いに巧妙に転換されているわけです。ちなみに、父親を母から奪って自分のものにしたいという欲望を「エレクトラ・コンプレックス」といい、母親との葛藤を抱えている場合に、これが当てはまります。

以下の性格・信念を調整すれば、緩和することができます。

【性格と信念はどんなふうにバランスが崩れている？】

まとめると、このタイプは、「自尊心・自己責任キャラ」「人情・報酬依存キャラ」「協調・寛容・公正キャラ」が低く、「チャレンジ・キャラ」「危機回避キャラ」「スピリチュアル・キャラ」が高くなっています。つまり、自尊心が低く、人を疑いの目でしか見ていないので、当然「人情・報酬依存キャラ」と「協調・寛容・公正キャラ」が低いわけです。人を信じられないので、リスクに過剰に敏感で、衝動的であり、「チャレンジ・キャラ」と「危機回避キャラ」は高くなるのです。一方、霊的直感能力に優れ、優れた能力を持っていることもあります。

その根元では、「自分、他人、人生、世界」に対する「信念」が歪んでいます。つまり、自分自身だけでなく、他人も信じられず、そのため、人生と世界に対して疑いの目でしか見ることができなくなり、暗いビジョンしか持てなくなっているわけです。

これも一つの極端な例ですが、実例を見てみましょう。

〈実例8〉精神分析学の創始者「ジークムント・フロイト」

ジークムント・フロイトは1856年、オーストラリアのフライベルクという小さな町に、毛織物商人の父ヤーコプと母アマーリアの間に生まれました。フロイトの上には父が最初の結婚でもうけた異母兄が二人いて、彼の実母は父より20歳も若く、さらに7人の子供をもうけました。

フロイトは大変優秀な子で、母のお気に入りとして溺愛されました。実際彼はシュペル・ギムナジウム（日本でいう中高一貫校）に通い、7年間成績はクラスの主席でした。

ジークムント・フロイト

フロイトは語学に優れ、ラテン語、ギリシャ語、英語、フランス語、後にスペイン語、イタリア語を習得したといいます。しかしフロイト一家は父の商売がうまくいかないためウィーンに流れ着いたのでした。

その後1873年にフロイトは医学の道を選び、ウィーン大学に17歳で入学しました。在学14年の間、29歳のときには、パリの催眠の権威ジャン・マルタン・シャルコーのもとへ5カ月間留学もしています。そこで彼は、もともと専門である生理学よりも心理学に興味を持つようになりました。

フロイトはパリから帰国後結婚し、精神科クリニックを開業して臨床経験を積んでいきます。そしてついに1895年、39歳のとき彼は「ヒステリーの原因は幼少期に受けた性的虐待の結果である」という病因論を発表したのです。この仮説に基づいて彼はヒステリー患者が無意識に抑圧した感情を、身体症状として表出するのではなく、内省し言語化して表出することができれば、症状は消失する「除反応」という治療法にたどり着きました。

1900年には『夢判断』を発刊し、「精神分析学」を確立していきます。それにより学術的名声を築いていきますが、**後継者に対しては、とても独裁的で、自分に敬意を表さない後継者たちを次々に追放**していきました。その中には後に「分析心理学」を創始するカール・ユングも含まれています。

フロイト自身の生育歴を見れば、彼を溺愛する母親を父から奪って自分のものにしたいという「エディプス・コンプレックス」が見て取れます。また後継者を心から信じることができずに独裁的支配をしようとした点から、彼は妄想性パーソナリティ障害を抱えていたと想定されるのです。

フロイトは終生「無神論者」であり、宗教もしくは宗教的なものを拒否し続け、そのため、スピリチュアリティに理解があったユングなど、多くの弟子たちと袂を分かつことにもなりました。「パーソナリティ障害」判別フローチャートでは、妄想性パーソナリティ障害ではスピリチュアリティが高いとされていますが、この点、フロイトの場合は当てはまっていないことを指摘しておきます。【注14】

失敗パターン

⑨統合失調型パーソナリティ障害（直感力豊かで頭でっかちな変人）

統合失調型パーソナリティ障害の特徴は「インスピレーション型」で**直感力豊か**なことです。ただ、いわゆる「頭でっかち」で、あれこれ考えますが**行動が伴わない**ところがあり、チャレンジ精神に乏しい傾向があります。それは自尊心が低くて自分の考えたことに自信が持てず行動できないことも影響していると考えられます。

しかし、自尊心が低いからといって人に気を遣うわけではなく、周囲と違っていても無頓着でマイペースに自分のスタイルを貫いていきます。このパーソナリティ障害を持つ人は独特な発想をし、しかも周囲と合わせるわけでもないので、人から見ると風変わりで浮世離れして（エキセントリック）いるように映るのです。

そのため変人扱いされることも多く、社会不適応を起こして引きこもりの原因になるわけです。豊かな直感力が「吉」と出て、創造性や発想力をビジネスに応用して大成功することもありますが、それが「凶」と出て被害妄想や幻覚で日常生活に支障を起こすと統合失調症の原因にもなります。

統合失調型パーソナリティ障害は、マイペースで常識には無頓着なところが、後述する発達障害と非常に似ています。両者の違いをあえていえば、前者は超越的存在などのスピリチュアリティに親和性があるのに対し、後者は目に見える物質的な内容に興味を持つことが多いようです。

【育てられ方は？】

統合失調型パーソナリティ障害を抱えている人の生育歴を見ると、トラウマティックな親子関係であることが多く、そこから逃れるため、頭の中の空想の世界に生きる傾向ができあがるようです。また親が過干渉で子供の社会接触を極端に制限することで対人コミュニケーション能力が育っていないケースも見受けられます。

以下の性格・信念を調整すれば、緩和することができます。

【性格と信念はどんなふうにバランスが崩れている？】

まとめると、統合失調型パーソナリティ障害の人は、6つの性格のうち、「自尊心・自己責任キャラ」「人情・報酬依存キャラ」「協調・寛容・公正キャラ」が低く、「危機回避キャラ」と「スピリチュアル・キャラ」が高くなっています。つまり、自尊心が低くて自分の考えたことに自信が持てず、リスクに敏感です。その意味で「危機回避キャラ」が高いのですが、だからといって、周囲に気を使うわけでもなく、マイペースで「人情・報酬依存キャラ」と「協調・寛容・公正キャラ」が低いわけです。また、「インスピレーション型」で直感力豊かな人が多く、「スピリチュアル・キャラ」が高いのです。

その根元では、「自分、他人、人生、世界」に対する「信念」が歪んでいます。つまり、さまざまな発想はわきますが、自分にある無限の可能性を信じられず、また、他人、人生、世界に対しても、肯定的で積極的に信じられないため、自分の頭だけで考えて行動に移すことができないわけです。

実例を見てみましょう。この方は、ご存知の方が多いと思います。

〈実例9〉アップルコンピューター創業者「スティーブ・ジョブズ」

スティーブ・ジョブズは1955年に私生児として生まれ、出生直後に養父母ポール・

スティーブ・ジョブズ
AFP＝時事

ジョブズとクラリス・ジョブズに引き取られました。スティーブ・ジョブズの実父でシリア人政治学者のジョアン・シンプソンは、ジョブズ夫婦が大学卒でないことを知り養子縁組をためらいますが、ジョブズ夫婦が彼を大学に進学させることを約束して養子縁組が成立したのでした。

1972年、彼はオレゴン州のリード大学へ進学し、在学時代には禅や幻覚ドラッグにはまり、一時は裸足で校内を歩き、風呂にも入らない時期もあったといいます。彼は約半年間通学しますが、興味のない必修科目を履修することを嫌がり中退してしまいます。しかし、その後もリード大学のキャンパスを放浪し、哲学やカリグラフィー（西洋書道）など興味のあるクラスだけにもぐって自習したのでした。

その後、インド放浪などを経て、1976年、22歳のとき、アップルコンピューターを創設し、パーソナルコンピューター市場に参入していきます。

ジョブズは会社内での独断専行の立ち居ふるまいから何度も対人トラブルを起こしつつ、

「Lisa」や「Macintosh」の開発を次々と手がけ会社を発展させていきます。しかし、ついに1985年、30歳で会社経営の混乱の責任を取らされ、アップルコンピューターからの退職を余儀なくされます。

その後、ジョブズは、持ち前の想像力と企画力を発揮し、アニメーションソフト会社ピクサーを大成功させ、1996年、ジョブズが去った後に経営が傾いていたアップルコンピューターに約10年ぶりに返り咲きます。

2000年には最高経営責任者（CEO）に就任し、「iTunes」「iPad」「iPhone」と世界的なヒット商品を連発していきます。

しかし2003年、ジョブズを病魔（膵臓がん）が襲い、闘病生活約8年の後、2011年に享年56歳で死去しました。30年来のよきライバル、ビル・ゲイツをはじめとする世界中の著名人やファンから哀悼の声が相次ぎました。

ジョブズは**常識に無頓着でマイペースに自分のスタイルを貫いていて、豊かな直感で次々に発想**していきました。統合失調型パーソナリティ障害の特徴を表しています。

例えば、しばしば彼は突然価値観を真逆に変えることがあり、3カ月前に白が最高だと言っていたのに、今では黒が最高だと言い始めることがありました。その理由として、「それが今、正しいからいいんだ」と言い、また「自分が納得のいくもの以外は何も口にしない」と語っていました。

またスピリチュアリティにも大変理解があり、若い頃から禅に傾倒した仏教徒で、しばしばスピーチで禅の教えを引用しています。

ジョブズは自社製の製品を使う人々が創造性を増し、豊かになっていくために、製品開発に妥協を許しませんでした。人の役に立ちたいというサービス精神が、統合失調型パーソナリティ障害の特徴を善転させる要因となったのでしょう。**【注15】**

失敗パターン

⑩ 統合失調質パーソナリティ障害（孤独を楽しむ）

統合失調質（スキゾイド）パーソナリティ障害では**孤独を楽しむ**という特徴があります。贅沢で華美な生活を嫌い、静かで淡々とした**「清貧思想」**を好みます。

物質的なものよりも思想的、精神的なものを重視し、俗世になじまない孤高の雰囲気を醸し出しています。このタイプの人は、環境変化を嫌い、修行僧のように決まった生活パターンを忍耐強く黙々と続けていくのが得意です。したがって現代日本の都会のように、時間の流れが速い情報化社会を嫌い、厭世的で、大自然で悠々自適の生活をすることも多いようです。

ただ田舎に避難できずに都会暮らしを余儀なくされている統合失調質パーソナリティ障害の人たちは、引きこもりになる傾向があります。ちなみに、先述した自己愛性パーソナリティ障害、回避性パーソナリティ障害、統合失調型パーソナリティ障害の3タイプの人たちも、引きこもりになることがあります。ただ、この3タイプは、引きこもりたくてそうなっているわけではなく、社会不適応を起こしてやむを得ず引きこもっているのですが、**統合失調質パーソナリティ障害の人たちは、自ら進んで引きこもっている**というところが相違点になります。

能力的には、一つの専門分野に勤勉に打ち込んで、累積効果で大きな成果を上げることがあるタイプで、いわゆる**一点突破型**だといえます。

【育てられ方は？】

統合失調質パーソナリティ障害を抱える人は、自分の意思を親から否定され続けて育ち、自分の意思を表現するのをあきらめた生育歴を持っていることが多いようです。その結果、自尊心が低く、チャレンジ精神も乏しくなっているのです。

以下の性格・信念を調整すれば、緩和することができます。

【性格と信念はどんなふうにバランスが崩れている？】

まとめると、統合失調質パーソナリティ障害の人は、6つの性格のうち、「自尊心・自己責任キャラ」「人情・報酬依存キャラ」「協調・寛容・公正キャラ」が低く、「危機回避キャラ」が高くなっています。つまり、自尊心が低く、かつ独りでいるのが好きで、引きこもるのが嫌なわけではありません。孤独を愛するがゆえに、「人情・報酬依存キャラ」と「協調・寛容・公正キャラ」が低くなります。一方、環境変化を嫌い、「危機回避キャラ」が高くなるわけです。

その根元では、「自分、他人、人生」に対する「信念」が歪んでいます。つまり、自分自身を信じられず、他人や人生に対しても、明るく肯定的な信念を持てないために、孤立していってしまうわけです。

実例を見てみましょう。

〈実例10〉ドイツのロマン派作曲家「ヨハネス・ブラームス」

1833年、ヨハネス・ブラームスは、父ヨハン・ヤーコプと母ヨハンナ・ヘンリーカ・クリスチアーネの間に生まれます。生家はハンブルクのシュペック通りで、貧民街の貧しいアパートの一部屋だったといいます。

幼少の頃からピアノの才能を発揮したブラームスは、エドゥアルト・マルクスゼンの指導のもとにピアノの名手として世に出ました。その後、作曲を始めたものの、1851年に18歳になると自己批判から作品を廃棄し始め、19歳以前の作品は記録が残るのみでまったく現存していません。

1853年20歳のとき、ブラームスは作曲家ロベルト・シューマンを訪れ、シューマンのロマン的な作曲の影響を受けることになりました。ブラームスはシューマンの妻クララとも知り合い、1856年のシューマン病死後も、生涯にわたって親しく交流を続けることになります。彼は恋心を寄せていたようですが、ついに彼女へ告白することはありませんでした。またアガーテ・フォン・ジーボルトという女性と婚約しながら、「結婚には踏み切れない」との理由で一方的に破棄したこともあります。1862年（29歳）にウィーンに移住してからブラームスは作曲に集中し始め、数々の名曲を世に送り出していき

ヨハネス・ブラームス

ました。特に19年の歳月をかけた交響曲第1番は19世紀の大指揮者ハンス・フォン・ビューローをして、「この曲はベートーヴェンの『第10交響曲』」と言わしめたほどでした。1897年、膵がんのためウィーンで逝去。享年64歳でした。

ブラームスは、自分の気持ちを伝えることが下手で、自分の作品について語ることさえ避けたといいます。しばしば友人のサロンでピアノ演奏を求められましたが、求めに応じることは稀で、応じたとしても、弾き飛ばして早く終わらせようとしている様子が見え見えでした。また1860年代以降、彼の作品が人気を博して経済的成功を手に入れた後も単純な3部屋のアパートに家政婦と住んで、質素な生活を好みました。こうした俗世になじまず、清貧に暮らして孤高の雰囲気を醸し出している特徴が、統合失調質パーソナリティ障害に合致しているといえます。【注16】

⑪ 発達障害

発達障害については、失敗パターンという意味合いで、本章で述べるのではありません。通常の人と少し違った個性を持っているので、その個性を最もいい形で花開かせる方法をお伝えしたいという意味で、この章で述べさせていただくということです。

そもそも、発達障害という名称に、「障害」という言葉が使われているのは適当ではなく、「発達凸凹」と改称すべきだという専門家がいるくらいです。

発達障害を持つ人は、得意・不得意の差がはっきりしているという特徴を持ち、二つのカテゴリーに大別されます。一つは**対人コミュニケーションに偏り**が見られる**広範性発達障害（PDD）**があり、**アスペルガー症候群と自閉症**を含みます。二つ目は、他方、多動性、不注意、衝動性を症状とする**注意欠損・多動性障害（ADHD）**とその他**「学習障害（LD）」（読字障害、算数障害など）**とに分類されます。

広範性発達障害では、マイペースで一人で過ごすことを好む、間を読むのが苦手、比喩表現が苦手、暗黙の了解が分かりにくい、同時に複数の事柄が進められない、一つのことを極める、記憶力に優れているなどの特徴があります。

また注意欠陥多動性障害では、時間が守れない、物忘れが多い、片づけが苦手、注意散漫なことが多い、仕事のミスが多い、計画性に乏しい、すぐカッとなる、思ったことを何でも口にする、一本気で実直、などが見られます。これら発達障害の症状は、大人になって始まったわけではなく、子供の頃から認められていたことがポイントです。彼らは自分自身について、「異文化にいるようだ」とか、「まるで異星人」とかいった表現をしばしば使います。

発達障害では、こういった思考・行動パターンの偏り・特徴が見られるのですが、概して、本人や周りの人は不得意な凹みの方に目が行き過ぎて悩みを大きくしてしまいます。それがうつ病の原因になることが少なくありません。また「出るくいは打つ」ムラ社会の日本カルチャーのなかでは、個性が強い発達障害の子供はいじめの標的となり、不登校や引きこもりの原因になります。

ただ、**発達障害の方は、本人も気づかない天才的な潜在能力が眠っていることが多く、**世界の発明王トーマス・エジソンや明治維新の立役者・坂本竜馬は注意欠損・多動性障害、相対性理論の発見者アルベルト・アインシュタインや「不思議の国のアリス」の童話作家ルイス・キャロルなどはアスペルガー症候群といわれています。

ですから、自分の潜在能力を信じて、自尊心を向上させることが大切です。また、発達障害の方は、スピリチュアリティを理解しにくい唯物論志向の方が多いようなので、目に見えない大切な価値にも、心を開いて精神性を高めるとさらによくなります。

【育てられ方は？】

「生育期に親から虐待やネグレクトを受けていたり、親との離別体験があったりする場合、発達障害と診断される割合が高くなる」と報告されています。幼少期の子供にとって親は最重要な「安全基地」であり、親が同情心が乏しく冷たいタイプだと、子供の社会的コミュニケーションの発達が阻害されることもあるということです。

以下の性格・信念を調整すれば、緩和することができます。

【性格と信念はどんなふうにバランスが崩れている？】

まとめると、発達障害の人は、６つの性格のうち、「自尊心・自己責任キャラ」「人情・報酬依存キャラ」「協調・寛容・公正キャラ」「スピリチュアル・キャラ」が低く、「危機回避キャラ」が高くなっています。

つまり、思考・行動パターンの偏りという**個性の不得意な凹みの面に目が行き過ぎて、自尊心が低くなっている**ことが多いのです。また、マイペースを貫くので、「人情・報酬依存キャラ」と「協調・寛容・公正キャラ」が低いのです。さらに、マイペースな割には、リスクを恐れる傾向もあり、「危機回避キャラ」が高いわけです。唯物論志向の人が少なく、「スピリチュアル・キャラ」の低下につながっています。

その根元では、「自分、他人、人生、世界」に対する「信念」が歪んでいるのです。つまり、自分の能力の凹み部分に目がいって、自分の可能性が信じられなくなり、他人、人生、世界に対して暗くて消極的信念しか、持てなくなるわけです。
　有名な実例を見てみましょう。

〈実例11〉世界の発明王「トーマス・アルバ・エジソン」

　エジソンは1847年にオハイオ州で父サミュエル・オグデン・ジュニアと母ナンシー・エリオットの間に7人兄弟の末っ子として生まれました。小学校に入学すると、国語で「Aは、なぜ、エーと読んで、ピーとは読まないの？」と質問しました。また、算数で「1＋1＝2」と教えられても鵜呑みにすることができず、「1個の粘土と、1個の粘土を合わせたら、大きな1個の粘土なのに、なぜ、2個になるの？」と質問するなど、「なぜ？」や「どうして？」を連発して先生を怒らせ、「お前の頭は腐っている」と説教され、校長から入学わずか3カ月で退学させられたのでした。
　好奇心は学校だけにとどまりませんでした。「なぜ物は燃えるのか」を知りたいと思い立ち、自宅の納屋の藁を燃やしていたところ、そこを全焼させてしまったこともあり、ついにエジソンは父親からも見放されます。しかし母はサポートを続けました。母は小学校教員だったので基本教育を教え、好奇心旺盛なエジソンのために、家の地下室に化学実験室を与え、彼の知的欲求を満たすよう配慮したのでした。

このような母のサポートもあって１８７６年、エジソンが29歳のときには、ニュージャージー州にメンロパーク研究室を設立し、１８７７年にはさっそくレコードの原型を発明し「メンロパークの魔法使い」として名声を博します。さらに彼はその研究所で電話、レコードプレーヤー、電気鉄道、電灯照明、白熱電球、鉱石分離装置などを次々に商品化していきました。１８８７年に本拠地をウェストオレンジ研究室に移し、動画撮影機（いわば映画に当たるもの）を発明しました。晩年、鉱山経営などにも手を出しますが、うまくいかず、会社経営からは身を引きます。

１９１４年には有名なエピソードがあります。この研究所が**火事で全焼**し大損害をこうむりますが、彼は少しも落胆した様子を見せず、**「これで無駄なものはすっかりなくなった。これからまた新たな気持ちで新たな研究を始められる」**と言い放ったのです。

エジソンの研究意欲は晩年まで衰えませんでしたが、ついに１９３１年、84歳でその生涯を閉じたのでした。

エジソンは、一つの物事に熱中すると、他

トーマス・アルバ・エジソン
Ⓒ CORBIS/amanaimages

のことは完全に忘れてしまうことが、たびたびあったといいます。例えば、彼が考え事をしていたとき、話しかけてきた妻に対して、なんと「君は誰だっけ？」と質問してしまい、妻を怒らせたこともあったそうです。

また、学童期からの社会コミュニケーションの偏りを見ると、注意欠陥多動性障害に加え、アスペルガー症候群も合併した発達障害と考えられます。

ただ、エジソンが発明王として大成功した理由は何でしょうか？

一つ目は、**自分への自信を強く持っていた**ことが挙げられます。この自尊心は、母の教育によって、知識欲が充足されることで目覚めていったものです。

二つ目は、彼の**強靱な精神力と不屈の信念**が挙げられます。例えば、彼が数千種類の実験材料を使って数千回の実験を行い、そのすべてが失敗に終わっても、彼はこれを決して無駄とは見なさず、「実験の成果はあった。これら数千種類の材料が、すべて役に立たないということが分かったのだから」と語りました。

3つ目は、エジソンには、**スピリチュアリティを理解**するというオープン思考の一面がありました。神智学会を主催したブラバツキー夫人の降霊術を信じていて、後半生は死者と交信する電信装置（Spirit Phone）を実際に研究していました。【注17】

結局、悪い性格とは？

さて、ここまで、10の失敗パターンと、一つのケース、あわせて11のパターンを見てきました。11のトラブルを起こしがちなケースがあり、それは性格の偏りからきていて、性格の根元にある信念にも、歪みが見られるということでした。

逆にいえば、信念が歪んで**悪い信念になっていると、性格が偏り、11のトラブルパターンになりがちで、そうなるとストレスが強くなってネガティブ感情が増す**、つまり不幸感覚が増すということです。

それでは、この悪い性格とは、いったいどのようなものだと考えればいいのか、ここでまとめてみます。第1章の6つの性格チェックから導かれる結論を先に言っておくと、要するに**6つの性格の項目の値それぞれが、高過ぎたり、低過ぎたりする状態、バランスの崩れた両極端の状態**だということです。「過ぎたるは及ばざるがごとし」といいますが、いいことであっても行き過ぎれば何事も逆効果になります。悪い性格の場合もこれが当てはまります（図表11）。

ここで、悪い性格を一つひとつ分析していきましょう。

図表11　6つの性格・信念の両極端の状態から生じる悪い性格

信念の分類	自分	他人		人生		世界
性格	自尊心・自己責任キャラ	人情・報酬依存キャラ	協調・寛容・公正キャラ	チャレンジ・キャラ	危機回避キャラ	スピリチュアル・キャラ
極端に強い（＋＋）	傲慢、慢心	固執、依存	自己犠牲、感情抑制	衝動的、無秩序	恐怖、不安	浮世離れ、非合理主義
極端に弱い（－－）	自己卑下、責任転嫁	冷酷、怠惰	エゴイズム、怒り・憎しみ	保身的・硬直	不注意、放漫	唯物論、唯脳論
3軸論	空間軸			時間軸		次元軸

まず**「自尊心・自己責任キャラ」**です。これが正常な性格とパーソナリティ障害を分ける上で決定的に重要な部分です。これが極端に強まると**傲慢さや慢心**となり、極端に弱まれば**自己卑下や責任転嫁**になります。

傲慢さや慢心は、他との比較で自己に優越感を持って思い上がることで、古来、仏教の智慧でも心を毒する六大煩悩（つまり、貪・瞋・癡・慢・擬・悪見）の一つに（慢）が挙げられているほどです。

一方、自己卑下や責任転嫁は、自分の心のコントロールを放棄し、自分の人生の幸・不幸を外部環境や他人の責任に転嫁しようとする卑怯な態度です。自己卑下は、環境に翻弄されてどうにもならない「悲劇のヒロイン」を演じたい願望であり、結局は逆境を乗り越えて自立していこうと思っていないのです。自己卑下や責任転嫁の傾向は、パーソナリティ障害で共通してみられる特徴と考えられています。

「自尊心・自己責任キャラ」については、その根元に、おもに、「自分に対する歪んだ極端な信念」が存在します。後述します。

「人情・報酬依存キャラ」は、これが極端に強まると、**依存や固執**になり、極端に弱まると**冷酷で怠惰**になります。

固執や依存になると一つのものにこだわり、他人の評価に依存し過ぎて融通が利かなくなります。精神的余裕がなく視野も狭くなるため創造的な発想ができなくなるのです。

逆に冷酷で怠惰になると知人、友人から孤立するようになり、社会的サポートが受けられません。困ったときに誰からも助けてもらえなくなるのです。

「協調・寛容・公正キャラ」については、これが極端に強まると**自己犠牲的・感情抑制傾向**になり、極端に弱まると**エゴイストや怒り・憎しみ**になります。

自己犠牲や感情抑制傾向は、謙譲の美徳として短期的には美談となります。しかし、他人の幸福のために自分を犠牲にするのは、長く持続するウィン—ウィン（Win-Win）の関係ではありません。

同様に、エゴイストで自分さえよければという考えもウィン―ウィンではありません。例えば、一国だけが貿易黒字で大もうけして、その取引国は大赤字という貿易関係がいつかは破綻するように、自己犠牲もエゴイズムも両極端で、やがて破綻するのです。

これら「人情・報酬依存キャラ」と「協調・寛容・公正キャラ」については、その根元には、おもに、「他人に対する歪んだ極端な信念」が関わっています。後述します。

「チャレンジ・キャラ」は、極端に強まると**衝動的で無秩序**になり、極端に弱まると**保身的で硬直体質**になります。

「チャレンジ・キャラ」が行き過ぎると、あまり物事を深く考えずに、本能や直感で行動するようになるためハイリスクな人生になります。

一方、保守的で硬直体質も、結局は身を滅ぼすことになりかねません。こうした状態をビジネスの世界では「ゆでガエル現象」と呼ぶそうです。これは、2匹のカエルを用意し、一方は熱湯に入れ、もう一方は緩やかに昇温する冷水に入れると、前者は直ちに飛び跳ね脱出・生存するのに対し、後者は水温の上昇を知覚できずに死亡するという現象です。

また**「危機回避キャラ」**は、極端に強まると**恐怖や不安**になり、極端に弱まると**不注意や放漫**になります。

「危機回避キャラ」が行き過ぎると恐怖や不安の連鎖が始まります。この代表例が「取り越し苦労」や「持ち越し苦労」です。悩んでも仕方がないことをよくよく考えて時間を浪費していきます。

このトピックで頭をよぎるのが、世界大恐慌のさなか、1933年にアメリカ大統領に就任したフランクリン・ルーズベルトの大統領就任演説です。その主題は「恐怖からの自由」で「（略）……ですから、最初にまず、私の強い信念をはっきり申し上げましょう。われわれが恐れなければならないのは、ただ一つ。恐れそれ自体であるということです。すなわち、後退を前進に切り替えるのに必要な努力を麻痺させてしまうのが、むやみな、いわれのない恐怖心だからです」と国民に訴えかけています。

ルーズベルトは、この信念を持って見事に大恐慌からアメリカを立ち直らせたのでした。

一方、リスクをまったく顧みない不注意や放漫も、取り返しのつかない失敗をはらんでいます。特に会社経営が放漫になり、先行投資が大き過ぎて投資回収する前に会社が倒産したという失敗談は後を絶ちません。社長一人の甘い判断により、大勢の会社員が倒産で突然路頭に迷うことになるのです。

こうした「チャレンジ・キャラ」と「危機回避キャラ」が極端なものになっているその根元には、おもに、「人生に対する歪んだ極端な信念」が関わっています。これも後述します。

「スピリチュアル・キャラ」は、極端に強まると浮世離れしてこの世の論理が通じない**非合理主義**になり、極端に弱まると**唯物論や唯脳論**になります。

この項目が強い人は、宗教などにも親和性のある人でしょう。その際は、どのように所属する宗教を選ぶかが、非常に重要です。

以前、拙著にも、人がよい**宗教選択するための4つの基準**を書いたことがあるのですが**【注18】**、これは、「スピリチュアル・キャラ」が強くなり過ぎないようにする注意点としても使えます。

①**外に対して開かれているか？**　その宗教だけで完結していて（カルト宗教）、外の情報を見せないようにしていないか？

②**自分たち〝だけ〟が正しいと極端な教え方**をしていないか？

③**教えに自己責任の観点があるか？**　不幸の原因を、先祖や悪霊などの本人以外のものに責任転嫁していないか？

④信者が、**実際に幸福であるか？**　その宗教を信じることで人格者（例えば、徳ある人、

愛が深い人）に人としての精神的成長をとげているか？

特に①と④に関しては大切です。「スピリチュアル・キャラ」の値が高い人は、思いこみが激しくなると周りが見えなくなるものです。スピリチュアリティの世界にどっぷりとつかってしまい、地に足のついた合理的判断ができなくなり、人格破綻が問題になります。

一方、「スピリチュアル・キャラ」が極端に低い、カチカチの合理主義者、「目に見えるものだけがすべてだ」「脳機能ですべてが説明できる」と思いこんでいる非科学的な唯物論や唯脳論の人も、人生に何かあったら、心が脆くも折れやすい困った状態にあります。

ある統計調査によれば、**人間の存在を目に見える物質や機械だととらえる人は、目に見えない価値、つまり、生きる意味や人生の目的などを考え出しにくい状態に**なります。**その結果、生きる希望がなくなり、うつ病や不安障害などの精神疾患にかかりやすくなる**のです。**【注19】**

こうした「スピリチュアル・キャラ」が極端なものになっているその根元には、おもに、「世界に対する歪んだ極端な信念」が関わっています。これは次節で述べます。

6つの悪い性格の根元にある「悪い信念」とは?

ここまで、バランスの崩れた極端な6つの性格を見てきました。
そのバランスが崩れた性格の根元には、バランスが崩れた極端な信念が存在します。
ここでは、この極端な信念＝悪い信念とは、どんなものであるのか、もう少し詳しく分析してみましょう。

【自分に対する悪い信念】

「極端な自己中心」――「自分はとにかく素晴らしい（客観的な現実や、他人の幸・不幸はまったく意に介していない）」というような信念。

「極端な自己卑下」――「自分はとにかくダメだ（将来も、よくなる感じがしない）」という信念。

【他人に対する極端な信念】

「極端な他人礼賛」――「他人はとにかく素晴らしい（自分はそれに比べてダメダメだ）」というような信念。

「極端な他人憎悪」――「渡る世間は鬼ばかりで他人は悪人だ（人生、結局は誰も助けてくれない）」というような信念。

【人生に対する極端な信念】

「極端な人生バラ色観」――「現実を見ずに、人生は素晴らしいばかりだ」というような信念。

「極端な人生真っ暗観」――「現実の暗い面のみを見て、（未来も）人生真っ暗だ」というような信念。

【世界に対する極端な信念】

「極端な厭世主義」――「この世界は仮の世なのだから、この世はどうでもいい」というような信念。

「極端な唯物主義」――「目に見えるこの世界がすべてだから、楽しまなければ損だ（ゼロサムゲームで勝たねば意味がない）」というような信念。

自分、他人、人生、世界についてのあなたの信念で、この中で当てはまるところはありませんか？　分かりやすいように極端な言い方をしているので、そのままは当てはまらないという方でも、「危険領域だ」と感じる部分はありませんか？

悪い信念の典型的な体現者は誰かといえば、「神は死んだ」と豪語して、結局は精神破綻をきたしてしまったドイツの哲学者、**フリードリヒ・ニーチェ**が挙げられます。

彼は、ニヒリズム（人間の存在には真理、本質的な価値はなく、非合理で不安定な存在であるという立場）、ルサンチマン（弱い人間の憤り、怨恨、憎悪、非難などの感情）、永劫回帰（永遠に同じことを繰り返すという唯物論的世界観）、力への意志（「我がものとし、支配し、より以上のものとなり、より強いものとなろうとする」傲慢・慢心思想）などの彼独自の思想を説きました。その思想で、神、真理、理性、本来の価値などの従来の保守思想概念を置き換えようとしたのです。

皆さん、お分かりのようにこれらのニーチェ思想は、悪い信念の極端な形とかなりオーバーラップしています。それゆえ彼の**破天荒な性格**ができあがり、**晩年の人格崩壊**を招きました。どう見ても幸福とはいえない人生ですが、ニーチェが自ら招いた結果であることを見逃してはなりません。

この指摘は、ニーチェ・ファンには、大変申し訳ないとは思います。

もちろん厳しい人生の途上では、お酒を飲みながら、感傷的にこのような美学を持ちたくなる夜もあることくらいは理解します。

ただ、そんな夜の翌朝、1日が始まる頭がはっきりした時間に、**「ニーチェの信念を採用したら、ニーチェのような人格崩壊の晩年が待っているのですが、本当にいいですか?」**と聞かれたら、誰もがゾッとするはずです。

よく考えてみると、このような信念を持っていて、精神衛生がよいはずがありません。悪い信念を持っていると、性格のバランスが崩れて、精神不調を起こし、不幸感覚が増し、それがひどくなると、パーソナリティ障害となり、精神障害になる恐れもあるのです。

身体も蝕む悪い信念

以上、本章では、バランスの崩れた悪い信念・性格を持つと、さまざまなトラブルパターンにはまりやすく、ストレスが強くなってネガティブ感情が増す、つまり不幸感覚が増すということを見てきました。

ここからは、もう一つ注意しておくべき大切な点を述べていきます。

それは、悪い信念は、精神面だけに及ぶのではなく、身体面にも重大な影響を及ぼし、さまざまな身体疾患・病気の原因になることが分かっているという点です。つまり、恐ろしいことに、心の中の悪い信念が、悪い物理的作用をも引き起こすということです。

心と身体が関係し合うということを「心身相関」といい、この分野の研究を進める学問分野が、最近いくつか興隆を見せています。

「病は気から」のメカニズム①――精神神経免疫学

その一つが「精神神経免疫学（Psychoneuroimmunology）」といわれる学際研究分野です。
これは昔からいわれる**「病は気から」現象を心理学、脳科学、神経学、内分泌学、免疫学で培われた最新の研究理論と測定技術を駆使して統合的に解明していく分野**です。そこで明らかになった心と身体のネットワークは図表12のようになります。筆者の論文の一つです。**【注20】**
お好きな方のために、巻末の注で純粋に科学的にかっちりとそのプロセスを示しておきます。ここでは、簡単に概略だけ述べておきます。**【注21】**
心と体がどのように相互に関係しているのか、東洋医学的、統合医療的な総合的な言い

図表 12
「病は気から」のメカニズム（心身相関のシステム）

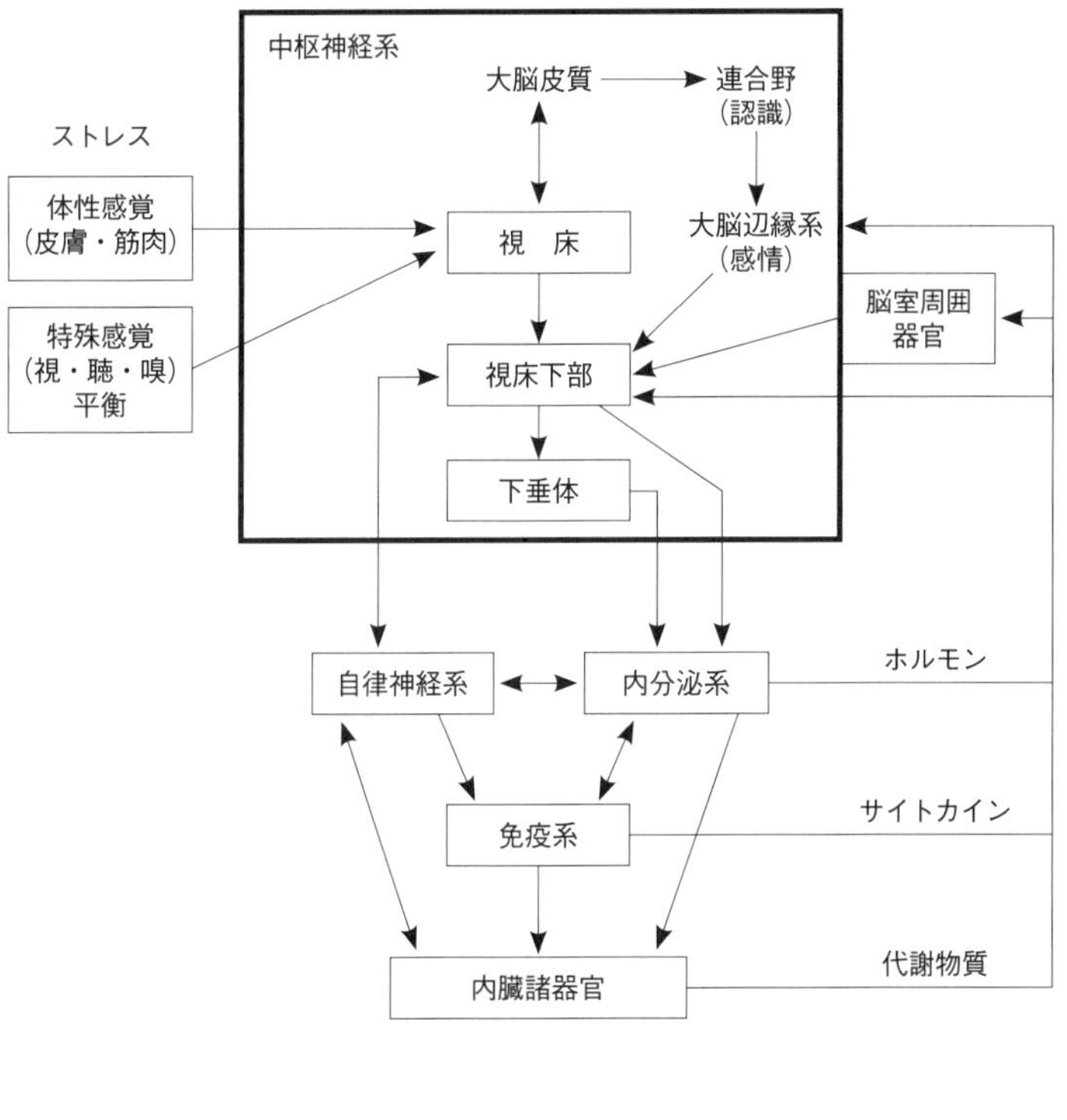

方は、次のように数多く流布していることと思います。

「ストレス」がかかったり「休息」したりなどの環境の変化に応じて、「交感神経」と「副交感神経」という**「自律神経」**が働き、「内臓などの身体の器官」が調整される。これによって、身体の状態が一定に保たれたり、新陳代謝が行われたりするという仕組みです。

「交感神経」とは、ざっくりいえば、**「狩りモード」「戦闘モード」「ONモード」**神経です。人が、活発に動き回らなければならないときに活躍します。ストレスで、「交感神経」が活性化し、体の感覚としては、頻脈や早くて浅い呼吸、筋緊張という感じになります。

一方、**「副交感神経」**は、**「食事モード」「休息モード」「OFFモード」**神経です。つまり、ゆったり休むことで、「副交感神経」が活性化し、体の感覚としては、ゆったりとした脈や落ち着いた深い呼吸、肩こりが取れるという感じになるのです。一般に、瞑想やリラクゼーションをすると、「副交感神経」が活性化します。

「交感神経」と「副交感神経」は、お互いにシーソーのようにバランスを取る傾向があるので、**ストレス状態下**でも、「交感神経」が過剰に興奮し過ぎると、バランスを取ろうとして、**逆の「副交感神経」が過剰に興奮してくる**ことがあります。その場合は、胃酸分泌を促進させて**ストレス潰瘍**の原因となったり、腸の運動を過剰にさせて**過敏性腸症候群**の原因となったりします。「副交感神経」系の過剰な活動は、ストレスのもとで、身体が痛みを感じたり、痛みを予感したりした場合にも生じます。
悪い信念を持っていると、さまざまなストレスを抱えやすくなり、それが身体に出てくるという仕組みは、このようになっているのです。

「病は気から」のメカニズム②――ストレスに関するメタ解析

心身相関を研究するもう一つの学問分野が「疫学研究」です。これは、実際にストレスがどれくらいの頻度と程度で身体に悪影響を及ぼすのかを、個人でなく、個人の集合である特定の集団を対象に健康調査する研究領域です。

筆者はこれまで、この分野についてたくさんの学術論文を国際発表してきました。特に**「メタ解析（Meta-analysis）」**という強力な科学的統計手法を用います。メタ解析については次章第3章で詳しく説明しますが、この解析は過去に行われた複数の研究結果を統合し、より信頼性の高い結果を求める方法で、**一つの研究に頼るよりも、より視野の広い確かな結果**が得られます。メタ分析で得られた数々の結果は、まさに驚くべきものばかりでした。

例えば、ストレスが高い群と低い群を、数年間追い続けてアレルギー性疾患の発症を比べた調査では、「喘息」や「アトピー性皮膚炎」などの**発症が、高ストレス群では明らか**

に高かったのです。【注22】

アレルギー性疾患は、この40年で発症率が約3倍に跳ね上がったといわれています。これは、遺伝子などの身体要因だけでは説明できず、心理的要因が関わっているという仮説があり、筆者の研究結果は、まさにその仮説と合致するものでした。

また、食事や運動など生活習慣が強く関わっているとされる「2型糖尿病」に関しても、**ストレスが高い群のほうが、低い群に比べ、明らかに糖尿病が悪化**していました。【注23】

遺伝子や生活習慣がすべての諸悪の根源と言われる2型糖尿病ですが、ここでも、心の歪みが身体の病気の悪化に関わっていることが分かったのです。

感染症でもメタ分析による調査がなされています。これは筆者の研究ではないのですが、医学界で最高峰とされるニューイングランド・ジャーナル・オブ・メディスンで発表された有名な研究があります。【注24】

この研究では、ストレスが高い群と低い群で鼻から感冒ウイルスを感染させたところ、**高ストレス群では、明らかにカゼの発症が高かった**という結果でした。

さらにこちらは筆者の研究ですが、口唇ヘルペスや陰部ヘルペスの原因となる単純ヘルペス感染症についても、ストレスの高い群のほうが、**単純疱疹の再発率が明らかに高い**という結果でした。【注25】

さらに興味深いのが、HIV（ヒト免疫不全ウイルス）感染症の予後についての結果です。**ストレスが高い群のほうが明らかにエイズによる死亡率が高かった**のです。ストレスが高いと、しかるべき治療を受けずに、その結果予後が悪くなる可能性があるのですが、このことを踏まえて、治療に関する予測因子を統計的に補正しても、依然として高ストレス群のほうが高い死亡率でした。**【注26】**

今、がんは日本人の死因のナンバー1になっています。日本人の二人のうち一人ががんになり、3人のうち一人ががんで死ぬといわれています。

がんも一般には遺伝子や生活習慣が発病に影響するといわれていますが、世界の超一流がん医学雑誌、ネイチャー姉妹誌に発表した筆者の研究結果では、がんの発症にも、ストレスが明らかに関わっていました。さらに、**がんを発症してからの予後についても、ストレスが高いと、死亡率が明らかに高まって**いました。**【注27】**

がんを切除する外科的治療や抗がん剤を投与する内科的治療ばかりが重視される現代のがん治療ですが、実は、**ストレス・マネジメントが重要である**ということが実証されているのです。

以上、本章では、悪い信念↓悪い性格↓さまざまなトラブルパターン↓ストレス・不幸感の増大↓身体にも悪影響というサイクルを見てきました。

人生では、どうしてもこうしたサイクルから抜けられない**大変な時期もある**ものです。

でも、そんなときでも、**「よい信念」を持つよう努力すれば、必ず、道は開けます。**

では、その「よい信念」とは何か、どのようにして持てばいいのか、次章以降で見ていきましょう。

まず、第3章で、その具体的効用についての学術的研究結果を紹介し、さらに詳しく、第4章では、ポジティブ心理学者も注目している「八正道」という仏教の考え方を使って、「よい信念」について分析し、明確にしていきます。

第3章

「よい信念」が心も身体も人生も幸せにする！

数々の奇跡の実験

よい信念の効用（信念と身体機能）

ここでは、どのような信念がどのような結果をもたらすかを調べた数々の学術研究をご紹介していきます。章の後半では、特に、日本では科学的研究にはなじまないと勘違いされている人間のスピリチュアリティ（霊性）や宗教性に関する最新の研究をいくつも引用して、そういった日本の常識は世界の非常識であることを証明しようと思います。

《実験22》薬は、効くと信じると効くが、効かないと信じると本当に効かない！

「プラシーボ（Placebo）効果」というのをご存知でしょうか？　信念の効用を明らかにしていく上で、この先行研究は外せません。病人に「これは薬ですよ」と言って、ただの砂糖のかたまりを飲ませると、実際に効果があったというものです。よい信念が体にも好影響を与えるという実証になります。

【注1】

ハーバート・ベンソンら（ハーバード大学）の狭心症患者を対象にした研究が有名です。

彼らの研究報告によれば、**治療に効果があると患者が信じているときは、70〜90%の確率で実際に効果**があり、治療に**懐疑的な患者の場合は30〜40%しか**効果が見られなかったそうです。これは、人間の心と身体はつながっており、ある信念を持てば何らかの形で現象化することを示しています。そして、その信念が強ければ強いほど、その作用も強いのです。

なお、このプラシーボ効果は逆に働くこともあります。**ネガティブな効果を期待すると、実際にネガティブな結果**になります。心理学ではこれを**「ノーシーボ（Nocebo）効果」**と呼びます。例えば自分が病気だと信じこんでしまったら、実際にその病気になったというケースです。悪い信念が体に悪影響を及ぼす作用機序については、第2章で解説した通りです。精神神経免疫学と疫学研究のメタ解析から、かなり詳細なメカニズムまで解明が進んでいます。

《実験23》アルコール飲料だと信じて飲むと、陽気になり、酔っ払い現象が！

ストレスにあふれた現実から逃れようとして、人は、陽気にさせてくれるアルコールに走ります。信念の力に、このアルコールと同じ効果があるかを調べたおもしろい研究があります。

リチャード・ワイズマンら（ハートフォードシャー大学）は、大学生たちに一晩バーでお酒を飲んでもらうという実験をしました。【注2】

酒が飲めるということで実験に必要な参加者は簡単に集まりました。実験当日の晩、全員が集まったところで最初のテストが行われました。課題は数字が並ぶリストを見てできるだけたくさん覚える「記憶力テスト」、床に引かれた線に沿って歩く「バランス感覚テスト」、そして親指と人差し指の間に挟んだ定規を落としてパッとつかむ「反応力テスト」でした。これらのテストを完了したところで、学生たちは任意に青組と赤組に分けられ、その色のバッジをつけていれば、バーで好きなだけ無料で飲むことができました。ただし飲酒条件として、参加者は全員バーに行って自分の飲み物を注文できますが、友達のために酒を運んではなりません。

その晩、学生たちは何度か会話を中断させられ、最初にやった「記憶力テスト」「バランス感覚テスト」「反応力テスト」の3つのテストを受けさせられます。当然、アルコール血中濃度が高まってきた学生たちは、テストの成績が落ちてきました。飲み会が終わる頃には、青組と赤組の双方ともテストの成績に差はありませんでした。どちらの組とも、声が大きくなり、陽気になり、異性に対して積極的になったのでした。

実はこの実験には仕掛けがあって、青組の学生には飲み物にアルコールが一滴も含まれていませんでした。赤組には本物のアルコールを、そして青組にはノンアルコールの偽物を出すようにバーに頼んでおいたのでした。**青組の学生たちはアルコールを一滴も口にしていないのに、ごく普通の飲み過ぎ状態と同じ症状を示した**のです。酒を飲んだという「思いこみ」が気分を陽気にさせ、気分だけでなく、実際に体にも「酔っ払い」症状が出ている現象が刮目に値するのです。

このように信念には、アルコールと同じように、気分を陽気にさせ、人を積極的にさせるポジティブな力があるのです。アルコールには心身をリラックスさせる作用もありますが、この実験結果を踏まえれば、アルコールを飲まなくても、心身をリラックスさせる効用があることが当然予想されます。

《実験24》運動の効果を信じて運動すると、本当にやせる！

さらに「身体への影響」つながりで、もう一つ画期的な研究をご紹介します。よい信念がメタボリック・シンドロームを軽減させるか？という問いに答える実験です。

アリア・クラムとエレン・ランガーらの研究グループ（ハーバード大学）による報告で、7つのホテルのルームサービス係80人に参加してもらいました。**【注3】**

彼らの仕事はかなり重労働で、毎日平均15室の清掃と整理整頓を行い、一部屋につきおよそ25分の間、ひっきりなしに体を動かします。クラムらは参加者たちを2グループに分け、片方のグループには仕事による運動効果を教え、彼らが1日どれくらいカロリーを消費しているかを計算して伝えました。参加者たちの頭にその運動効果が刻み込まれるよう、重要なポイントを数にして書かれたパンフレットを渡し、さらに職場の待機室の掲示板にも貼り出したのです。もう一方のグループには、運動効果に関する一般知識は教えましたが、彼らが実際に消費しているカロリーについては伝えませんでした。

その1カ月後にクラムらは再調査を実施しました。どちらのグループとも、仕事以外では運動はしておらず、食事、喫煙、飲酒の習慣も以前と差はなかったのですが、**自分たちが毎日消費しているカロリー量を教えられたグループは、大幅に体重が減り、肥満度指数とウェスト・ヒップ比が下がり、血圧までも下がっていた**のでした。かたや**消費カロリーを教えられていない対象グループでは、そのような改善は見られなかった**のです。

この実験結果のように「自分の活動が自分を健康にする」というよい信念を持てば、実際に健康になることが実証されたのです。

このようによい信念には体の健康増進効果があることが実証されましたが、そのメカニズムについては科学的な解明が進んでいるのでしょうか？　進んでいます。「精神神経免疫学」からのアプローチで解明が進んでおり、それは本章の最後で解説します。

よい信念の効用（信念と精神機能）

「努力によって頭はよくなる」と信じている人は、本当に成績が伸びる！

それでは「よい信念が人間の潜在能力を発揮させる」という研究知見をいくつか紹介していきます。まずはよい信念が知性を伸ばすかどうかを調べた研究です。

キャロル・ドゥエック（スタンフォード大学）が行った「**マインドセット（つまり信念のこと）**」研究が有名です。【注4】

彼は中学1年生373名を対象に、まず、「**頭のよさは生まれつきだと思っている」固定マインドセット**か、「**努力次第で頭はよくなると思っている」成長マインドセット**かどうかを調べ、その後2年間にわたって生徒たちの成績を追跡調査したのです。

その結果、成績が落ちたのは固定マインドセットの生徒たちで、中学入学直後から成績が下がり始め、2年間にわたって、徐々に、しかも確実に低下していきました。一方、**成長マインドセットと判定された生徒たちは、2年間ずっと成績がアップし続けた**のです！

中学入学の時点で、両群の成績に差はありませんでした。つまり小学校の環境では成績に違いはなかったのに、中学で難しい問題にぶつかったとたんに、両群の成績に差が出始めたことになります。

ドゥエックの調査によれば、**固定マインドセットの生徒**たちは**成績低下の理由**を、「僕はバカだから」とか「私は数学がダメだから」などと**自分の能力をなじる**生徒が多かったとのことです。また「数学の教師はデブで嫌なやつ、英語の教師は格好つけてばかり」とか「先生の教え方がへたくそだから」とか、**先生に責任転嫁**する傾向があったようです。

それに対し、成長マインドセットの生徒たちは、勉強ストレスにさいなまれながらも、全力で課題と向き合い、決して逃げなかったといいます。

あなたの「マインドセット」は、どうなっていますか？

《実験26》「私は頭がよい」と信じていると、本当に成績が上がる！

また人種や性別に対する信念でも、知能検査の結果が変化することが明らかにされています。

クロード・スティールとヨシュア・アンロンソンら（スタンフォード大学）は、大学生を対象に、大学院進学適正試験の難しい問題を与えました。**【注5】**

一部の被験者はテスト前に人種や性別のチェック欄に印をつけるよう指示されますが、

他の被験者にはそのような指示はされませんでした。

その結果、チェック欄に印をつけたグループだけ、黒人の学生より白人の学生の成績が明らかに上がったのです。また、そのグループでは女性より男性のほうが、成績が上がっていたのでした。一方、チェック欄に印をつけなかった対照グループでは、人種間や性別で成績の差は見出されませんでした。

なぜチェック欄に印をつけたグループで人種間や性別間で成績の差が出たのでしょうか？　一般に、「白人は黒人より成績がよい」という通念や「男性は女性より成績がよいものだ」という通念があります。そういった一般通念が人種や性別の印をつけることにより増幅され、個人的信念がポジティブになることにより、試験成績が改善したと解釈できます。

このように、よい信念を持てば、人間は眠れる潜在能力を発揮していけるのです。

《実験27》115歳まで生きても、死滅する脳神経細胞は、実はたったの1・46％！

脳科学の研究では、人の脳細胞は、成熟後は1日に5万～20万個減少すると計算されています。その計算を根拠に「そんなにたくさんの細胞がなくなるなら、人間の知能は年を取るほど衰えていくとは当たり前だ」と信じる人が多いと思います。

しかし、毎日それだけの数の細胞が死んでしまっても、脳の働きには何ら大きな問題は生じません。なぜなら、脳の細胞の数が天文学的な数字だからです。人の大脳にある神経細胞は少なくとも500億個、脳全体の神経細胞の数は5000億個といわれています。多く見積もって1日20万個の神経細胞が死んだと仮定しても、1年ではその365倍ですから、7300万個になります。成熟年齢を15歳として115歳まで生きたとすると、細胞が減少する期間は100年間ですから、合計73億個になります。とすると、減少する割合は、脳全体の神経細胞のたった1・46％にしかなりません。この数は神経細胞の数から考えると、誤差範囲に入ってしまいます。**「老化で神経細胞が減少していくから、年とともに知能も衰えていく」というのが、誤った信念**であることがこれで明らかでしょう。

《実験28》思考の新しい習慣により、脳神経の配線が根本的に変わる！

さらに驚くべきことに、**海馬などの脳の一部では、大人になっても新しい神経細胞が絶えず作られている**ことが分かってきています。このことを「神経新生」といい、脳の働きにとって重要な機能とされています。

また最新の脳科学研究の進歩により、**「思考の新しい習慣が形成されると、それによって脳神経の配線が根本的に変わる」という脳神経の可塑性《かそせい》**も明らかになっています。【注6】

このような最新の研究結果を踏まえると「信念の力によって脳機能が改善し、いくらでも能力は伸びていく」という現象にもうなずけます。

《実験29》短時間、思いを変えただけでも、創造性がアップする！

こういった知能だけでなく、信念が人間の創造力を高めるかどうかについても、いくつかの研究で検討されています。

イェンス・フェルスター（ブレーメン国際大学）は参加者を2グループに分け、一方に典型的なパンク（過激で反社会的）の行動、生き方、外見について、他方に典型的な技術者（保守的で論理的）の行動、生き方、外見について短い文章を書いてもらいました。その後で参加者全員に想像力を試す問題を与えました。【注7】

その結果、パンクについて考えたグループの方が、技術者について考えたグループより、明らかに創造的な回答をしたのです。

短時間思いを変えただけで、意識しない間に創造力が上がったということは、意識してもっと長い間創造性を高めようという信念を持てば、さらに飛躍的に創造性が上がると予想されます。

信念の科学（可能性の心理学）

ここまでの研究結果をまとめて見てみると、まさに、**「信念の科学」「可能性の心理学」**とでもいうべきものが浮かび上がってきます。人間の信念の力を科学的に解明し、その力を利用して、人間の能力が少しでも伸びる可能性を発見し実現していく心理学です。

そして、既存の心理学の中で、「信念の科学」「可能性の心理学」に最も近いのがポジティブ心理学です。詳細な解説は補章に譲りますが、最新のポジティブ心理学は、これまでの伝統的な心理学とは異なり、心のマイナス面を修正して平均レベルに戻すことだけでは不十分と考え、心にはもっとポジティブで積極的な力が秘められていて、その可能性に光を当て、幸福感を増していこうとします。こうした流れを見ると「信念の科学」「可能性の心理学」とポジティブ心理学はほとんど同義といっても過言ではありません。

例えば、伝統的な心理学では、「人間は生涯、知性が伸び続ける」ということを証明するためには、多くの人が実際に年を取っても知性が伸び続ける必要があります。

しかし、**「可能性の心理学」では、たった一つの成功例さえあれば、「それは可能だ」と**

考えます。たった一人でも、天寿を全うするまで生涯現役で、知的生活を送り続けた人がいたなら、「人間は生涯、知性が伸び続ける」という十分な証拠になるのです。

伝統的な心理学では、研究仮説に当てはまらない結果は、たいてい仮説を説明するのに余計な「例外」として扱われます。例えば、がんと宣告されたら平均余命期間が決まっているものだと、多くの科学者たちは信じています。がんが突然消える「がんの自然退縮」例があっても、その人は例外的な存在として扱われ、すべての人がそうなれる可能性があるとは考えません。

しかし**「信念の科学」では、その例外的な存在のほうに注目し、そうなれるのだと信じることで、本当にそのような現実を現象化させるという人間の力に注目**します。信念の力でがんが突然消える人が実際にいるのなら、それは可能だと考えるということなのです。可能性を追求してみようという考えを持つこと、そういう信念を持つことが、人間の潜在能力を発揮する源泉になるということです。本章前半で取り上げた研究の結果は、こうした信念の科学を実証したほんの一例にしかすぎません。

「証拠は信じる人にしか与えられない」——ウィリアム・ジェームズの法則

ただ「みんなが平等に体験できなければ科学とはいえない」「いつでも同じような現象

が再現されなければ学問と認めない」という主張が根強いのも事実です。その最たる疑念が、信念の科学で決定的に重要と考えられている「スピリチュアリティ」に関するものでしょう。

この問題に対して心理学では**「ウィリアム・ジェームズの法則」**を適用します。これは、アメリカ心理学の父と言われ、哲学者でもあったジェームズの名を冠した法則です。

「超常現象（あるいは奇跡）を信じたい人には信じるに足る材料が得られるが、疑う人にまで信じるに足る証拠は得られない」。【注８】

このように、「現象を受け取る人の精神的受容性によって証拠が変わってくる」わけで、例外的な存在に注目する信念の科学の理論的根拠ともいえます。

この法則は、別名**「羊《ひつじ》・山羊《やぎ》効果」**とも呼ばれています。【注９】

これは、羊は受容性が高く、逆に山羊は受容性が低く疑い深い点からきている名称で、超常現象（あるいは奇跡）を信じる人（羊）のほうが、その現象を体験する確率が高く、現象を否定する人（山羊）は体験する確率も低いということです。

「物しかない」という理論は、３段階前の理論であり、最新物理学では否定

それでは自己超越性、永遠の生命、転生輪廻、神仏などのスピリチュアリティの理解には、ウィリアム・ジェームズの法則を適応するしかないのでしょうか。万人には理解できない、特定の人しか分からない存在として考えるしかないのでしょうか？　そこで、万人、万物に通じる科学の代表として物理学がありますが、この物理学とスピリチュアリティの接点を探ることにより、この疑問についてさらに探求したいと思います。

現代物理学の宇宙観は絶えず進化していますが、ニコラス・マックスウェル（ロンドン大学）が提唱するように**西洋物理学史は、以下のように5段階**に区分することができます。

【注10】

①アリストテレス理論――紀元前4世紀から2000年間、西洋物理学の基盤となったパラダイムであり、万物はそれぞれの欲望や可能性を果たすために、目的論的に行動すると考えます。この理論は、いわゆるアニミズム（精霊崇拝）に似ていて、万物には魂があり、その魂の意図によって行動パターンはすべて説明されるとします。

②デカルト理論――17世紀の理論で、心と体は独立して存在すると考える心身2元論を説きます。万物の魂を否定し、物はすべて機械のようなもので、物体と物体がぶつかり合うことによって、全宇宙の構造と行動パターンが説明されるとします。

③ニュートン・ヘルムホルツ理論――17世紀末にニュートンが発想し、19世紀始めにヘルムホルツが本格的に体系化した理論で、物体と物体はぶつかり合うことが不可能であり、

物体の動きや相互作用はすべて引力と斥力によると考えます。重力、磁力、電磁力などがこの理論の基礎となり、20世紀初頭まで大きな影響力を持ちました。

④アインシュタイン理論（相対性理論）——これは20世紀前半の理論で、功績としては、デカルトの物体に基づく理論や、ヘルムホルツのエネルギー理論を捨て、全現象を「場」の位置関係によって説明できると証明したことです。彼は究極的には、すべての場に位置関係を持つ統一された一つの原則によって、万物は説明できると信じていました。

⑤ハイゼンベルク・フォンノイマン理論（不確定性原理）——第二次世界大戦後に発達した20世紀後半以降の理論で、宇宙の根源にある要素は、客観的な研究が不可能な素粒子であるとしました。素粒子が研究できないのは、物体やエネルギーの動作そのものが確率で表示できないからと証明されたからです。

このように各段階において、科学者たちは全宇宙の現象を、特定のパラダイムで統一的に解釈してきたのですが、次の段階に移行するために、古い段階のパラダイムを否定し、そこから脱皮してきたという歴史が繰り返されてきたのです。

最も注意が必要なのは、物理学の最先端で研究している科学者を除けば、**一般の科学者は、現在でも、②のデカルト理論レベルで宇宙を解釈する傾向にある**ということです。空間をｘ軸、ｙ軸、ｚ軸の３次元軸で測定できると考え、目に見えないものであっても、目に見えるものと同様の動作、相互作用を起こすと信じていることです。

スピリチュアリティが科学の対象領域であるか否かを考えるには、デカルト理論の科学ではなく、ハイゼンベルク・フォンノイマン理論の科学観で冷静に理解する必要があります。つまり、最新の現代物理学の宇宙観では、「もの」やその変転のすべてを観察し得るという概念はすでに時代錯誤だということです。科学が進歩すればするほど、科学が対象にする「もの」や、「もの」を支配する法則は、これまでの人間の常識を超えた「超常現象」になるという認識が徐々に普及してきているのです。**特に、ハイゼンベルクの不確定性理論は、科学という学問を大きく揺るがしました。彼自身、理論物理学は「目に見えない生命力のような存在を否定できない段階に至っている」と語っている**のです。

さらに、最新の物理学研究では、この3次元の空間と時間以外に、まったく別の次元に空間と時間が存在し得るとさえ考えられています。例えば第1章でも触れましたが、2008年にノーベル物理学賞を受賞した南部陽一郎博士の超弦理論（超ひも理論）では、26次元を想定して理論構築されており、多次元的世界観は、少なくとも理論物理学では常識なのです。

以上のように「現代物理学の宇宙観」から見れば、スピリチュアリティは例外なものではなく、理論的に存在し得ることが分かるでしょう。

世界の精神医学では、魂、力、神などのスピリチュアルな影響を認めるのが常識

ただ、やはり「見えない物は信じられない」「本当にあるなら見せてみろ！」と主張してやまない頑固な方々がいるのは確かです。特に生物学者や医学者は、デカルト式世界観に固執する傾向があります。例えば養老孟司氏が言う「脳に起こることだけが存在する」とか「脳は脳のことしか知らない」などの「唯脳論」は、形を変えた「唯物論」であり、デカルト式世界観にとらわれている典型例です。【注11】

また別の例では、**スピリチュアリティを日本語訳する場合、「霊性」と訳さず「精神性」や「心理性」と誤訳**しているケースが散見されます。

しかし、こういったスピリチュアリティを認めない医者や学者は、世界のスタンダードではないことを繰り返して述べておきます。実際、国際連合の専門機関である**ＷＨＯ（世界保健機関）**では、その**健康の定義**において、①Physical health（**肉体的な健康**）、②Mental health（**精神的な健康**）、③Social health（**社会的な健康**）の三方面の健康に加えて、④Spiritual health（**霊的な健康**）が必要であると、１９９８年にＷＨＯ執行理事会で討議され、健康の定義の変更が議決されて、１９９９年総会で提案されています。

また精神医学では、**世界の標準診断基準「精神障害の分類と診断の手引き　第４版修正**

版（DSM―Ⅳ―TR）」で、**「憑依トランス」**という表現を使って、**魂、力、神などのスピリチュアルな影響を認めているの**です。このように**世界の医療はスピリチュアリティを前提に治療するのが常識**です。

ところで本書では、ここまでスピリチュアリティの学問的な定義を明確にしていませんでしたが、ここで明示しておきたいと思います。スピリチュアリティとは、日本語では「霊性」とも訳される言葉で、**学術的には、**「宗教性」と併せて、**「スピリチュアリティ・宗教性（Spirituality/Religiosity）＝『聖なるもの（Sacred）』を求める気持ち」**と定義されます。**【注12】**

それではこういったスピリチュアリティに関する世界の潮流を踏まえ、臨床研究、脳科学研究、疫学研究のメタ解析などから代表的な研究報告をご紹介します。まずは臨床現場でのスピリチュアル現象を体系化して科学的に検証した臨床研究から始めます。

《実験30》臨死体験――あの世がなければ説明できない現象の数々

「臨死体験」とは死ぬ間際に見るビジョンや、一時的に死亡した後に蘇生し語られる体験を意味します。この臨死体験を初めて研究対象としたのは、ラッセル・ノイエス（アイオワ大学）で1979年代初めのことでした。さらに終末医療の創始者、エリザベス・キユーブラ・ロスによって臨死体験は一般まで知れわたることになります。**臨死体験の頻度は、心肺停止して蘇生した人の４〜18％**と報告されています。【注13】

これまで報告された典型的な臨死体験としては、以下のような８つの要素が挙げられます。【注14】

①**トンネル**――アメリカではトンネル体験が花園体験より多く記録されていますが、日本ではなぜか花園の体験のほうが多いようです。

②**花園**――花のイメージや花園、花の上に座るという体験は、日本人の臨死体験に多く見られる現象です。

③**三途の川**――これまでの調査では、三途の川の体験は、本人の期待や教育によるものではないことが分かっています。

④**人生に対する反省（Life review）**――自らの人生を顧みて善悪を反省するというのは、臨死体験のケースに多く見られます。なお最後の審判を期待するキリスト教圏では、この分野の研究はかつて否定されたこともありましたが、あまりに多くの体験が報告されるので最近では教会側も否定はできなくなっています。

⑤**死者との出会い**――臨死体験が実際にあるのなら、それは死後の世界での体験で、そこで出会うのは、生きている人間ではなく、すでに死亡している人間であるはずです。

興味深いのは、**臨死体験者が、あの世で、面識のない死者と出会い、その死者と死者の関係者（生存中）の一部しか知り得ない情報を入手した後に、覚醒し、その生存中の関係者を驚愕させたという事例が少なくない**ことです。

⑥菩薩や天使との出会い――菩薩とは、キリスト教の天使に当たる仏教の天国存在ですが、そうした存在と臨死体験中に遭遇するのです。その結果、本人はもちろん周囲の関係者も、より神秘的、宗教的な世界を信じるようになる傾向があります。

⑦気分の高揚、あるいは病気の治癒――死ぬ直前に臨死体験をするので、体験をしている間は気分が優れないのが当然です。しかし、不思議なことに、臨死体験をした人々の一部は、体験後に以前よりも健康な生活を送っているのです。

⑧地獄の体験――すべての臨死体験が楽しいものとは限りません。例えば「日本霊異記」には行基と智光の有名な話が挙げられます。ちなみに皆さんご存知のように、行基はその徳力で奈良の大仏建立の立役者になり、後世「行基菩薩」と尊称されています。

天平16年（西暦744年）11月に行基が大僧正に任命されました。ライバルであった智光はショックを受け、その直後にひどい下痢になって1カ月後に死亡します。

死ぬ間際に智光は少なくとも9日間は死体を火葬しないよう弟子たちに命じますが、その9日間のうちに彼は地獄を巡ることになります。そこには行基が死後に住むことになっている黄金の御殿と、その北側に智光が罰を受ける場所とがあったのです。

そして智光自身の意思とは無関係に、彼は火と熱による激しい罰を受けます。罰が9日間続いた後、智光は現世に戻され、行基と面会します。智光は地獄での体験の一部始終を行基に告白し、彼に対して懺悔しました。これを聞いた行基は喜び、智光も以後は嫉妬することを止め、双方ともいっそう衆生への教化に励んだということです。

この話には先に述べた「④人生に対する反省」も見られます。

《実験31》前世療法——前世がなければ説明できない現象の数々

前世療法の存在は、ブライアン・ワイス（マイアミ大学）の著書『前世療法—米国精神科医が体験した輪廻転生の神秘』（ＰＨＰ文庫、１９９６年）が世界的ベストセラーになったことで広く一般に知られるようになりました。

同書ではワイスが患者のキャサリンに一般的な退行催眠を行っている最中に、偶然前世に退行してしまい、いくつもの前世体験を詳細に語り、症状も完全に治癒していったプロセスが詳しく書かれています。さらに驚くべきことは、マスターと呼ばれる霊的存在がキャサリンを通して語った内容も記載されているのです。キリスト教圏で仕事をしていたワイスは、当初、「転生輪廻」を認めませんでしたが、前世療法による患者の証言が積み重なっていくうちに、転生輪廻を認めざるを得なくなったのです。

例えば**ゼノグロッシー（異言能力）**と言って、**今生では一度も聞いたことも習ったこともない外国語を話すことができる患者**がいたり、**今生で一度も行ったことがない土地の地理を詳細に、しかも正確に思い出したりする患者**が少なくなかったと言います。

こういった患者たちの「語り」による医療を「ナラティブ・ベイスド・メディスン（Narrative-based Medicine）」と呼ばれますが、ワイスの前世療法はまさにその走りといえるでしょう。これは、科学的根拠に基づいた医療の「エビデンス・ベイスド・メディスン（Evidence-based Medicine）」と並び、今日の医療では、大変重視されています。

彼は、このナラティブ・ベイスド・メディスンに基づいて「私たちは肉体が死んだ後も存在し、より高い次元へと到達しようと努力を続けます。そのために、何回も何回も違う肉体の中へと戻ってくる魂を持っているのです」と結論づけているのです。【注15】

彼は**前世療法の効果として、リラクゼーションや感情発散という心身効果に加えて、自分の中の聖なる力に目覚め、永遠の生命を確信し、死の恐れから解放されて愛に目覚めるなど、スピリチュアリティに効能がある**と主張しています。

参考までに、転生輪廻思想は、何千年もの間、仏教やヒンズー教では過去世の情報を蓄積していますし、キリスト教においても、コンスタンチヌス帝のローマ帝国が修正を加えるまでは、新約聖書に書かれていたのです。しかし現在でも、新約聖書マタイ伝第3章23節には、転生輪廻思想を背景にしたイエスの言葉が残っています。つまり、イエス自身が弟子たちに、洗礼者ヨハネがエリヤの再来であることが分かったかどうか、尋ねる場面が出てきています。エリヤはヨハネより９００年も前に実際に生きていた預言者でした。

《実験32》第三の知能指数、SQ＝魂の知能指数とは？

20世紀初頭、**「IQ：Intelligence Quotient＝知能指数」**テストが開発され、合理的知能を測る指標になりました。この知能は私たちが論理的な問題や戦略的な問題を解決するために使うものであり、IQが高ければ高いほど知能が高いことを表します。言語、計算、仕事処理能力など、現代の学校教育を通して、IQは伸びていきます。

一方、**「EQ：Emotional Intelligence Quotient＝心の知能指数」**は、１９９０年代の中頃に、ダニエル・ゴールマン（マサチューセッツ州精神科医）が一般に広めた指標です。

【注16】

ＥＱはＩＱを効果的に使うためになくてはならない能力と考えられていて、自分や他人の気持ち（感情）をキャッチし、感情移入し、動機づけして、リーダーシップを発揮できるようにしてくれます。

このようにIQは何がルールかを知っていて、過たずにそのルールに従うことができるコンピューターの能力に近く、EQは自分の置かれている状況を判断することができ、その状況のなかで適切にふるまうことができる野生動物の能力に近いのかもしれません。ただIQもEQも、そしてそれらを組み合わせたとしても、人間の知能の複雑さや、魂と想像力の広大な豊かさを完全に説明するには十分ではありません。これらでは、「なぜ、そのルールがあるのか」「なぜ、そういう状況になっているのか」「そのルールや状況を変えたり改善したりできるのか」を問えません。

しかし最近のさまざまな科学的データのおかげで第三の知能指数があることが分かってきました。それが**「SQ：Spiritual Intelligence Quotient＝魂の知能指数」**なのです。これは「人生の意味や価値」という問題を提起して解決する能力です。【注17】

SQが高まれば広い豊かな視野に立って、自分の行動や人生の意味を見出すことができるようになります。より意味のある行動路線や人生の道を、数ある選択肢から、選ぶための能力です。したがって**SQはIQとEQの両方を効果的に機能させるために必要な土台**といえるのです。SQのおかげで人間は創造的になることができ、ルールや状況を変えることができます。この知能のおかげで、人間は、善悪の問題に取り組み、実現していない可能性を心に描き、大志を抱き、逆境にあっても闘志を奮い立たせることができるのです。

スピリチュアリティの脳科学研究

ここからはスピリチュアリティに関する脳科学研究の最前線についてご紹介します。

臨床研究のような患者たちの「語り」だけではなく、多様な脳科学機器が発達し、**「脳の神秘的な機能」**が次々に明らかになっています。例えば、経頭蓋磁気刺激法（ＴＭＳ：Transcranial Magnetic Stimulation）、磁気脳波計（ＭＥＧ：Magnetoencephalography）、最新の機能的磁気共鳴画像（ｆ—ＭＲＩ：functional Magnetic Resonance Imaging）などを駆使して、客観的測定でデータを取り、それによって、スピリチュアリティを実証する数々の研究があるのです。

《実験33》脳側頭葉の「ゴッド・スポット」とは？

ヴィラヤヌル・ラマチャンドランらの研究チーム（カリフォルニア大学）によって、脳の側頭葉の神経接合部の中に、**「ゴッド・スポット」**という部位があることが明らかにされました。**【注18】**

脳波計でスキャンすると、話題がスピリチュアルなものになるたびに、モニター上で被験者の脳神経のこの部位が活性化したのです。このような側頭葉の活動は、長年の間、てんかん患者や幻覚剤（ＬＳＤなど）を摂取した人が見る神秘的な幻想と結びつけられて考えられてきました。しかし、彼らの研究は、側頭葉の活動が正常な人間にも起こることを初めて示したのです。

どんな話題に反応するかは文化によって異なるといいますが、西洋人は「神」という言葉に反応し、仏教やその他の宗教を持つ人々は、その宗教の意味のあるシンボルに反応しました。

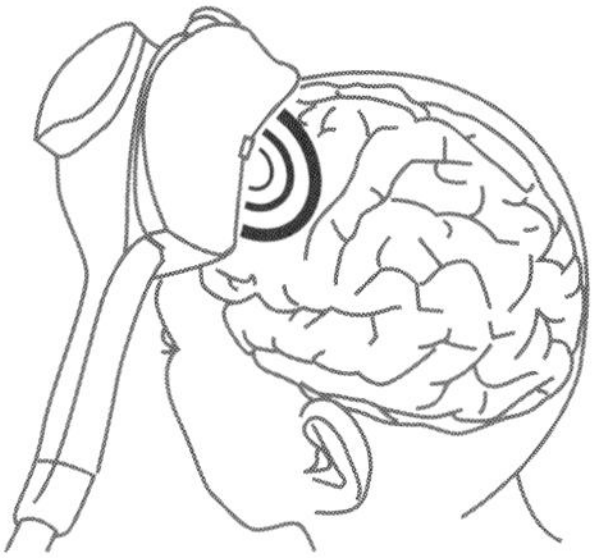

図表13
経頭蓋磁気刺激法（TMS）

さらに興味深いのは、マイケル・パーシンガー（ローレンシア大学）による経頭蓋磁気刺激法（ＴＭＳ）を用いた研究です。【注19】

ＴＭＳは脳の近くにコイルを持っていき、コイルに大きな電流を流し、それによって脳内の神経細胞の活動を刺激します（図表13）。この装置を使って大脳皮質の運動野のさまざまな部位を刺激すれば、一定の筋肉が痙攣したり、動かそうと思わなくても手足が動いたりします。大脳皮質の視覚野が刺激されれば生まれつき目の見えない人でも見るとはどういうことなのかを体験できるのです。

この原理でパーシンガーは、被験者にTMSで脳側頭葉を刺激したところ、なんと彼には神が見えたのでした。こういった研究データからパーシンガーは、「ゴッド・スポットには、宗教関連のことを専門に扱う神経の機構があるかもしれない。信仰という現象は、後天的にプログラムされたものではなく、先天的に脳に配線されているのかもしれない」という結論を出しています。

ここで注意が必要なのは唯物論・唯脳論的医学者たちが、ゴッド・スポットを引き合いに出して「だから宗教的経験すべてを神経の作用でしかない」と誤解してしまうことです。

しかし、先述した「臨死体験」のように、心肺停止して脳機能が停止し仮死状態になった人でも、正常に思考が働いている現象を見ると、脳機能だけで宗教的体験が説明できるわけではないのは明らかです。

心理学的には、心理学の父ウィリアム・ジェームズ（シカゴ大学）が、その代表作『宗教的経験の諸相』において、宗教的経験に対しては二つの疑問を区別すべきであることを、100年前に指摘していることに触れておかねばなりません。【注20】

一つは「宗教的経験の生物学的起源は何だろう？」という疑問であり、もう一つは「宗教的経験の意味や重要性は何だろう?」という疑問です。彼は、たいていの心理的経験では脳が重要な役割を果たしているが、だからといって、そういった経験をすべて「神経の作用でしかない」と一蹴するわけにはいかないと信じていました。

以上を総合すると、「ゴッド・スポット」が宗教的経験の際に重要な役割を果たしているのは間違いがないのですが、この部位は、物理的な脳の機能を超えた異次元からの目に見えない力を受けるためにトランスの役割を果たしているといえるのです。

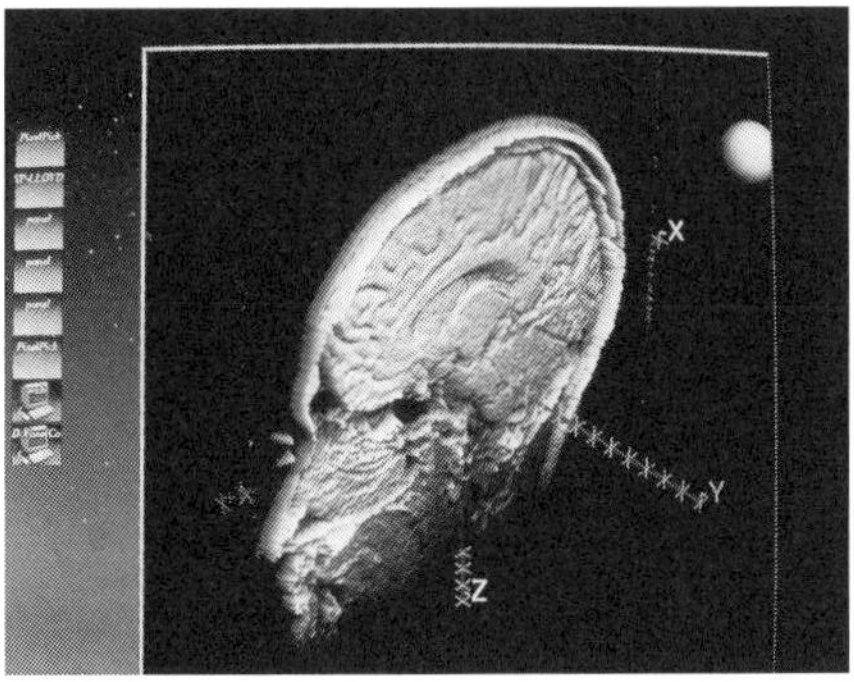

図表14　磁気脳波形(MEG)の画像

《実験34》異次元空間からの力を想定しないと、脳機能は説明できない①——ガンマ波共鳴

磁気脳波計(MEG)は、従来の脳波計(EEG)を改良したものです。従来の脳波計脳の表面の脳波(神経振動)しかとらえられませんでしたが、磁気脳波計は、脳全体や脳の奥底の脳波まで画像としてとらえることができるようになったのです(図表14)。

脳波を大別すると、目を閉じて安静にしリラックスしているときのアルファ（α）波（7～13ヘルツ）、一つのことに集中して脳が活動しているときのベータ（β）波（13～30ヘルツ）、睡眠中に夢を見ているときのシータ（θ）波（3・5～7ヘルツ）、高次精神活動（瞑想状態など）に関連しているとされるガンマ（γ）波（40ヘルツ前後）に分けられます。参考までに、「ヘルツ（Hz）」とは1秒間に何回振動するかを表す単位です。

この磁気脳波計を駆使して、ガンマ波を研究し、これがスピリチュアリティの基礎であると説明しているのが、ロドルフォ・ライナスらの研究グループ（ニューヨーク大学）です。**【注21】**

かなり専門的なので、分かりやすく要約すると、次のようになります。

磁気脳波計で、神経細胞の電気活動（脳波）を検出します。脳波は電流ですから、脳のA地点から別のB地点へと脳神経細胞をつたって流れるわけで、その際、当然、AとBでは、検出に「時差」が生じます。つまりAで電流が検出された後、Bで検出されるという具合です。アルファ波、ベータ波、シータ波の脳波は、そうなります。

ところが、瞑想などをしているときに出る**ガンマ波だけが、AとBで「同時」に検出される（共鳴している）**のです。つまり、電流が3次元空間を伝わっているとは考えられない不思議な現象が起きているということです。

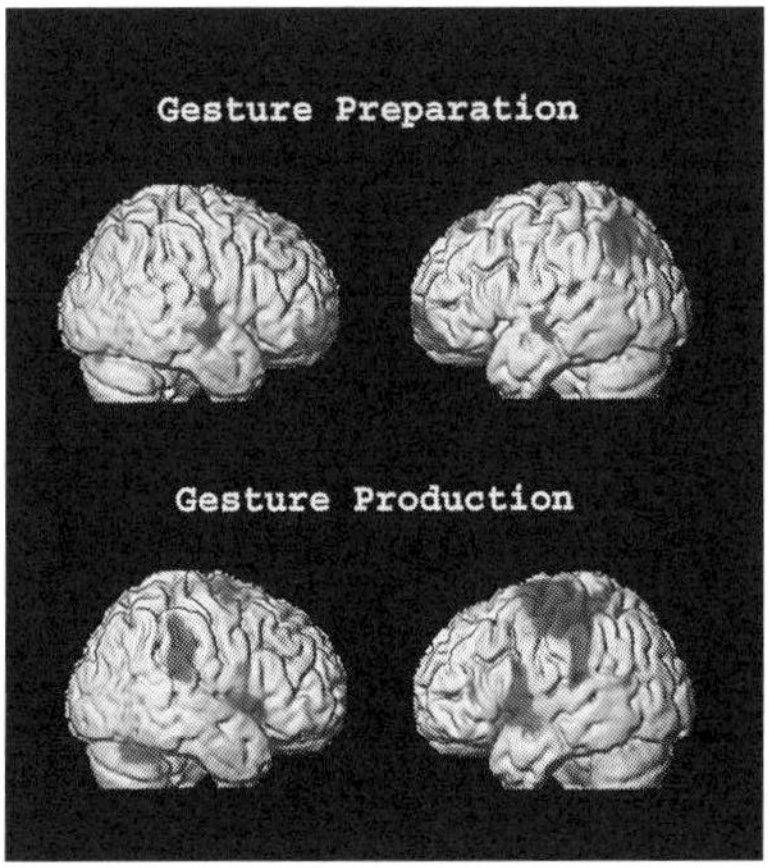

◀左列が右大脳半球、右列が左大脳半球の画像。

◀上の段が安静の時の画像で、下の段が暗算をしているときの画像。

◀グレーの色がついている部分は、「血流の増加」を表す。

◀下の段は、脳が外部の刺激に反応したのと同時に撮影した画像で、反応した瞬間に血流が大きくなっていることが分かる。

◀タイムラグが生じるはずの現象が、なぜ同時に起こるのか、現状では、脳科学的には説明ができておらず、加藤氏の「異次元空間」を想定した方程式のみで説明されている。

図表 15　f-MRI（機能的磁気共鳴画像）
© Diez, O./Arco Images GmbH/Glow Images

研究者らは、量子力学理論を使って、ガンマ波が、3次元空間（この世）でない**「異次元空間」を通って、3次元空間の脳のある部位と別の部位に、同時に出現していると想定すれば、このガンマ波共鳴の現象が解明されると説明**しています。

このように、脳のスピリチュアルな活動は、3次元空間の脳神経の物質的な働きだけでは説明できず、異次元の何らかの力学を想定しなければ、説明できないのです。

《実験35》異次元空間からの力を想定しないと、脳機能は説明できない②——酸素交換波動方程式

f—MRI（図表15）は、脳内の血流を見る方法の一つで、最新の検査手法の一つです。

加藤俊徳氏（脳科学者、脳画像診断医）は、このf―MRIで脳機能を検討していたところ、おかしなことに気づきました。ここでも、3次元空間（この世）とは別の異次元空間を想定しなければ説明できない現象が発見されたのです。【注22】

私たちが**「アッ」と何か思ったら、その瞬間に脳神経細胞は活動するために酸素を消費します。その酸素消費がなされるためには、「同時に」血流が増えなければなりません。**

普通に考えると、血流は、別の場所からそこに流れてこなければならないわけですから、必ず時差（クォンタム・リープ）が生じるはずです。

ところが、脳の中では、これらがいつも、「同時に」行われているということに、加藤氏は気づいたのです。加藤氏は、この現象を説明するために、ノーベル物理学賞受賞のエルヴィン・シュレーディンガーの**異次元を表す理論を組み込んで方程式を作ったところ、すっきり説明**できました。【注23】

加藤氏はこれを**「酸素交換波動方程式」**と名づけました。実際、加藤氏はこの方程式をもとに新たな脳検査機器「酸素脳イメージング（COE）」を開発し、脳科学研究を進めています。

つまり、**私たちの脳は、3次元空間の物質の働きのみでは説明できない、異次元空間か**

らの何らかの働きがなければ、その機能を説明できない、まさに神秘的な臓器であること
が、最新の研究で明らかになっているというわけです。

スピリチュアリティに関する疫学研究のメタ分析

ここまでスピリチュアリティに関して、臨床研究と脳科学研究について代表的な結果を解説してきました。さらに、スピリチュアリティを科学的に実証する事例や研究を見ていきましょう。

まず、フランスの外科医で1912年ノーベル生理学・医学賞を受賞したアレクシス・カレルの「ルルドの泉」報告に触れておきたいと思います。カレルは名著『人間――この未知なるもの』（三笠書房、1992年）が世界的ベストセラーになっており、ノーベル賞級のその卓越した研究業績だけでなく、人格者としても定評があり、彼の報告は「医療におけるスピリチュアリティ」を語る上で無視できません。

ルルドの泉はフランスとスペインの国境になっているピレネー山脈の麓にある小さな町にあります。カレルは、1902年、29歳のとき、ルルドへの巡礼団に随行医師として参

加します。当初、彼はルルドの奇跡に対して半信半疑でした。【注24】

ところが、カレル自身が「もう助からない」と診断していた末期の結核性腹膜炎で瀕死の状態だったマリーという女性が、ルルドの泉の前で数時間のうちに治癒した現場を目にすることになります。

「見た以上は実験室での実験の場合同様、観察結果を変えるわけにはいかなかった。新しい科学現象だろうか。それとも神秘神学と形而上学の領域に属する事実なのだろうか。これは非常に重要な問題だった。なぜならこれは、単なる幾何学の定理を認めるかどうかというような問題ではなく、人の生き方そのものをも変え得るような問題だったのだから」。

カレル自身のその後の生き方や考え方そのものにまで大きな影響を与えたことがうかがえます。また奇跡を認めることは研究者として不利になるにもかかわらず、「真実」から目を背けず真摯であった彼の科学者魂を感ぜずにはいられません。さてルルドの泉は、さまざまな毀誉褒貶がありましたが、後年ローマ法王庁にも「奇跡」と認定され、現在では年間５００万人もの人々が訪れているそうです。

さて、こうした個人を観察した症例報告よりも、**より洗練された科学的証明として「疫学研究」**があります。疫学研究とは、個人ではなく、集団を対象にして、病気や怪我の頻度、その分布の原因を探ります。

例えば日本の岩手県を対象として1万人の住民に対し、最初にそれぞれの幸福感を調べ、それぞれその後の寿命について、追跡調査を20年間行ったとします。そうすれば、幸福感が強い人と弱い人を比べて彼らの寿命の差を統計解析すると、幸福感と寿命との関係を実証することができるという具合です。

ただ問題は、岩手県ではそうだったけれども、福岡県では違う結果が出た場合です。こういうときに、**ある研究と別の研究の結果を統合し、解釈するために、「メタ解析（またはメタ分析）」という統計手法が開発された**のです。メタ解析とは、「過去に行われた複数の研究結果を統合し、より信頼性の高い結果を求めること、またはそのための手法や統計解析のこと」です。細かい計算方法や、解釈法について、世界の統計学者と疫学者が協力して、信頼性のある方法論がすでに確立しています。

実は、これまで私はこの疫学研究のメタ解析分野で数多くの国際論文を発表してきました。その驚きの結果を、いくつかご紹介しましょう。

《実験36》よい信念を持つと、死亡率が18％低下、心血管性疾患による死亡率は29％低下！

これまで発表してきた研究結果のうち本書の関連で紹介すると、明るさ、楽観主義、人生の生きがいなどのよい信念と寿命との関連を調査したメタ解析結果があります。【注25】

35編の疫学研究をメタ解析した結果、よい信念を持っている人は、そうでない人に比べ死亡率が18％低下していて明らかに寿命が延びていました。

特に、心筋梗塞や大動脈瘤破裂などによる心血管性疾患による死亡率については、よい信念を持っている人では29％も低くなっていたのです。

心血管性疾患の死因は日本では第2位に挙げられており、いかに「よい信念が私たちの体を癒す効果があるのか」が想像できます。

《実験37》霊性・宗教性が高い人は、死亡率が18％低下、心血管性疾患による死亡率は28％低下！

先述したように「スピリチュアリティ（霊性）」「宗教性」は、「『聖なるもの（Sacred）』を求める感情、思考、経験、行動」と広く定義されます。特に、「スピリチュアリティ（霊性）」は、個人の経験や信念が重視され、「宗教性」のほうは、集団的実践や教義に重きが置かれます。

これまでのメタ解析から、**「霊性・宗教性が、うつ症状を抑制し、ストレス対処を改善する」ことが分かっています。** しかし、霊性・宗教性の肉体への影響については不明なままでした。

そこで私は、「スピリチュアリティ・宗教性と寿命」との関係について、メタ解析をかけました。**【注26】**

37編の先行論文を収集し、メタ解析した結果、霊性・宗教性が高い人は、低い人に比べ死亡率が18％低下していました。疾患別では、心血管性疾患による死亡率が、霊性・宗教性によって28％も低下していました。

さらに興味深いことに、「喫煙、飲酒、運動不足、社会・経済的地位」などの生活習慣危険因子を統計補正しても、スピリチュアリティ・宗教性による寿命延長作用は、依然認められました。**「スピリチュアリティ・宗教性が肉体に直接作用し、寿命延長している」ことが示唆された**のです。

《実験38》宗教の組織活動に週1回以上参加すると、死亡率が27％低下！

さらに、霊性・宗教性を種類別に分けて、解析を進めました。すると、健常者の死亡率については、祈り、経典学習、瞑想など「宗教の非組織活動」による影響は認められませんでしたが、宗教行事への参加や伝道活動などの「宗教の組織活動」を行うと、死亡率が23％低下することが分かったのです。

さらに、この組織活動を頻度別に解析した結果では、「週1回以上の宗教活動」をすると、死亡率が27％に低下していました。

以上をまとめると、①**「『よい信念』には心身を健康にする作用がある」**こと、②**「よ**

い信念の強固な基盤となっている『スピリチュアリティ・宗教性』にも心身を健康にする作用がある」ことが、**科学的に、より信頼性の高い疫学研究のメタ解析によって、実証**されたといえるのです。

よい信念は、身体によい影響を与える！

《実験39》よい信念は、自律神経を整え、免疫力を高める！

こういった心と身体の関わり、心身相関を解明する学問としては、第2章や巻末の注で、「精神神経免疫学」が興隆してきているという点と、「悪い信念によって身体に悪影響がある」という作用メカニズムについて詳述しました。それでは、「よい信念による身体への健康増進作用」についての作用メカニズムについては、科学的にどこまで解明されているのでしょうか？

第2章で述べたように、悪い信念を持っていると、①自律神経系の交感神経と副交感神経のアンバランスが生じ、②内分泌系の視床下部―下垂体―副腎系が活性化し、①と②の不調によって、③免疫系の不全が生じて、さまざまな身体疾患が起こると述べました。

よい信念には悪い信念に「拮抗する」効力があるので、よい信念は①〜③のような生理機能失調を緩和させる効力があることは明らかです。つまり、**よい信念には、「交感神経の過剰な緊張を和らげる作用」「副交感神経を適度に緊張させる作用」「免疫機能を高める作用」があるといえる**わけです。

《実験40》よい信念は、健康増進ホルモンを増加させる！

さらに、**よい信念には、他にも健康を増進させる神経伝達物質や内分泌物質（ホルモン）を増加させる効果**があることが、精神神経免疫学の進歩で明らかになってきました。

代表的な物質が「β—エンドルフィン」と「オキシトシン」です。

β—エンドルフィンは「内在性モルヒネ」や「脳内麻薬」と呼ばれることもあり、**痛みを抑制**したり、**大きな幸福感**をもたらしたりする働きがあります。**【注27】**

これは第1章の性格・信念の6つの項目のうち「人情・報酬依存キャラ（報酬依存）」におもに関わっていると想定されます。どんなに嫌なことがあっても事態を前向きに肯定的にとらえる、つらいこと苦しいことに遭遇したときでも、信念を持ってじっと耐え、ある段階を乗り越えると、β—エンドルフィンが出てくるようになります。

さらにβ—エンドルフィンには**明らかに免疫細胞を活性化**させ、免疫力を高めて、**病気**

に対して抵抗力をつける効果があることも分かっています。**血管や心臓系の疾患である成人病にも、β―エンドルフィンは驚異的なプラス効果**を発揮します。【注28】

一方、**オキシトシン**のほうは、脳の視床下部で合成され、下垂体後葉から分泌され、末梢組織で働くホルモンとしての作用、中枢神経での神経伝達物質としての作用があります。もともとは1906年、出産時に子宮筋を収縮させて分娩を促進したり、母乳の出をよくする脳内物質として発見されました。

このホルモンは人とのつながりや絆を感じると分泌されるため、**「幸せホルモン」「愛情ホルモン」「信頼ホルモン」**などと呼ばれるようになりました。また、オキシトシンは、つながりを感じたときだけではなく、能動的に他人に働きかけて、親切にするときにも分泌量が増すといいます。

それだけではありません。最近この脳内物質が、身体にさまざまな効果をもたらすことが分かってきました。**オキシトシンの分泌で、ストレスが軽減して、免疫機能が向上し、治るはずのない病気が回復することもある**のです。【注29】

実験から見えてくる信念の偉大なる力

さて、この第3章では、さまざまな学術的研究結果を見てきました。第1、3章の研究を合わせると、全部で40になります。

ここで研究1～40の内容を、もう一度、振り返ってみましょう。40の結論だけを一覧したい方は、目次の第1章と第3章の見出しを見るとよいでしょう。

どの研究を見ても、見えてくることがあります。それは、次の二つです。

①人間は、自分が考えた通り、信念の内容通りに、自分、他人、人生、世界（周りの環境）を変える偉大な力を持っているという点です。

②さらに**スピリチュアリティ（霊性）・宗教性が実体あるものであり、かつ、人間を幸福にする大きな力を持つ**という点です。

神・仏・霊が存在するという確固とした学術的研究がたくさんありました。その証拠に、3次元空間や物質以外の存在があり、スピリチュアリティ・宗教性で、心身が幸福になることが実証されていました。したがって、スピリチュアリティ・宗教性について軽視する考えは、単なる「誤った思いこみ」（つまり「悪い信念」のこと）にすぎないことが自明になったことと思います。

①と②から、よい信念の素晴らしい力が見えてきます。

私たちは、普段何気なく、あるいは忙しく生活しながら、信念の力のことを忘れてしまっています。心の中で、信念を変えるだけですから、1円も要らないし、他人に頼ることなく自分一人の力でできるのに、とてももったいないことをしているのです。

たとえ、人生や世界が、あなたにNOを突きつけ、大変な困難に見舞われたとしても、**それでもまだ、私たちは、信念という無限のエネルギーの供給源を持っています。**筆者も、読者のあなたも、人種、性別、地位などに関係なく、持っています。その力を使わない手はありません。

あなたが生み出したい結果は、どんなものですか？　それは、明るく積極的で建設的なものでしょう。心豊かな精神的な潤いに満ちた幸福感あふれる未来でしょう。

そうした結果を引き寄せるための信念を、注意深く選んで持つ必要があるのです。

さて次章では、人間を幸福にするよい信念を、仏教の智慧を借りながら、さらに詳しく見ていきましょう。

第4章

「よい信念」を強化する仏教の「八正道」とは？

２５００年の智慧——仏教の「八正道」の中道理論

第2章では、人間を不幸にする「悪い性格」と、その根元にある「悪い信念」を見ました。これらは、どちらも、「極端」な状態、バランスを欠いた行き過ぎ、やり過ぎな状態にあるものでした。第3章末では、さまざまな実験結果から、よい信念の原型ともいうべきものを抽出しました。

本章では、**最新のポジティブ心理学の研究者たちも注目する仏教の智慧「八正道《はっしょうどう》」**の力を借りながら、人間を幸福にする「よい信念」についてピントを合わせて理論化していきたいと思います。宗教的に高度な議論は専門の宗教家にうかがわねばなりませんが、本書の性質上、ここではあくまで精神医学的、心理学的な立場から「よい信念」について言える範囲で述べていきます。

まず、一つのヒントを、哲学の「弁証法」から得てみましょう。

これはギリシャのプラトンやアリストテレスの弁証術に端を発しますが、ドイツの哲学者ゲオルク・ヴィルヘルム・フリードリヒ・ヘーゲルで弁証法として完成します。【注１】

ヘーゲルの弁証法は世界や事物の変化や発展の過程を本質的に理解するための方法で、大切な考え方です。ある命題（テーゼ＝正）と、それと矛盾する、もしくはそれを否定する反対の命題（アンチテーゼ＝反対命題）、そして、それらを本質的に統合した命題（ジンテーゼ＝合）の3つを仮定します。この統合（アウフヘーベン、止揚）は「否定の否定」であり、一見すると単なる二重否定すなわち肯定＝正のようですが、正のみならず、まさに対立していた反もまた保存されている統合的な立場です。そしてすべてのものは、己のうちに矛盾を含んでいます。

ヘーゲルの弁証法を踏まえると、よい信念が「ほどほどの中程の状態」ではないことは明らかです。よい信念とは、正反対の二つの両極端を含みつつ、より総合的、発展的な「立ち位置」になりそうです。

心理学からのヒントは何かあるでしょうか？

幸福を感じるゴールデン比率「ポジティィビティ：ネガティィビティ＝3以上：1」が有力なヒントと考えられます。ポジティブ心理学のこれまでの先行研究では、この比率を満たして生きている人はメンタルヘルスが保たれ、幸福な人生が開けてくることが分かっています。【注2】

これは、「ネガティィビティ」に対する「ポジティィビティ」の比が3以上になる状態が、人間が最も幸福を感じる状態だということです。

ポジティィビティとは、自己肯定的な心の状態を指します。許し、与える愛、勇気、誇り、感謝、希望、明るさ、楽観主義、積極性、喜び、畏敬、智慧、安らぎなど幅広い肯定的な感情を含んでいます。これは、ポジティブ心理学者のバーバラ・フレドリクソンが提唱する「拡張―形成理論（broaden-and-build theory）」で説明されている内容で、ポジティビティは人間の心を解放し、受容性と創造性を高めてくれます。これは高次な精神活動であり、一定の精神的傾向になるまで動物的本能に逆らって努力していく必要があります。

一方、ネガティビティは、怒り、憎しみ、恨み、奪う愛、臆病、絶望、慢心、憂うつ気分、暗さ、悲観主義、消極性、悲しみ、嫉妬、愚かさ、不安などの自己否定的な心の状態を指します。1929年にウォルター・キャノンによって初めて提唱された「闘争・逃走反応（Fight-or-flight response）」に近い精神状態であり、動物的ストレス反応と考えられます。したがって、コントロールせずに本能のままに流されると人間の精神は、ネガティビティに飲み込まれてしまいます。

この原則を素直によい性格・信念論にも当てはめると、「6つの性格・信念のプラスの極端：マイナスの極端＝3以上：1」が望ましい立ち位置になります。ただしプラスの極端は、傲慢・慢心、固執・依存、自己犠牲、衝動的・無秩序、恐怖・不安、浮世離れ・非合理主義などとなっており、これらの極端がポジティビティに相当すると考えるのはしっくりいきません。もっと適切な理論をどこからか引用してくる必要がありそうです。

そこで思い当たるのが**仏教の「中道理論」**です。

すでに述べているように、ポジティブ心理学は、過去の偉大な人類の智慧を網羅的に研究しています。2000年代に入ってからの研究成果を踏まえると、**この研究が専門の筆者や、他の研究者らは、「よい信念」を形成するのに、一番いい理論と訓練法は何かといえば、東洋の仏教的世界観であり、その反省法であるところの「八正道」、そこに表れているところの「中道理論」が最有力であると現在、考えています。**【注3】

仏教の開祖である釈尊（ゴータマ・シッダールタ）は、釈迦族の王子として生まれ育ち、少なくとも外見上は安楽に満ちた青春を送りました。しかし、その後出家した後は、一歩誤れば死に瀕するほどの苦行に、約6年間も没入します。

その後、釈尊は、その苦と楽の両極端をきっぱりと否定して捨て去り、菩提樹下の瞑想のうちに成道を得た「不苦不楽の中道」が特筆されます。苦行も楽行も本来は手段でありながら、どちらも自己目的化されるのが世の常であり、人はどちらかの極端に走りやすいのです。しかし、**二つの極端を知り尽くしながら、双方を否定し、修行態度として、「中なる道」を選んだのが釈尊**であり、仏教の説く中道は、釈尊以後の全仏教を貫くといいます。【注4】

「中道」とは「正しい道」という意であり、「ほどほど」や「中途半端」とはまったく異なります。まさに両極端からの超越であり、仏教ではこの修行態度の先が、ニルヴァーナ（涅槃）に通じています。ニルヴァーナは「悟り」と同義とされます。

釈尊を宗祖とする仏教は、その後の歴史のなかで、この**中道の具体的な方法として、8つの部分から成り立つ聖なる道、「八正道」**として結晶化しました。それは、正しい見解（正見《しょうけん》）、正しい思い（正思《しょうし》）、正しい言葉（正語《しょうご》）、正しい行為（正業《しょうごう》）、正しい生活（正命《しょうみょう》）、正しい努力（正精進《しょうしょうじん》）、正しい思念（正念《しょうねん》）、正しい瞑想（正定《しょうじょう》）で構成されています。【注5】

八正道とは、ポジティブ心理学ふうにいえば、また本書が使ってきた言葉を使えば、**「8つの項目を毎日点検することによって、性格や信念を正しくできますよ」**というものです。**八正道は、これ一つで、過去の数多くの心理療法の利点を総合的に併せ持つ、優れた考え方**です。この「八正道」「中道理論」に、「よい性格」と、その根元にある「よい信念」をストライクゾーンに入れるヒントがあるはずです。

本章では、第1章から見てきた6つの性格と、その根元にある信念を整えるのに、8つの内のどの項目を実践したらいいか、あえてシンプルに示します（図表16）。

まず、仏教でいわれるところの八正道の項目を、現代社会に応用が利く優れた知見に基づいて、一つひとつ見ていきます。【注6】

図表 16　極端な６つの性格を整えるには、八正道のどの項目？ ①

信念の分類	自分	他人		人生		世界
性格	自尊心・自己責任キャラ	人情・報酬依存キャラ	協調・寛容・公正キャラ	チャレンジ・キャラ	危機回避キャラ	スピリチュアル・キャラ
極端に強い（＋＋）	傲慢、慢心	固執、依存	自己犠牲、感情抑制	衝動的、無秩序	恐怖、不安	浮世離れ、非合理主義
中道＝八正道	正見（正信）	正精進	正語、正業	正念	正思	正命、正定
極端に弱い（－－）	自己卑下、責任転嫁	冷酷、怠惰	エゴイズム、怒り・憎しみ	保身的・硬直	不注意、放漫	唯物論、唯脳論
３軸論	空間軸			時間軸		次元軸

八正道とは何か

正見——正しく見る

正見を一言でいえば、**「原因結果の法則」に沿って物事を見ていこうとする考え方**です。

仏教的には、この法則は、「因果の理法」や「縁起の理法」とも呼ばれていて、世界のあらゆる事象は原因と結果の連鎖で成り立っていることを表しています。

これは実は、東洋だけでなく、西洋でも重視されている法則で、イギリスの作家、ジェームズ・アレンの代表的著書『「原因」と「結果」の法則』が特に有名です。本書は、新約聖書に次ぐ世界的ベストセラーといわれています。

アレン曰く、「私たちの人生は、ある確かな法則にしたがって創られています。私たちがどんな策略を用いようと、その法則を変えることはできません。『原因と結果の法則』は、目に見える物質の世界においても、目に見えない心の世界においても、常に絶対であり、ゆらぐことがないのです」。**【注7】**

ただ、ここで注意しておかねばならない点があります。それは、ここでいう原因結果の法則は、18世紀の終わりの**フランス革命を主導した「（絶対）合理主義」とは似て非なるものである**ということです。

この主義は、物事を定量化、公式化して、論理的に納得するという認知の仕方を主張するものです。この思想には重大な欠陥があり、それは、ほぼ人間の「表面意識」のみにしか目が向いていないという点と、さらに、この思考法でうまく理解できない情報をすべて切り捨てるか、過小評価する傾向があるという点です。この欠陥を露呈したのがフランス革命です。この主義を基礎にして、まったく新しい世界を作るという理想のもとで、多くの国民が無残に殺されるという最悪の不幸の現実を招いてしまったのです。

これまで何度か触れてきたように、人間は、認知し得る「表面意識」のみでなく、認知し得ない「潜在意識」によっても動かされます。この点、仏教でいうところの「正見」は、心理学的に見ると、表面意識のみならず、心の深いところのさまざまな思い、潜在意識層まで射程に入れた原因結果の法則で物事を見ていくというところが優れているといえるのです。

ここで、カール・ユングが提唱した**「共時性（シンクロニシティ）」**についても言及しておかねばなりません。共時性とは、「意味のある偶然の一致」のことで、互いに因果関係のない「非因果」的な複数の出来事の生起を決定する法則であるとして、「因果性」とは異なるものだと考えられてきました。

ただ、第1章で解説したように、ユングは「普遍的潜在意識」を想定しており、個性化した「表面意識」や「個人的潜在意識」から見れば「非因果的な出来事」でも、個性同士を底流でつなぐ「普遍的潜在意識」から見れば「因果律が成り立つ」といいます。

これは、例えば、初対面なのに相手の考えが直感的に分かってしまうという現象として表れます。合理主義的、表面意識的にのみ考えれば、説明がつきません。これは、いわば、「テレパシー」現象です。

この場合、前もって相手の考えを知る手立てがないので、「表面意識」や「個人的潜在意識」の立場だけから見れば摩訶不思議な非因果そのものです。しかし、**本当は人間は「普遍的潜在意識」を通じて相手とつながっているので、そこから情報を得たと考えれば、因果律が成り立つ**わけです。「普遍的潜在意識」を前提にすれば、「共時性」は「因果の法則」と対立するものではなく、表現の違いに過ぎなくなるのです。
ユング自身、自著でこういった例を数多く取り上げています。**【注8】**

正思――正しく思う

正思は、一言でいえば、**「苦しみのもとである『欲望』をコントロールする」こと**です。

仏教的には、もう少し細かくいえば、「六大煩悩」を統御することです。
①貪《とん》――食欲、睡眠欲、性欲を貪る心です。欲望は人間が生きていく上で完全には捨てきれないものですが、度を過ぎると人生を破壊していきます。
②瞋《じん》――怒り、憎しみ、敵意の心です。第1章の《実験16》で紹介したように、筆者の疫学研究では、怒り、憎しみ、敵意が狭心症や心筋梗塞などの冠動脈心疾患の発症率を上げることが判明しています。瞋は相手に向かうだけではなく、自分の身体まで蝕むため、損得勘定から言ったら「損」であることは明白です。
ただ怒りがすべて悪いわけではなく、社会正義から見て不正に憤る「公憤（こうふん）」は認められるべきでしょう。あくまでも「私憤（しふん）」が戒められるべきです。
③痴《ち》――智慧がなくて不平不満を募らせる心です。つまり愚痴のことです。根本的問題は「無知」にあるのです。ギリシャの哲人、ソクラテスの「無知の知」ではないですが、

自分が無知であることさえ分からないのが問題です。

④**慢**《まん》——傲慢、慢心のことで、自分の実力以上に見栄を張って人より偉くなりたいという欲望です。やっかいなのは人の話に聞く耳を持てなくなるので小成してしまうことです。

⑤**疑**《ぎ》——疑いに満ち満ちた心です。人の善行を偽善と見たり、人からほめられても自分を利用しようとしていると考えたりするなど、「素直」でない心ともいえます。疑い深い人は「自分しか信じられない」と言ったりするのですが、その実、自分自身さえ信じていないことが多いのです。

⑥**悪見**《あくけん》——思想的に間違っていることです。例えば唯物論の共産主義という思想を信じた国では、人を単なる物としか見なくなったため、大勢の国民の命が失われ、国家全体が不幸になりました。スターリンのソビエト連邦では700万人もの国民が大粛清の犠牲となり、中国の毛沢東による文化大革命では何千万人もの国民が処刑されたといいます。思想を間違うと、個人の人生でも国家レベルでも悲劇が生まれるのです。

以上、仏教的に見てきましたが、**心理学的には、欲望が募ると「焦り」「恐怖」「不安」などの陰性感情が高まってきます。**特に、欲望を募らせやすいのは、**成果第一主義**で、目標までの道のりは一直線でなければならず、失敗を許せない**「完璧主義」**だと考えられています。完璧主義の人は評価方式が加点主義でなく**減点主義**なので、人の長所や強みを評価するより、短所や弱みが気になる傾向があります。すでに多くのものを手に入れているのに、足りないところに目を奪われ欲望を募らせていきます。塩水を飲んで、飲めば飲むほど喉が渇く状態です。

正語――正しく語る

正語は、その言葉通り**「正しく語る」**ことです。

「口は災いのもと」と言われるように、職場の対人関係、親子関係、夫婦関係など、たいていの人間関係は不用意な言葉を使うことによって破綻していきます。逆に、ねぎらいの言葉、優しい言葉、積極的な言葉などポジティブな言葉によって、人間関係が好転したり、組織が活性化したりします。

日本では古来、**「言霊《ことだま》の力」**といって、言葉には霊的な力が宿り、よい言葉を発するとよいことが起こり、不吉な言葉を発すると凶事が起こるといわれてきました。

また、自己啓発書の元祖と言われるデール・カーネギーの世界的ベストセラー『人を動かす』でも、「深い思いやりから出る感謝の言葉をふりまきながら日々を過ごす――これが、友を作り、人を動かす秘訣である」と語られています。**【注9】**

心理学的には、自分の気持ちをためこんで自分の気持ちを言葉として表現できない**「感**

情抑制傾向」がよく問題になります。なぜ自分の気持ちを表現できないのでしょうか？

これは低い自尊心と密接に関わっています。つまり、自分の言葉に対する他人の評価を気にしすぎて、しゃべれなくなってしまうのです。その気持ちは、たまり過ぎるといつかは爆発します。実際たまった気持ちを一気にはき出すと、喜怒哀楽が行き過ぎた不適切な言葉になるのです。

仏教的には、不適切な言葉を反省して言葉を正していく方法を採ります。不適切な言葉の代表は**「妄語」（嘘のこと）**です。また人への**「悪口」**、人によって話す内容を変える**「二枚舌」**、心にもないのに褒めちぎる**「おべっか」**、また、自分の思い通りにならなくて不満が募り**「愚痴る」**なども挙げられます。

正業――正しく行う

正業とは**「正しい行為」**のことです。

仏教的には、**「五戒」**に沿って反省することを指します。これは、お坊さんでない在家の人が、どれか一つ守れるものがあったら守るという自分を整える基準でした。

① **「汝、殺すなかれ」（不殺生）**――人や生き物を殺してはいけない。

② **「汝、盗むなかれ」（不偸盗）**――盗んではいけない。

③「汝、姦淫するなかれ」（不邪淫）――不倫や常軌を逸した不特定多数との性交渉をしてはいけない。

④「汝、嘘をつくなかれ」（不妄語）――嘘をついてはいけない。

⑤「汝、酒を飲むなかれ」（不飲酒）――酒に翻弄されてはいけない。

④の不妄語は正語と重なります。このように仏教では、不適切な行動を一つひとつチェックしていき、自分の行動を正していくわけです。

現代的にもう少し付け加えれば、タバコ、ギャンブル依存、買い物依存、摂食異常行動（過食・嘔吐）なども、不適切な行動に入るかもしれません。

また「業」を**職業の業**と考えることもできます。そうすれば、ビジネスシーンにも正業が応用でき、不適切な行為を正すだけの消極的な反省だけではなく、自分の仕事を通じてどのように世の中の役に立てているかという積極的な反省も可能になってきます。

確かに**一生の間で仕事に費やす労働時間**は、20～60歳の定年退職まで勤め上げたとすると、概算で**8万時間**（2000時間〔年間労働時間〕×40年間）といわれています。

このような膨大な時間を「時間の切り売り」と考える「消極的仕事観」を持つか、天命と見る「積極的仕事観」を持つかで、人生の幸・不幸が大きく分かれてきます。

ただ正業がカバーする仕事とは短期的な作業レベルの反省であり、長期的な仕事観などは後述する「正念」に分類されるでしょう。

一点だけ補足しておくと職業には当然、主婦の仕事である**「家事」**も入ってきます。

正命――正しい生活を送る

正命とは**「1日24時間の生活を正していく」**ことです。

時間はすべての人に平等に1日24時間与えられています。この1日1日の時間の積み重ねによって人生の幸・不幸が分かれていきます。「時は金なり」ということわざがありますが、この貴重な**時間の質をどのように高めていくか**が、偉人と凡人を分けていくことになるのです。

現代的には、ビジネスシーンでこの時間の使い方が大変重視されています。

現代経営学の父とされるピーター・ドラッカーは「私の見るところでは、成果を上げる者は、仕事からスタートしない。時間からスタートする。計画からもスタートしない。何に時間を取られているかを明らかにすることからスタートする。次に、時間を管理すべく、時間を奪おうとする非生産的な要求を退ける。そして最後に、得られた自由な時間をできるだけ大きくまとめる」**【注10】**と述べており、時間の使い方の重要性を強調しています。

また正命には、社会的日常生活に支障をきたさないよう「規則正しい生活を送る」という意味も含まれています。生活が乱れて昼夜逆転してくると、社会コミュニティーと遊離してくることが少なくありません。

仏教的には、これまで述べてきた**「正業」「正語」「正思」**を統合して、調和した生活を送ることを正命と見なすようです。つまり「有言実行の思想家」といえば分かりやすいでしょうか。机上の空論を振りかざして行動を伴わない思想家はたくさんいますが、正しい思想を公言するだけでなく、実際に行動も伴っている人が、「正業」「正語」「正思」が調和した「正命」を実践している人だといえます。

正精進――正しく努力する習慣を身につける

正精進とは**「努力の習慣」**のことです。これは、怠け心を避け、自分を向上させる行動パターンのことです。

習慣の力をバカにしてはいけません。第1章で説明したように、意識には「表面意識」と「潜在意識」があります。簡単に例えると、表面意識は「小さいボート」で、潜在意識は「巨大なタンカー」です。小さいボートは方向転換するのが容易ですが、小さな波風でもぐらついて安定しません。一方、巨大なタンカーは方向転換するのは大変ですが、一度方向が定まるとちょっとした波風ではびくともせず、ものすごい力を発揮してくれます。このように、潜在意識も一定の方向に向けるのは大変ですが、習慣の力を使って一度方向が定まれば、意識しなくても持続的に大きな力を発揮してくれます。

ただ、どのような努力でもいいわけではありません。「幸福論」で有名なスイスの哲学者、カール・ヒルティによれば「われわれは消極的に悪い習慣を捨てようと努力するよりも、むしろ常によい習慣を養うように心がけねばならぬ」と述べています。**【注11】**

仏教的にも、**「悪を捨て善を選び取るのが精進（つまり努力のこと）である」**とされます。

何をもって善となし、何をもって悪と考えるのか判断基準に迷うところです。

一つには、多くの道徳、哲学、宗教で見出される**「他人にしてもらいたいと思うような行為をせよ」というゴールデンルール（黄金律）**を引用する手があります。つまり**「自分も幸福になり、相手も幸福になるよう努力する」**ことです。これを仏教的には「利自即利他」と言います。これに加えて仏教では「心の修行」を重視するので、心の糧になるものを善、心に有害になるもの、煩悩を増すものを悪と峻別するべきでしょう。

正念——正しく念じる

正念を要約すれば**「目標や理想に心を集中させる」**ことです。

仏教の伝統では、仏道修行に自分の意識を集中させることと考えられています。

現代的に解釈を広げれば、**人生計画、人生設計**をしっかり組み立て、人生目標を持って戦略的に生きていくことととらえられます。

したがって正念は西洋の成功哲学と相通じるものが出てくるのです。例えば成功哲学の祖と言われるナポレオン・ヒルの「成功のための17の黄金律」の中には、正念と共通する「明確な目標設定」と「集中力の偉大な力」の二つがあります。【注12】

心理学的には、第1章でご紹介した「フロー」の状態が有名です。簡単におさらいすると、フローとは、「人がある行為に完全に没頭しているときに感じる充足の状態」を指します。フロー体験を得るためには3つの条件が必要です。【注13】

①はっきりしたゴール、明確な目標があること——例えば、将棋、テニス、サッカーといったゲームでは、行動のための目標とルールがあり、フロー体験が得やすくなります。また、宗教儀式、音楽演奏、コンピュータープログラムの作成、外科手術などにも、同様の目標の明確さがありフローが誘発されます。

②すぐにフィードバックが得られること——フィードバックにより、自分がどれくらいうまくできているかが、はっきり分かります。逆に、フィードバックが迅速でないと、目標までの軌道に乗っているのか、外れているのか分からなくなり、意識が集中できなくなってしまいます。

図表17　フロー状態（幸福没頭状態）に入るコツ

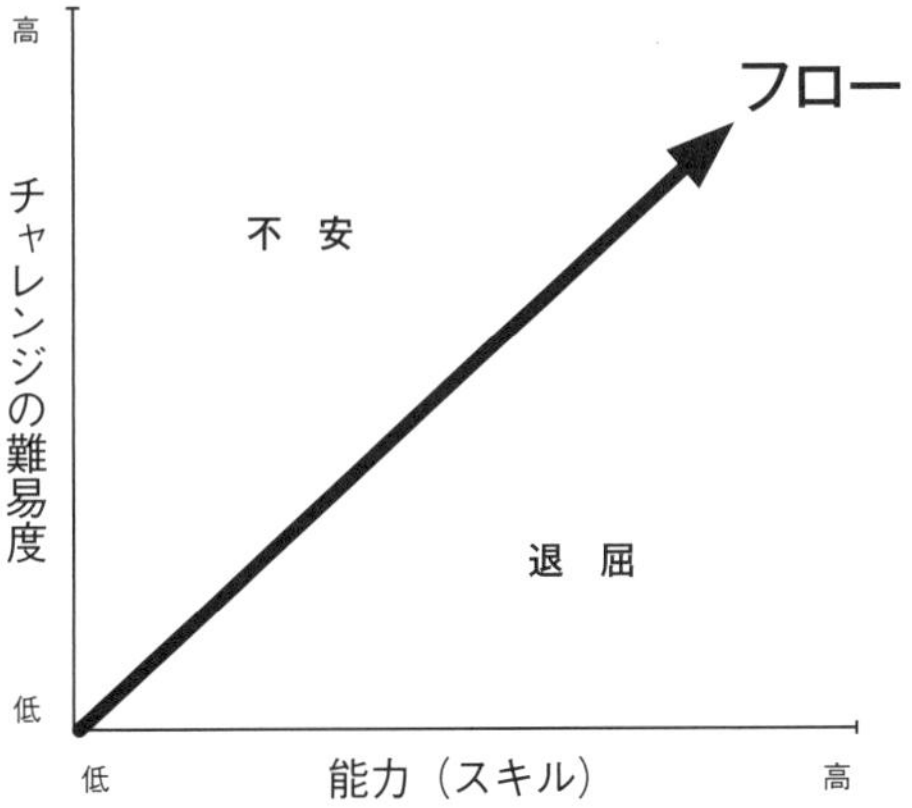

③チャレンジの難易度と能力（スキル）のバランスが取れていること――次図のように、能力に比べチャレンジの難易度が高過ぎて失望すると、心配や不安が強まります（図表17の左上部）。逆に、チャレンジの難易度が能力に比べて低過ぎると退屈になってしまいます（図表17の右下部）。チャレンジの難易度と能力とが絶妙なバランスとなったときにフロー現象が起きてきます。

また精神医学的には、『意味への意志』を説いたオーストリアの精神科医、ヴィクトール・フランクルは外せません。彼は、**「自分が何のために生きているのか、自分の人生にはっきりとした目標や意味を持っている人は、幸福感を抱くだけでなく、**

あらゆる辛い出来事に耐えることができる」と述べています。【注14】

さらに個人心理学の創始者、アルフレッド・アドラーは、「『共同体感覚』が人生の意義には大切だ」と主張しています。【注15】

つまり、「人間には誰かの役に立ちたい気持ち、もっと大きくいえば、自分のいる社会全体、人類全体、ひいては地球、宇宙そのものにとって、有益な存在でありたいという願望がある」と考えたのです。

正定——正しく精神統一をする

正定は「**内省、瞑想を習慣化する**」ことです。

仏教では、正見、正思、正語、正業、正精進、正命、正念の一つひとつができているか、チェックしていくことを指します。

その結果、欲望から自由となって解脱し、ニルヴァーナ（涅槃）の境地に至ることができるのです。

この境地は「**涅槃寂静**《ねはんじゃくじょう》」ともいわれ、欲望の炎が吹き消された悟りの世界で、静かな安らぎの境地（寂静）であるといわれています。

ちなみに仏教では、「**諸行無常**」（「この地上における、ありとあらゆるものは移ろいゆく」

という教え）と**「諸法無我」**（「すべての存在には実体がない」という教え）に、この「涅槃寂静」を併せて**「三法印《さんぼういん》」**と呼び、教えを特徴づける3つの旗印とされています。

瞑想が深くなると、次第に物質世界から遊離してきて、スピリチュアルな神秘体験をするようになります。瞑想を通して、すべての生物、あらゆる事象が、唯物論や唯脳論では説明できない何か霊的な秩序や力に依拠していることが直感できるのです。

心理学的には、こういった仏教思想を心理療法に取り入れて、全世界的に医療現場で治療が進められています。

代表的な瞑想療法に**「マインドフルネス瞑想」**があります。英国のジョン・カバットジンが開発した心理療法で、「意識集中型瞑想法」とも呼ばれ、「注意深さ」を高めるためのトレーニングを体系的に組み立てたものです。**【注16】**

注意を集中するということは、一つひとつの瞬間に意識を向けるという単純な方法です。私たちは、自覚しないままに多くの時を自動操縦状態で習慣的に過ごしています。

そこで「マインドフル」になることによって、自動操縦状態から意識を開放し、自分自身や周りの環境に対して敏感になり、たくさんの「気づき」が得られるようになるのです。

一方「マインドレス」は正反対で、自分自身や周りの環境に注意を払わず鈍感になっていて、ちょっとした変化にまったく気づかない状態を指します。

この驚くべき効果を示した実験があります。

《実験41》 意識を集中すると、操作できないはずの生理機能をコントロールできる！

エレン・ランガーら（ハーバード大学）が行った臨床研究で、被験者たちに１週間にわたって１日に何度か自分の脈拍を測ってもらいました。**【注17】**

被験者を４つのグループに分け、それぞれのグループで測定条件が異なるようにしました。

第１グループは夜寝る前と朝起きた直後に脈拍を測ります。一般的に朝と夜の脈拍には大きな変化は見られないので、このグループの人たちは「自分の脈拍は安定している」と感じると予想されます。それで、「安定グループ」と呼びました。

第２グループでは、同じように１日に２回脈拍を測ってもらいますが、計る時間はまちまちで第１グループよりも脈拍の変化を感じるようになると予想されます。したがって、「中程度に変化に敏感になっているグループ」と名づけました。

第３グループは、３時間ごとに脈拍を測ってもらいました。そのため脈拍を測るたびにかなり違ってくるので自分の体の変化に対して、より敏感になっているはずで、「変化に極度に敏感になっているグループ」としました。

第4グループとして、脈拍をまったく測定しないグループも作りました。

そして1週間後、それぞれのグループに、「自分の意志で脈拍を早くしたり遅くしたりしてください」という課題を提示したのです。

その結果、「安定グループ」と「中程度に変化に敏感になっているグループ」は、どちらもうまく脈拍を変えることができませんでしたが、**「変化に極度に敏感になっているグループ」、つまりマインドフルなグループは脈拍をかなりコントロールできた**のでした。

このように、マインドフルになれば、心だけでなく、本来操作できないと考えられている身体の生理機能までコントロールできるようになるのです。

八正道の特徴①——極めて知性的、理性的、論理的

八正道の構造は、極めて知性的、理性的、論理的です。

正見が、本当にできていれば、正思もでき、正語もでき、というように、正見を起点として、あとの行動論の部分が論理的に可能になるという構造になっています。

逆にいえば、もし、正しく思えないなら、つまり、「欲、怒り、不平不満や不安が、心の中で渦巻いて仕方がない」なら、正見ができていないということになります。

どうして欲が燃え盛るのか？　原因と結果の法則をわきまえず、結果だけを得たいと不合理な思考をしているから。どうして、怒りが燃え盛るのか？　それは、目の前で起きたことの原因が見えていないから。どうして不安になるのか？　それは、原因と結果の法則を信じておらず、見通しが立たないから。このような感じで振り返るのです。

同じく、正語ができていないなら、正思ができておらず、したがって、正見ができていない。以下、同様に、ある項目ができていないなら、前の項目ができていないので、さかのぼっていく必要があるわけです。

ゆえに、結局は、正見にたどり着きます。

ちなみに、**正見の基礎には、「正信」**があります。

結局、原因と結果の法則を、知識として知っているだけではダメで、「信じて」いなければ、そのような目で、物事を見ることはできません。結局、各種の行動ができていないのは、結局は、信念が違っているということになるのです。

6つの性格を適切な状態にするには、八正道のどの項目？

八正道の特徴②──数多くの心理療法の利点を併せ持っている

さて、この八正道をどう使うのか。これは性格を変えるための極めて有効な方法です。すでに何度か述べてきましたが、性格を変えるのは大変なことです。この大変なことを何とか実現しようと、過去の心理療法は、認知の仕方を整えたり、考え方を整えたり、言葉を整えたり、行動から入ってみたり、生活改善をしてみたり、アファメーションをしてビジョンを強めたり、瞑想したり、さまざまなことを試みるために、多種多様な心理学各派が生じました。

でも、一つの心理療法が、すべてを網羅するわけにはいかず、それがゆえに、長所と短所が出てきました（補章）。この八正道は、もちろん、これがすべてではないのですが、**今まで筆者が研究してきた中では、カバーする範囲が一番広い**と考えられます。

6つの性格を直すのにも、非常に適しています。そこで、6つの性格の極端さをなくし、適切なストライクゾーンに入れていくためには、八正道のどの項目を実践すればいいかを見ていきます。

もちろん、一つの性格を整えるのには、八正道のすべての項目を実践する必要がありますが、ここでは、分かりやすくするために、あえて、一番効果的と思われるものを、一つか二つ挙げることにします（図表18）。読者の中で、他にも実践したい項目があるという方は、ぜひ、全部お試しください。

図表 18　極端な６つの性格を整えるには、八正道のどの項目？②

信念の分類		自分	他人		人生		世界	
性格		自尊心・自己責任キャラ	人情・報酬依存キャラ	協調・寛容・公正キャラ	チャレンジ・キャラ	危機回避キャラ	スピリチュアル・キャラ	
正信		○	○	○	○	○	○	信念
中道＝八正道	正見	○						
	正思					○		行動
	正語			○				
	正業			○				
	正命						○	
	正精進		○					
	正念				○			
	正定						○	
3軸論		空間軸			時間軸		次元軸	

「自尊心・自己責任キャラ」を整えるには、おもに「正見」

「自尊心・自己責任キャラ」を整えるには、正見（正信）の実践が有効でしょう。常々、原因結果の法則で物事を見ようと心がけるのです。

結局、このキャラが極端に強い**傲慢や慢心**の状態になったり、極端に弱い**自己卑下や責任転嫁**の状態になったりするのは、**原因結果の法則を踏まえていないから**ということが見えてきます。自分の実力以上の結果を求めたり、威勢を張ったりすることで、傲慢や慢心が生じます。また、原因結果の法則をしっかり踏まえていれば、「自分の実力」を正当に評価し、それに見合った等身大の行動や態度を取れるようになるのです。

さらに自ら招いた失敗や能力不足を、すぐ責任転嫁して自己防衛しようとするのは、原因結果の法則を無視した典型例です。あることの当事者よりも、第三者のほうが情勢や利害得失などを正しく判断できることを「岡目八目」と言いますが、第三者の目で自分を見るように、原因結果の法則で自分の考えや行動を分析し、自己責任ととらえて再度チャレンジしていく気概が必要です。

なお、仏教では「原因結果の法則」（つまり、縁起）を「時間縁起」と「空間縁起」で分類しています。**【注18】**

これら二つの観点から「自尊心・自己責任キャラ」を整えていくのも有効です。**「時間縁起」**とは、時間の流れで原因結果の法則を見ていくことです。「自分は時間の流れのなかで、努力向上の道を歩んでいる。また、先祖から両親、そして自分、自分から子供、子供から孫へというように長い生命の連鎖を持っている」と実感できます。**「空間縁起」**では、空間的に原因結果の法則を見ていき、「現時点で生きている自分というものは、他の多くの人の影響を受けて生きていて、人間のみならず、動植物、太陽の光、水、空気などさまざまな恩恵を受けて現に生きている」と達観します。

時間縁起を「諸行無常」、空間縁起を「諸法無我」と呼ぶこともあるようですが、こういった**「時間と空間がクロスする十字架の中心に自分が存在していることの意味」**を深く深く考えていくことが、自尊心・自己責任キャラを整えていくことになるのです。

正見が身についてくると、時間の流れのなかで自分を変えていこうと努力する**「自己責任の気持ち」**が培われるだけでなく、「生かされている自分」をしみじみ感じるようになり**「感謝の心」**が深まってきます。

【「自尊心・自己責任キャラ」を整える実践ポイント】——正見を実践することで、原因結果の法則から物事を達観し、正当な評価から得られた等身大の自分を受け入れ、世界のあらゆるものに生かされている自分を尊重する。また、時間の流れのなかで努力していけばさらに自分を向上させていけるという性格傾向になってきます。

「正見」は、心理療法でいえば、**「認知療法」**や、ポジティブ心理療法でなされる**「論理療法」**や**「内観療法」**に似ているといえます（補章）。

「人情・報酬依存キャラ」を整えるには、おもに「正精進」

「人情・報酬依存キャラ」を整えるのは、おもに正精進が向いているでしょう。

原因と結果の法則を踏まえて、誰が見ていなくても、「善を取り、悪を去る」努力の習慣を作り、**自分作りの努力そのものが喜びだという感覚を作っていくと、他人の評価に極端に依存せずに済みます。**

そのようにして作り上げた力で、他人の役に立つ善因を積んでいく（仏教でいう布施の精神）と、**冷酷で怠惰になることがありません。**

利自即利他の精神、つまり、自分作りが、そのまま他人の役にも立つような努力の習慣を作っていくことで、柔軟な発想ができるようになります。一つのものにこだわり過ぎたり（固執）、他人に依存し過ぎたりすること（依存）がなくなるのです。

「協調・寛容・公正キャラ」を整えるには、おもに「正語」「正業」

言葉と行動を整えるとっつきやすい訓練から、公の心を育てていくのが効果的でしょう。まず、正語が効果的で、この観点から「協調・寛容・公正キャラ」を整えていきます。

協調・寛容・公正キャラが極端に弱いと、エゴイズムや怒り・憎しみが出てきますが、これには、まさに言葉を整える訓練である、正語から入るのが有効です。エゴイストたちは自分中心の発想で不用意な言葉を連発していきます。怒りやすい人、憎しみを抱えた人も同様です。**嘘、悪口、二枚舌、おべっか、愚痴る言葉を避ける正語の基準に沿って反省**して、丁寧に言葉を正していきます。

一方、協調・寛容・公正キャラが極端に強い自己犠牲や感情抑制には「正精進」の項で述べた利自即利他の観点から、他人の言葉を聞くだけでなく、それに応じて**自分の気持ちを適切に表現する訓練**をしても効果的です。ポジティブな言葉のキャッチボールで良好な人間関係が育まれていきます。

また、正業も役立ちます。

協調・寛容・公正キャラが極端に弱いエゴイストは、「自分さえよければいい。それで他人が不幸になっても構わない」という発想で**不適切な行動に走る**ので**正業による五戒の**

戒めが役に立ちます。同様に怒りや憎しみに任せた不適切な行動にも有効です。

さらに行動を修正するだけではなく、自分の仕事を通じて**どのように世の中の役に立てているかという積極的な反省**を加えることで、エゴイストたちの自分中心発想を克服することができます。

逆に協調・寛容・公正キャラが極端に強い自己犠牲や感情抑制タイプでは、他人の言うがままになってしまい、相手が意図的だと**不適切な行動を強要される**ことがあるので、ここでも**正業による五戒の戒めが効果的**です。

【「人情・報酬依存キャラ」と「協調・寛容・公正キャラ」を整える実践ポイント】——正精進、正語、正業を実習することにより、自分だけでなく他人も幸福になる道があることを達観することができます。そのための具体的な努力として、自分の言葉や行動を整え、積極的な発言や仕事をすることで、他人によい影響を与えていけるという性格が身についてきます。

実践が難しい場合は、正見（原因と結果の法則）に戻らなければなりません。

心理療法でいえば、**「精神分析療法」「行動療法」「対人関係療法」**などが、こうしたポイントを含んでいるといえます（補章）。

「チャレンジ・キャラ」を整えるには、おもに「正念」

あえて一つだけ挙げれば、「正念」が効果的でしょう。

チャレンジ・キャラが極端に**強い衝動・無秩序型**では、明確な人生計画や人生目標がありません。**明確なターゲットが定まれば、合理的で秩序だった戦略的行動**になります。

逆にチャレンジ・キャラが極端に弱い**保身・硬直型**でも、**目標や理想を持つことが重要**です。ゴールが見えれば行動へのモチベーションが上がります。

特に、アドラーが指摘したように、将来、誰かの役に立つ自分になりたいという「共同体感覚」を持てば、さらに新しい人生へと脱皮する意欲が出てくるでしょう。

「危機回避キャラ」を整えるには、おもに「正思」

「正思」の観点から「危機回避キャラ」を整えていきます。

危機回避キャラが強くなり過ぎると、自己保身の気持ちが募り、動物的防衛反応である怒りが募り、不安や恐怖が募ります。まさに、正思で整えるべき、**心の三毒（欲・怒り・恐れ（愚かさ））**のポイントです。

危機回避の性格が強くなり過ぎると、動機とプロセスを無視して、完璧主義になり、焦りが出ることが多いので、「目標に至るまでのプロセスそのものを楽しむ心の余裕があるかどうか?」「よい種を蒔けば、よい結果は来る。冷静になって、着々と手を打とう」という心のあり方を努めて作っていくことが大事です。

また逆に、危機回避キャラが弱過ぎると、放漫や不注意になって躓いてしまい、周りのせいにして愚痴・不平・不満が出るでしょう。これも、まさに正思で整えるべき、愚かさのポイントです。

【「チャレンジ・キャラ」と「危機回避キャラ」を整える実践ポイント】——「正念」や「正思」の視点を使って、まず人生の目標や使命を明確にし、その実現に向けて合理的で戦略的に意識を集中できるようになります。さらに結果を焦る欲望をコントロールすることで心の余裕を作り、目標までのプロセスを楽しむという性格傾向になってきます。

これは、心理療法でいえば、ポジティブ心理療法の**「目標設定エクササイズ」**や**「MPSプログラム」（天職探し・セカンドライフ設計）**などがそれに当たります（補章）。

「スピリチュアル・キャラ」を整えるには、おもに「正命」「正定」

まず、これは、「正命」で正しい生活態度を追求するとよいでしょう。

スピリチュアル・キャラが極端に強い「浮世離れ」「非合理（神秘）主義」に有効といえます。これには、**思いも言葉も行動も整った規則正しい生活**を送ること、時間を大切にし時間の質を高める合理的な努力が効くでしょう。またスピリチュアル・キャラが強い人は、「抽象的な観念論に終始して頭でっかち」の傾向があるので、**行動や仕事の内容が伴った「有言実行の思想家」**に脱皮することができるのです。

また、「正定」も効くでしょう。

スピリチュアル・キャラが極端に弱い唯物論や唯脳論に有効と考えられます。正定による**神秘体験**を積んでくると、見えるものだけがすべてだという考えや、脳機能ですべての現象の説明がつくという考えが浅はかであることが分かります。

一方、スピリチュアル・キャラが極端に強い「浮世離れ」「非合理（神秘）主義」になる人は、正定の内容である、正見から正念までをすべて振り返る**緻密な内省**をしていくことです。

正定を習慣化すると、スピリチュアル・キャラを持ちつつも、社会生活に適合した地に足のついた合理的判断ができる性格になれるでしょう。

【「スピリチュアル・キャラ」を整える実践ポイント】――「正命」と「正定」の実習を通して、まず基本は、規則正しい生活を心がけ、考え、発言、行動の3つを調和させます。

きちんとした生活を維持しながら、内省と瞑想を習慣化することで、次第に物質世界から自分が遊離してきて『すべての生物、あらゆる事象が何か霊的な秩序や力に依拠している』ことが直感できるようになります。これらによって、物だけでなく、霊だけでもなく、しっかりとした生活をしながら、心も豊かな幸福を実現する性格を形成できます。

これは、心理療法でいえば、**「認知行動療法」**や**「トランスパーソナル心理学」**、ポジティブ心理療法の**「マインドフルネス瞑想」**がカバーします（補章）。

信念を適切にするには、八正道のどの項目？

性格の根元にある信念を整える

ここまで、性格を整えるための試論を展開してきました。

「急にはできないな」「頭では分かっても、なかなかね」と思う方が多いのではないでしょうか。

今まで愚痴ばっかり言っていたのに、急に愚痴を言わないと決めてもなかなかできるものではありません。すでに述べたように、さかのぼって考えていくことです。やはり、言葉として出てくる以前の、心の中の思いに問題があり、不平不満の思いが渦巻いているからであり、それは原因と結果で物事を見ることができていないからであり、要するに、原因と結果の法則を、信じていないのです。

つまり、根本の信念が間違っているから、各種行動を含むところの性格が直らないわけです。

では、信念を整えるためには、八正道をどのように使ったらいいのでしょうか？

信念を整えるには、「正見」（正信）が効く

信念を整えるには、八正道の中の特に「正見（正信）」が大事で、すべての基礎になります。大事なのでもう一度述べますが、正見とは、正しいものの見方、「原因と結果の法則」で物事を見ていくことです。

①**善因善果・悪因悪果**という表現をしますが、「よい原因となる努力をすれば、やがてよい結果が来る」ということです。これは、自分の努力で未来を切り開いていけるという**「明るく積極的で建設的な信念」**を持って物事を見るのです。

②さらに、仏教的の本流の考えでは、この**原因と結果は、三世に連なり**ます。**「前世があり、今世があり、来世がある」という信念で物事を見る**のです。この三世の因果を考える上で**「人**

間は永遠の生命を持ち、転生輪廻を繰り返して魂修行している」という人生観が必要です。

①明るく積極的で建設的で、かつ②スピリチュアルな人生観、世界観を信じることが、いわゆる「正信」に当たります。

宗教的には、これを**「霊的人生観」**といい、精神医学的には、近年、医療分野でも**臨死体験や前世療法**として報告されていて、これらの研究知見については第3章で詳しく説明した通りです。

正見（正信）とは、こうしたものの見方ができているか、またそれが人生の信念にまで高まっているかどうかを、毎日習慣的に確認するという実践です。繰り返しながら、本当に自分のものにできれば、性格が整い、身体も人生も幸福な方向に変わっていくでしょう。

以上のように、信念を「ストライクゾーン」（中道）に入れるために大切な考え方を一つだけ取り出すとすれば、それは、正見（正信）だということになります。

よい信念のスピリチュアルな部分を、心理学的、哲学的、仏教的に詳しく読み解く

それでは永遠の生命を持ち、転生輪廻を繰り返して魂修行している人間存在は、どこから来て、どこに向かって成長しているのでしょうか？

心理学的には、このヒントになるのが、**カール・ユングの「自己実現の過程」理論**でし

ょう。【注19】

第1章でも少し触れたように、ユングは、集合的無意識の中に、さまざまな物事の元型が存在するというのですが、大切なのは、**「自己の元型」**といわれるものです。

自己の元型とは、心（魂）全体の中心にあると考えられる「自分の理想像」のようなものです。

ユングは、心の中にもう一つ、外の世界と交流する際の主体である「自我」（現実の自分のようなもの）があると説明しました。そして、自我は、自己の元型を目指して、変容・成長し、理想形としての「完全な人間」を目指すとしました。このように、**自我が自己との相互作用で成長し、球的完全性へと向かう過程**を、ユングは「個性化の過程」あるいは**「自己実現の過程」**と呼びました。

哲学的には、ヘーゲルの「意識の弁証法」がヒントとして挙げられます。【注20】

人間の意識は、「正」→「反」→「合」の弁証法的展開を取って、**「絶対精神」へと成長**をとげていきます。絶対精神とは、世界を統べる精神、キリスト教的には「神」、仏教的には「仏」のようなものです。

仏教的には、人間は、一人ひとりが、**仏になる可能性（仏性）**を持っており、仏の懐に戻るために、過去世、現世、来世と三世を貫く原因と結果の法則のもとで、**転生輪廻**を繰り返しながら、永遠に、善を取り悪を去る努力をしている存在だということです。

分かりやすくいうと、「神の子、仏の子である人間は永遠の生命を持ち、転生輪廻を通して仏神（完全な人間、絶対精神）に向かって努力する存在である」という**霊的人生観**になります。

最高度に進化した仏や神の精神は、もはや人知をはるかに超えているがゆえに、論理的・分析的に「知る」というより、直感的・統合的に「信じる」しかありません。そういう意味からも、「正しく信じる」ということなのです。

こうした**仏教的なスピリチュアルな確信**が触媒になることで、**「自分、他人、人生、世界に対するよい信念」「明るく積極的で建設的な信念」はより強固な信念に変貌**をとげることになります。**この視点から、自分、他人、人生、世界についての非常に固定的な両極端の「悪い信念」を取り去る作業**をしてみましょう。

【自分に対する極端な信念を去って、整える】――自分は現に今、唯一無二の素晴らしい存在だという極端な慢心は否定されます。なぜなら、悪い種を蒔けば、悪い結果がやってくるわけですから。

自己卑下も否定されます。善い種を蒔けば、善い結果が来るわけですから。

【他人に対する極端な信念を去って、整える】——他人はとにかく素晴らしい、という極端な信念は否定されます。自分と同じで、悪い種を蒔いて、間違いを犯すことはあるのです。

渡る世間は鬼ばかり、他人は悪人だという信念は、否定されます。なぜなら、自分と同じように、人もよくなっていけるわけですから。

【人生に対する極端な信念を去って、整える】——人生は素晴らしいばかり。苦労もないという極端な信念は否定されます。悪い種を蒔けば、悪くなるわけですから。

人生真っ暗という信念も否定されます。善い種を蒔けばよくなるわけですから。

【世界に対する極端な信念を去って、整える】——世界の現状は、光でいっぱいだ。悪などないという信念も否定されます。悪い種を蒔けば、悪くなるわけですから。

世の中鬼ばかりという信念も否定されます。善い種を蒔けばよくなるわけですから。

このように、性格の根元にある信念を整えるのには、八正道の正見(正信)が有効なのです。

性格と、その根元にある信念の変更を循環的に行っていく

【信念の変更だけ、というのはしづらい】

さて、このように信念を変えるという作業は、いきなりやっても難しいことと思います。理由は、信念が正しくなったかどうか、自分では分かりにくいからです。

だから、信念が正しくなったかどうかを、性格でチェックするのです。

つまり、正見（正信）ができているかどうかを、正思以下の行動要素でチェックします。行動要素のどれかができていなければ、一つ戻り、さらに戻り、最後に、「あ、結局、物事を原因と結果の法則で見ていなかった」と分かるのです。

「原因と結果の法則をそっちのけにしていたから、『この現状がずっと続くのか？』と不安な思いになり、愚痴という悪い言葉が出て、行動も荒れ、生活も荒れ、だから、向上のための努力なんかする余裕もなくなっていたんだ……」と、全体が見えてくるわけです。

そうすると、気持ちが静まって、心にちょっとした希望が生まれているのが分かるでしょう。不幸感が減って、幸福感が増したのです。

つまり、信念の変更だけ、というのは、しづらいわけです。だから、信念が表面に表れているところの、各種の行動要素、つまり、性格の各部分を整えようとすることによって、

その根元の信念の状態を正確に把握し、それを変更するということが可能になるのです。

【性格の変更だけ、というのはしづらい】

「逆も真なり」です。くどいですが、性格を変えようと思って、それだけやっても、なかなか難しいのです。

だから、八正道で、根元の信念の部分を確認しながら整えることで、信念が整った分だけ、各種行動要素も整ってくるわけです。性格が、徐々に変わってくるというのは、こういうことなのです。

【つまり、信念と性格の変更を、相互循環的に進ませるのが効果的】

まず、目に見える性格を把握し、それを変えようとすることによって、その変えにくさを感じ、性格のもとにある信念のいびつさを分析していきます。

そして、次に信念を変えようと努力します。

しかし、信念そのものを変えようとしても、それを持続的にフォローし続けることは難しいため、そういうときは、目に見える性格のクセに目を移し、それを正そうとします。

それによって、また、信念のいびつさがさらに浮きぼりになるのです。

自分を変えるには、行動↓信念、信念↓行動というように、この相互循環的な実践を繰り返すのがよいのです。そういう、善のスパイラルのなかで自己変革をしていきます。

そのための道具として、各種心理療法があるわけですが、一番深いレベルの信念にまでアプローチできる心理療法は数少なく、さらには信念と行動面の両方にアプローチできるほどの心理療法は、ほとんどありません。

そこでこの八正道の有効性が浮かび上がってくるというわけです。

その理想的な信念と行動の循環的な向上努力は、次のようになるでしょう。

結局、自分、他人、人生、世界に対するよい信念とは？

【自分に対するよい信念】――「自分」のことを「神仏の一部であって、無限の可能性を持った存在」と信じます。自分に対して、肯定的で、明るく積極的で建設的な「よい信念」を持つのです。

これを持って努力している人は、目標を設定して、それを達成する性格となります。

【他人に対するよい信念】――「他人」に対して「自分と同様に、神仏の一部であり、したがって、無限の可能性を持っており、教育によって必ずよくなっていく」という「よい信念」を持ちます。

これを持って努力している人は、他者への思いやりや愛に満ちた性格になります。そして、実際に人々をまとめてチームで成果を上げることができます。

【人生に対するよい信念】――「人生」に対して「今はどんな環境にあろうとも、必ず自分の努力によって、結果はやってくる。未来は明るい方向に必ずいく」という「よい信念」を持ちます。

これを持って努力している人は、何歳になってもチャレンジ精神を失わず、成長のために脱皮し続ける勇気があり、必要なリスクマネジメントはしつつも、未来は明るいという現実的楽観主義の性格で彩られています。

【世界に対するよい信念】――「世界」に対して、「いろいろあるが、この世の中は、神仏が創った魂を磨く場だ。よくなるように現実的な努力していけば、結局は、正義が勝つのだ」という肯定的で、明るく積極的で建設的な「よい信念」を持ちます。

これを持って努力している人は、唯物的世界観の枠組みを超え、スピリチュアリティへも心が開かれています。聖なる存在を尊重し、自らを空しくして世界の「あるべき姿」を

図表19　よい信念を３軸で表すと

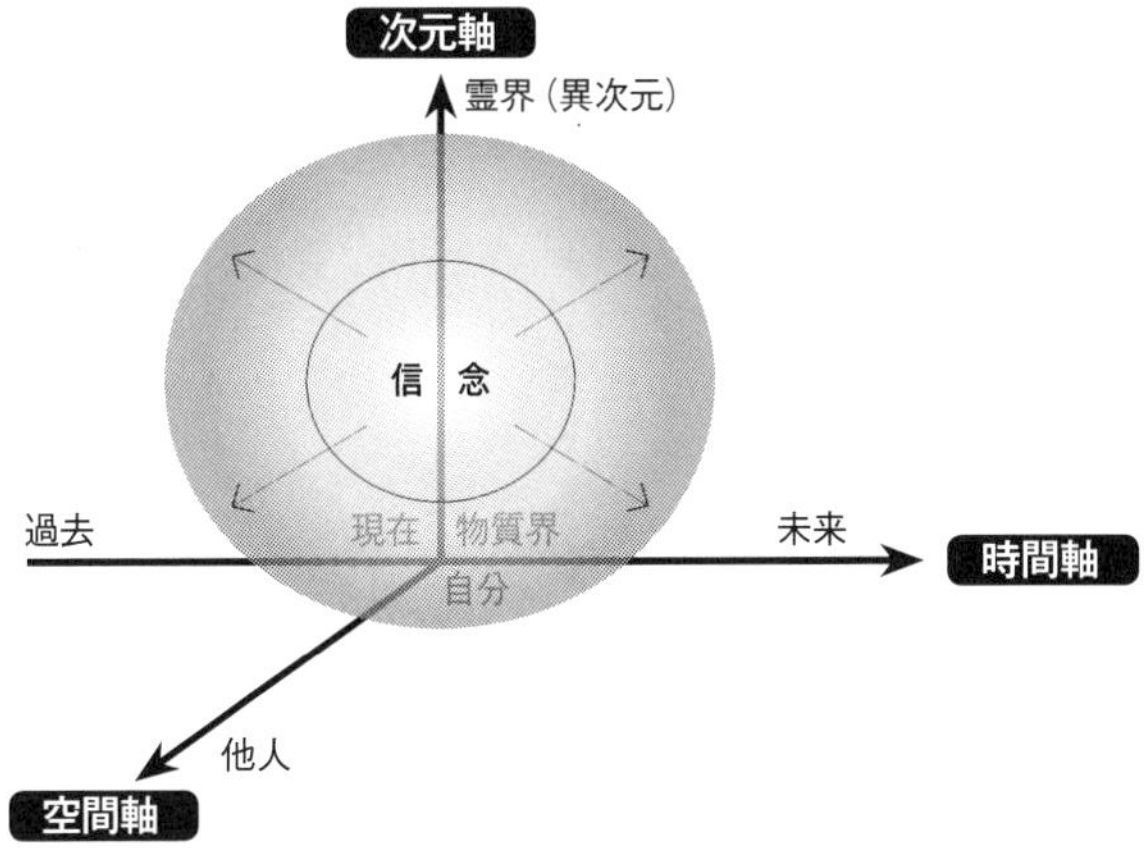

考えていくことができます。やがて、自分の周りにもそうした世界を実現していきます。

これらを、さらに収斂した三軸論で説明すると、次のようになるでしょう（図表19）。

【空間軸】――「自分」や「他人」は仏神の子として無限の可能性を秘めた存在であるから、お互い尊重し合い、支え合う理想的な空間（ユートピア）を出現させようという最強の信念になります。

【時間軸】――人間の「人生」は、仏神から与えられた黄金の時間だから、仏神の子として相応しい人生目標と使命を持って、時間を無駄にすることなく燃焼させていこうという最強の信念になります。

【次元軸】——この「世界」は仏神が統べる多次元的宇宙の世界だから、仏神が発する理想を受け取りつつ、物質世界をより高次な精神世界へと進化させるべく努力していこうという最強の信念になるのです。

これらの信念の内容を凝縮して一言でいうと、序章部分で端的に述べた内容になります。

「私はスピリチュアルな存在で、肉体に宿る魂だ。

それは、神さま、仏さまなどの『聖なる偉大なる存在』の一部であり、永遠の生命を持って、魂修行のために転生輪廻を繰り返している存在だ。

ゆえに、自分は『無限の可能性を持つダイヤモンドの原石』なのだ。磨けば磨くほど光るのだ。

それは、他人もまったく同じだ。

人生は、人格を磨き、魂を磨くための修行場なのだ。自分も他人も、苦労して、その中で頑張っている。

世界は、そうしたたくさんの魂修行者たちが修行するために、神さまや仏さまなどの偉大なる存在が創った慈悲の世界なのだ」。

基本は、自分、他人、人生、世界に対して、明るく積極的で建設的な見方をすることが大切です。そこに、スピリチュアルな見方が加わることによって、明るく積極的で建設的な見方が強化されます。

すると、さまざまな苦難・困難に出合っても負けずに明るさを保ち、苦難・困難を糧にしてしまうような力強い努力ができるようになります。難しかった性格の改善も可能となってきます。6つの性格が適正な状態になり、パーソナリティ障害も緩和し、身体もよくなって、環境も改善し、幸福感が増していくでしょう。

このようによい信念を強化しつつ、信念通りの努力、行動、性格作りを支えてくれるのが、八正道なのです。

パーソナリティ障害・発達障害を、よい信念と八正道で癒す

と、本章は、ここで終わってもよいのですが、「自分は、パーソナリティ障害ぎみかも」という人が、その頑固な不幸感覚を取り除くために、どの障害に、特にどの信念、どの八正道の項目が大事なのかについて、簡単に述べてから本章を終えたいと思います。これまでに導いたよい信念の威力を検証することにもなるでしょう（図表20）。

前述の通り、まず、**すべてのパーソナリティ障害についていえるのが「自尊心・自己責任キャラ」の値が低いという点**です。したがって、八正道でいえば「正見」を実践しながら、「自分に対するよい信念」を持つことで、自分は『無限の可能性』を宿した仏神の子であるという確固たる自信と、原因結果の法則の流れのなかで仏神に向かって向上していこうとするセルフヘルプ精神が身につくのです。この精神的脱皮は、パーソナリティ障害を癒していく上で決定的要因になります。

この「自分に対するよい信念」と「正見」に加えて、どの信念、どの八正道の項目が大事なのか、以下、それぞれのパーソナリティ障害についてコメントしていきます。

図表20　パーソナリティ障害と発達障害を癒す「よい信念」「八正道の項目」はどれ？

パーソナリティ障害 ＼ 信念の分類	自分	他人	人生	世界
八正道の項目	正見（正信）	正語・正業 正精進	正思・正念	正命・正定
強迫性　パーソナリティ障害	○		○	
依存性　パーソナリティ障害	○	○		
回避性　パーソナリティ障害	○	○		
境界性　パーソナリティ障害	○			
自己愛性　パーソナリティ障害	○	○		
演技性　パーソナリティ障害	○	○		
反社会性　パーソナリティ障害	○		○	
妄想性　パーソナリティ障害	○	○		
統合失調型　パーソナリティ障害	○			○
統合失調質　パーソナリティ障害	○		○	
発達障害	○			○

【強迫性パーソナリティ障害】の特徴は**「完璧主義」**でした。目標を持ち、それに向かってがむしゃらに努力していくのは素晴らしいのですが、成果を焦って目標までのプロセスが楽しめなくなってしまいます。

このパターンには、特に、**「人生に対するよい信念」**を強めることが大切でしょう。無駄に焦ることなく、目標に向けて合理的で戦略的に努力するように変わります。目標までのプロセスを楽しむことができるようにもなるでしょう。

八正道の項目で大切なものを挙げるとすれば、**「正思」**や**「正念」**が大切です。

【依存性パーソナリティ障害】の特徴は**「他人への依存」**でした。自己犠牲的、献身的な行動が目立つ「過剰適応」タイプと、生活能力が低く家族やパートナーに一から十まで頼って生きている「幼児」タイプがあります。

そこで**「他人に対するよい信念」**を強めることで、自分と他人の双方が幸福になるような柔軟な発想ができるようになります。さらにその実現のために地道な努力を習慣化することで、自立して他に依存し過ぎることがなくなるのです。

八正道でいえば、**「正語」**や**「正業」**、**「正精進」**が大切です。

【回避性パーソナリティ障害】の特徴は**「傷つくことへの過剰な恐れ」**です。「どうせ、みじめな気持ちになるのだから、最初からリスクを伴うチャレンジをしない」という感じです。人間関係でも、深い関係になって拒絶されたりするのを恐れ、親密な人間関係を避ける傾向があります。

このパターンには、特に**「他人に対するよい信念」**を強めることが大切です。自分の言葉や行動を通じてどのように他人のお役に立てるかという積極思考になり、リスクを避けて自分を守りたいという自分中心発想を克服することができるようになるでしょう。

八正道でいえば、**「正語」**や**「正業」**、**「正精進」**が大切です。

【境界性パーソナリティ障害】の特徴は**「激しい気分変動と強い見捨てられ不安」**です。心の寂しさを埋めようと相手の気を引くために自殺未遂を起こしたり、自傷を繰り返したりするのです。この場合、情緒不安定なのは、自尊心がなく環境変化に自分がもろに影響を受けるからです。この場合、**「自分に対するよい信念」**を強めることで、自分は無限の可能性を秘めた仏神の子であるという確固たる自信と、原因結果の法則により環境に影響されない自己責任の精神が身についてくるでしょう。

八正道でいえば、**「正見」**が大切です。

【自己愛性パーソナリティ障害】の特徴は**「傲慢な態度が目立ち、他人が自分を特別扱いするのは当然だと考えている」**ことです。しかし内心では他人の気持ちに無関心で共感性が乏しいのが実情です。自己否定による落ち込みを避けるために、外面的に誇大な自信を振りかざし自分を守ります。

このパターンは、**「自分に対するよい信念」**と**「他人に対するよい信念」**を強めることで無限の可能性を秘めた仏神の子としてお互い尊重し合い、支え合うユートピアが出現してくるでしょう。

八正道でいえば、**「正見」「正語」「正業」「正精進」**などが大切です。

【演技性パーソナリティ障害】の特徴は**「他人から注目されなければ自己否定されるという思いこみ」**です。そのため、なりふり構わず嘘をついてまで人の関心を引きたいわけです。

そこで**「自分に対するよい信念」**と**「他人に対するよい信念」**を強めることで、自分だけでなく他人も幸福になる道があることを信じることができます。そのための具体的努力としては、演技しがちになる自分の言葉や行動を整える努力も大切でしょう。

八正道でいえば、**「正見」「正語」「正業」「正精進」**などが大切です。

【反社会性パーソナリティ障害】の特徴は**「人や社会に対する『復讐心』」**です。他者への同情心に乏しく、端から人を信じる気持ちを捨てており、自分を信じている相手さえ平気で裏切り屈辱を与えていきます。彼らは社会的規範やモラルを軽視、敵視していて、ためらいもなく違法行為に手を染めていきます。

そこで**「人生に対するよい信念」**を持つことで、怒り、憎しみ、敵意の心をコントロールすることができるようになります。人や社会を許す心が養われ、自分の人生を有意義に燃焼させていけるでしょう。

八正道でいえば、**「正思」**や**「正念」**などが大切です。

【妄想性パーソナリティ障害】の特徴は**「人への猜疑心」**です。人を心から信じることができず、いつも裏切られるのではないかという恐怖を抱いています。人への猜疑心は実は、自分が信じられないことの裏返しです。

そこで**「自分に対するよい信念」**と**「他人に対するよい信念」**を持つことで、自分は仏神に愛された仏神の子であるという強固な自信がつき、仏神の子としての他者も信じられるようになるでしょう。

八正道でいえば、**「正見」「正語」「正業」「正精進」**などが大切です。

【統合失調型パーソナリティ障害】の特徴は**「インスピレーション豊かだが、頭でっかちで行動が伴わない」**ことです。超越的な存在や非論理的な思考に親和性があり、浮世離れした雰囲気を漂わせています。

そこで**「世界に対するよい信念」**を持つことで、規則正しい生活を心がけ、考え、発言、行動の3つを調和させることで霊的世界と物質世界を貫く幸福を実現していけるようになります。インスピレーションで得た素晴らしい発想を実現できるようになるでしょう。

八正道でいえば、**「正命」「正定」**などが大切です。


【統合失調質パーソナリティ障害】の特徴は**「厭世的で孤独を楽しむ」**ことです。環境変化を嫌い、修行僧のように決まった生活パターンを忍耐強く黙々と続けていくのが得意です。時間の流れが速い情報化社会を嫌い、引きこもりになることが少なくないようです。

そこで「人生に対するよい信念」を持つことで、明確な人生目標ができればリスクを伴うチャレンジ精神が培われます。さらに誰かの役に立ちたいという共同体感覚が強まり、人との接触を厭わない新しい人生へと脱皮する意欲が出てくるでしょう。

八正道でいえば、**「正思」**や**「正念」**などが大切です。

【発達障害】の特徴は**「得意・不得意の差が激しく、マイペースで思考・行動パターンの偏りがある」**ことです。また不得意な凹みのほうに目が行き過ぎて自信をなくす傾向と、スピリチュアリティを理解せず物質世界にしがらみを持つ傾向があります。
そこで**「世界に対するよい信念」**を持つことで、内省と瞑想を習慣化し「この世界が霊的な秩序や仏神の力に依拠している」ことが直感できるようになります。そして、この世の枠組みから自由になり自分の無限の潜在能力を発揮することができるでしょう。

八正道でいえば、**「正命」「正定」**などが大切です。

以上、本章では、2500年の仏教の智慧である「八正道」の見地から、自分、他人、人生、世界に対するよい信念について、多面的に分析しました。本章は、いわば**「信念の理論編」**といえましょう。この見地から、最後の補章では、既存の心理学各派の理論と心理療法について、その長所と短所を検証し、次の時代の心理学、まったく新しい体系の登場への期待を述べてみたいと思います。

補　章

「よい信念」の立場から、心理学各派の長所と短所を見る

各心理療法は、それぞれ前提とする信念が違う

この補章では、これまでに創設され、栄枯盛衰の道をたどってきた、**さまざまな学派の理論と治療法の長所と短所**について取り上げていきます。

本章末で述べますが、筆者が専門とするポジティブ心理学は、すべての宗教や哲学を調べ、そこに共通する美徳を発見するなどの業績を上げてきました。その意味で、本章の心理学を鳥瞰する試みは、ポジティブ心理学的な営みといえましょう。

さらに、本章の試みの別の意図としては、心の悩みがある人も、治療する側の人も、それぞれの治療法がどんな長所と短所があるか認識していないために問題が改善しないケースが多く、新しい解決策が必要だという点にあります。「この心理療法が最上」と思ってすがってみたり、「あれもこれも」と無分別に取り入れてみたりといったケースもあります。

第1章の最後に述べたように、「薬物療法だけではストレスの整理はできず、自分の考え方が変わるわけではない。したがって病因が取り除かれるわけでない」というのが真実であり、心理療法を併用した治療がベストです。ただ、どの心理療法でも一様に効果が上がるわけではなく、ある心理療法では治らずに、別のものでは治るという現象が起きるのは、「それぞれの心理療法で、基盤とする『理念』(信念)が異なるから」なのです。

したがって、**心理療法を施す側も受ける側も、心理学各派がどのような信念、技法を用いて治療をしているのかを知ることが必要**なのです。そこで本書で体系化した信念理論である**「自分、他人、人生、世界に対するよい信念」の観点から**、心理学領域のほぼ全景を鳥瞰しつつ、その長所と短所について考えていきたいと思います。

その前に、ここで確認しておきたい心理学の「前提条件」が一つあります。それは、**「ある考え方をすると不幸になり、別の考え方をすると幸福になる」という心の法則**についてです。もし、この心の法則を否定してしまったら、心理学という学問自体が成り立たなくなってしまいます。一人ひ

とり独立した個々の存在に見えますが、実は、人間には共通する心の法則があるのです。その心の法則を解明するため、さまざまな心理学の学派が独自の理論体系を築き上げてきました。

心理学の大本は宗教のエクソシズム

まず、心理学の歴史的背景を知っておくのは心理学の「根源」や心理学各派の「素性」を知る上で大変重要になります。ハーバード大学の科学史を専攻するアンネ・アリントンは、**「宗教のエクソシズムが心理学の源流にある」**と研究報告しています。**【注1】**

エクソシズム（Exorcism）とは「悪魔祓い」のことで、映画「ザ・ライト〜エクソシストの真実」（2011年公開）で有名になったように、現在でも**カトリック教会の総本山・バチカン公認の正式な職業**です。実際、バチカンにはエクソシスト養成講座が存在し、そこで学んだ者たちが、自分たちの教区において悪魔祓いの儀式を現実に遂行しています。新約聖書「マルコによる福音書」を調べると、**イエス・キリストによるエクソシズム**が少なくとも5回は出てきます（①1章23節〜、②1章32節〜、③5章1節〜、④6章13節〜、⑤9章14節〜）。その中の代表的なエクソシズムが、次のように9章17〜27節で描写されています。

群衆のひとりが答えた、「先生（イエスのこと）、おしの霊につかれているわたしのむすこを、こちらに連れて参りました」。

「霊がこのむすこにとりつきますと、どこででも彼を引き倒し、それから彼はあわを吹き、歯をくいしばり、体をこわばらせてしまいます」。（中略）

そこで人々は、その子をみもとに連れてきた。霊がイエスを見るや否や、その子をひきつけさせたので、子は地に倒れ、あわを吹きながらころげまわった。（中略）

霊はたびたび、この子を火の中、水の中に投げ入れて、殺そうとしました。しかしできますれば、

	八正道							
	正見	正思	正語	正業	正命	正精進	正念	正定
	○	△	△	△				
	○		○	○	○			
		○		○			○	
		○		○				○
	△	○		○				
	○	○	○	○	○	○	○	○

わたしどもをあわれんでお助けください」。

イエスは彼に言われた、「もしできれば、と言うのか。信ずる者には、どんなことでもできる」。

その子の父親はすぐ叫んで言った、「信じます。不信仰な私を、お助けください」。

イエスは群衆が駆け寄って来るのをごらんになって、けがれた霊をしかって言われた、「おしとつんぼの霊よ、わたしがおまえに命じる。この子から出て行け。二度と、はいって来るな」。

すると霊は叫び声を上げ、激しくひきつけさせて出て行った。その子は死人のようになったので、多くの人は、死んだのだと言った。しかし、イエスが手を取って起こされると、その子は立ち上がった。【注2】

一方、キリスト教に限らず、**仏教、道教、日本神道など他の宗教でも、「厄を払う」「病気平癒」などの祈祷**があり、悪霊や生霊など何ものかが取り憑いて病が起きるとの考え方を取り、実質上エクソシズムと同様の儀式があります。

図表21　各心理学の得意・不得意は？

心理学各派	信念			
	自分	他人	人生	世界
精神分析学	○	○	過去	物質界
認知行動主義	○	×	現在	物質界
人間性心理学	○	○	(過去)〜現在〜未来	物質界〜(霊界)
トランスパーソナル心理学	○	○	(過去)〜現在〜未来	(物質界)〜霊界
対人関係療法	△	○	現在	物質界
ポジティブ心理学	○	○	過去〜現在〜未来	物質界〜霊界
3軸論	空間論		時間軸	次元軸

アリントンが指摘しているように、エクソシストの治癒には「仏神を信じる力」が根源にあります。そして時代を経るにしたがって、この仏神を信じる力が形骸化し、さまざまな別の信念に変わっていくことによって心理学の各派に枝分かれしていったというのが心理学の歴史であったのです。

また、宗教が病気治しをしてときどき法律違反で問題になることがありますが、宗教の権威を隠れ蓑にした詐欺犯罪は別にして、**学問的な医学史から見ても宗教の病気治しはまったく問題がない、正当な治療行為**と考えられます。

心理学の4つの勢力、新たな潮流

このように**心理学の源流には「スピリチュアリティ（霊性）」と「宗教性」があった**ということを大前提にして、次節から心理学の各派の解説をしていきます。世界的にコンセンサスが取れている心理学史の流れを鑑み、本書でもその流れで、第1勢力の「精神分析学」、第2勢力の「認知行動主義」、第3勢力の「人間性心理学」、第4勢力の「トランスパーソナル心理学」、その他の心理学として「対人関係療法」「NLP」、そして最新の第5勢力「ポジティブ心理学」という順序で解説していきたいと思います。

ただ一部、第1勢力を行動主義、第2勢力を精神分析学とする説もありますが【注3】、経時的順番を重視して本書では、先述した順番を採りたいと思います。各心理学はそれぞれの理論を基盤とした心理療法が確立されおり、また「自分、他人、人生、世界に対するよい信念」と「八正道」から見た心理学各派のマトリクスは図表21のようになります。この表を羅針盤にして読み進めていただくと理解しやすいでしょう。

また、各心理療法の適応症例の指針にもなります。例えば、精神分析学では、「人生に対する信念」が「過去」になっていますので、過去のトラウマが症状の原因と疑われる症例には精神分析学が適当であると判断します。逆にいえば、「未来」の目標がないのが悩みの症例には、精神分析学は合わないと考えるわけです。

第1勢力・精神分析学の功績と限界

時代は近代に入って18～20世紀にかけ、宗教による**悪霊払い・エクソシズムが、動物磁気→催眠術→精神分析へ**と変遷していきます。【注4】

心理学史上、著名なエクソシストとしてスイスの聖職者、ヨハン・ヨーゼフ・ガスナー（1727～1779年）が挙げられます。当時、ガスナーはその絶大な効果を持つエクソシズムにより、ヨーロッパ中で名声を博していました。

そこに近代啓蒙主義を自称するドイツの医師で動物磁気家、フランツ・アントン・メスメル（1734～1815年）が立ちはだかります。動物磁気とは、ちょうど磁石にS極とN極があるように、人体にも磁力があり、正反対の両極があって伝達し合い、体内で変換・消滅・増大されるとする説です。

エクソシズムの効果が、「信仰」によるものと主張するガスナーと「動物磁気」によるものだと反論するメスメルは対立しました。

このガスナーの「宗教的信念」とメスメルの「世俗的概念」の対立は、ガスナーの活動の終了でメスメルが勝利したかに見えました。しかし、その後、フランス国王が任命した科学アカデミー調査委員会はメスメルが主張する動物磁気なるものの証拠はどこにもないと結論したのです。しかし、彼らの対立がその後の精神分析の出現を運命づけることになりました。

まずスコットランドの内科医、ジェームズ・ブライド（１７９５〜１８６０年）が動物磁気とは切り離して「催眠術」を開発。次にイポリート・ベルネーム（１８４０〜１９１９年）が、催眠は「暗示（Suggestion）」によるものであると提唱しました（ナンシー学派）。

そして、ジークムント・フロイト（１８５６〜１９３９年）が登場します。フロイトの詳しい経歴は第２章【実例⑧　精神分析学の創始者「ジークムント・フロイト」の場合】をご参照ください。彼は当初、催眠を「潜在意識（無意識）」に抑圧された体験を「表面意識」に想起させる手段として用いて、「潜在意識」の発見につなげ、１９００年に『夢判断』を発刊し精神分析学を確立していきます。それにより学術的名声を築いていきますが、彼は終生、無神論者、唯物論者であり、そのためスピリチュアリティに理解があったカール・ユング（分析心理学の創始者、１８７５〜１９６１年）など多くの弟子たちと袂を分かつことになりました。

【理論】

精神分析学理論は「人間には潜在意識の過程が存在し、**人の行動は潜在意識によって左右される**」という基本仮説に要約できます。つまり、人は意識することが苦痛だったり、恥ずかしかったりするような欲望を潜在意識に抑圧することがあり、それが形を変え神経症の症状などで表れると考えるのです。

そのため治療に当たっては、潜在意識に抑圧された葛藤の内容を自覚し、表面意識に表出させて、本人が自覚することによって、症状が解消し得るという治療仮説を立てたのでした。

特に「局所論」と「構造論」の二つの理論基盤を提供し、これにより心的理解が進み、神経症を中心とした精神疾患の治療が進みました。

局所論では、人間の心は、「意識（表面意識のこと）」「前意識」「無意識（潜在意識のこと）」の3層から成り立っているという考え、意識と前意識との間に「検閲」という防衛機制が働いていると想定します。前意識とは、意識されてはいないものの、思い出そうと注意を向ければ思い出せる意識領域を指します。

構造論では、エス（本能エネルギー）―エゴ（自我）―スーパーエゴ（超自我）の葛藤により精神症状が出現すると仮定して（図表22）、要約してエスを「快楽原則」、自我を「現実原則」、超自我を「道徳原則」と呼んだりします。【注5】

①**エス**とは、潜在意識に相当し、性欲動（リビドー）や攻撃性（タナトス）などの本能エネルギーが詰まっていている部分。エスは幼少期に欲動が抑圧された部分と考えられています。

②**スーパーエゴ**は、表面意識と潜在意識の両方に表れていて、宗教観、道徳観、倫理観、良心、禁止、理想をエゴに伝える機能を持ちます。一般的には理想的な親や倫理的な態度を内在化して形成されるので「幼少期における親のお仕置き」とよく表現されます。超自我は自我が防衛を起こす原因とされます。

③**エゴ**は、表面意識、前意識、無意識的防衛に表れていて、エゴはエスとスーパーエゴからの要求を受け取り、外界の現実からの刺激を調整する機能を持ちます。無意識的防衛（防衛機制）を行い、エスからの欲動を防衛・昇華したり、スーパーエゴの理想や禁止と葛藤したりすることで調整的な役割を果たします。

実際の治療では、カウンセリングにおいて、患者が過去に自分にとって重要だった人物（多くは両親）に対して持った感情を、目の前の治療者に対して向けるようになるという「転移」を、カウ

図表22　精神分析学派の理論

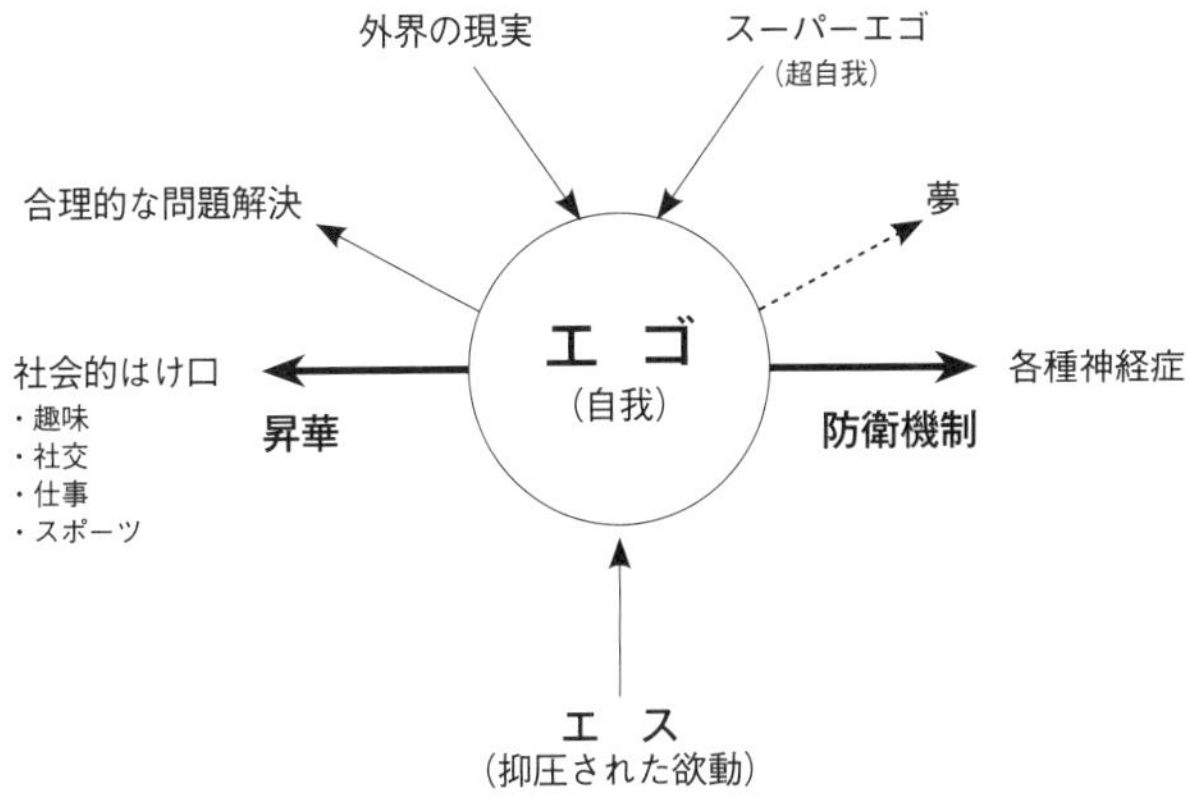

ンセラーが分析して、それを患者に告げます。解釈が成功して、患者が今まで意識していなかった無意識的防衛や葛藤を、表面意識に統合できると病気が治癒するのです。

【功績と限界】

精神分析学の貢献は、**潜在意識の存在を発見**したことと、人の思考や行動は潜在意識によって左右されると提唱したことです。

短所としては、創設者のフロイトがスピリチュアリティに欠ける無神論、唯物論者だったことが災いして、潜在意識を幼少時の本能エネルギーが詰まっている肉体的意識としか見なさず、解釈が曲がってしまった点になります。

一方でフロイトと決別した**ユング**のように、肉体的な個人的潜在意識を超え、**人類全体が共有する普遍的潜在意識（集合的無意識）があると結論づけたスピリチュアルな研究者**がいたことも指摘しておきたいと思います。

【よい信念からの評価】

精神分析学は、「自分」の無意識的防衛や葛藤を、「他人」への転移を通して意識化して治療につなげるという治療理論を取るため、「自分」や「他人」に対する信念を扱います。また、精神分析学では無意識にある「幼少時」の欲動を問題視するため、過去・現在・未来と流れる「人生に対する信念」のうち、過去に関わる部分を扱います。

決定的な欠点は、幼少時の性欲葛藤を中心に取り上げるという点で、自分、他人、人生に対する信念がそれに覆われて、暗くて消極的なものになっています。また、**フロイトは無神論者、唯物論者だった**ため、「世界に対する信念」では霊的視点が抜け落ちた物質世界のみを想定した理論になっている点も見逃せません。

ただ、同じ精神分析の流れでも、後世の自己心理学を提唱した**ハインツ・コフートは「ポジティブな自己」というものを想定**しており【注6】、明るく積極的な自分への信念があります。

【八正道からの評価】

精神分析は、「現在の症状は、過去の抑圧された欲動にある」と考える病態理論を取っているので、一応、人間の思考を「原因―結果」の法則で見ようとはしていますが、すべてを性欲で説明するスタンス、つまり根本の前提のところが、正統な正見の立場からはかけ離れています。ですから、性欲動や攻撃性などの本能エネルギーをコントロールしたり、言葉や行動を見たりする点については、正思、正語、正業の一部を含むように見えますが、前提が違っているので、仏教的な立場からは、かけ離れているといわざるを得ません。

第2勢力・認知行動主義の長所と短所

【行動主義】

精神分析学の次に現れたのは、行動主義です。この勢力は、表面意識や潜在意識といった心の内面のあいまいな現象を扱う精神分析学を批判し、**心理学は客観的に観察可能な「行動」のみを対象とする科学であるべきだと主張**しました。

ジョン・ワトソン（ジョンズ・ホプキンズ大学、1878〜1958年）は、1912年、行動のみを対象とする意識なき心理学として「行動主義」を掲げます。

彼は、行動とは外部の刺激（Stimulus）による反応（Response）であり（S—R理論）、人間すべての行動（R）は環境刺激（S）によって予測・統制できると考えました。この理論はかなり極端な機械論的な唯物論で、彼の「私に生まれたばかりの赤ちゃんを預けてくれれば、環境調整による条件付けで思いのままの大人に育ててみせる」と豪語した言葉がそれを物語っています。

その後、ワトソンの行動主義の流れを引き継ぎ、修正を試みたのが**「新行動主義」**です。刺激（S）と行動（R）の間にそれらを仲介する有機体（Organization）を仮定し、Oの要因を考慮に入れたS—O—R理論が提案され、後の認知主義につながっていきました。

こういった行動主義を理論基盤とした行動療法では、問題行動は、不適切な行動パターンが誤って学習されたか、適切な行動パターンが学習されていないことによると考えます。したがって**不適切な学習を消去するか、適切な行動パターンを学習させることによって、症状を改善することができると考える**のです。代表的な行動療法には次のようなものがあります。

①**エクスポージャー**（Exposure）—「暴露法」といい、恐怖や不安の原因となる状況や刺激に、段階的に患者をさらすことで不適応反応を消去する技法です。

②**フラッディング**（Flooding）—「実体験暴露法」といい、これは短期・荒療治型の暴露療法で、患者が一番不安や恐怖を感じる状況・場所に思い切って飛び込んでいき、それによって不安や恐怖を破っていく技法です。

③**系統的脱感作法**は、まず不安の対象となる状況・刺激に対して、それらを患者の主観で強弱を

つけ、階層化します。そして脱感作と呼ばれるリラクゼーション（おもに筋弛緩などを用いる）を学び、最後に十分にリラックスした状態で低い階層の不安対象に触れていくという技法です。

④シェーピング（Shaping）は、最終的な目標行動を設定して、その目標に向けて段階的に行動を近づけていく技法です。例えば、不登校で引きこもっている子供に対して「部屋から出る→朝玄関までいって靴を履く→外出してみる→学校の前まで行ってみる→保健室登校する→教室で1時間だけ授業を受ける」というように、少しずつ段階的に目標とする行動に近づけていきます。

⑤トークン・エコノミー（Token Economy）は、患者が望ましい行動をしたときに、おもちゃの紙幣などの報酬（トークン）を与えて、それが貯まったらお菓子と交換できるとか、動物園に遊びに行けるとかして、新しい行動を学習する技法です。トークンにはおもちゃの紙幣の他に、スタンプやシールなどを用いる方法もあります。子供の夜尿症などの治療に用いられることもあります。

【認知主義】

「認知主義」は先述した行動主義の発展型ともいわれ、**私たちの感情や行動を決定するのは、客観的な現実ではなく、現実をどのように受け止めたかという「認知」によると考えます。**

例えば第2章の〈実例11〉世界の発明王「トーマス・アルバ・エジソン」で紹介したエジソンは、67歳のとき、自分の研究所が火事に遭って全焼してしまった際、普通なら全財産を失って呆然自失状態になっても仕方ない状況であったのに、少しも落胆した様子を見せず、「これで無駄な物はすっかりなくなった。これからまた、新たな気持ちで、新たな研究を始められる」と言ったといいます。認知の仕方によって、感情と行動が決まったのです。

この認知主義を理論基盤とした「認知療法」は、1963年、アーロン・ベック（ペンシルベニア大学、1921年〜）によって創案された心理療法です。認知療法では、歪んだ現実認知を、合理

的認知に修正することが治療と考えます。これまでおおよそ10種類の認知の歪みが分類されています。【注7】

①全か無か思考――物事を白か黒のどちらかで考える思考法。少しでもミスがあれば、完全な失敗と考えてしまう。

②一般化のしすぎ――たった一つのよくない出来事があると、世の中はすべてこれだと考えてしまう。

③心のフィルター――たった一つのよくないことにこだわって、そればかりくよくよ考え、現実を見る目が暗くなってしまう。ちょうどたった1滴のインクがコップ全体の水を黒くしてしまうように。

④マイナス化思考――なぜかよい出来事を無視してしまうので、日々の生活がすべてマイナスのものになってしまう。

⑤結論の飛躍――根拠もないのに、悲観的な結論を出してしまう。例えば、心の読みすぎ（ある人があなたに悪く反応したと早合点してしまう）や先読みの誤り（事態は確実に悪くなる、と決めつける）。

⑥拡大解釈（破滅化）と過小評価――自分の失敗を過大に考え、長所を過小評価する。逆に他人の成功を過大に評価し、他人の欠点を見逃す。双眼鏡のトリックともいう。

⑦感情的決めつけ――「自分の憂うつな感情は、現実をリアルに反映している」と考える。「こう感じるんだから、それは本当のことだ」と。

⑧すべき思考――何か実行しようとするときに、「～すべき」「～すべきでない」と考える。あたかもそうしないと罰でも受けるかのように感じ、罪の意識を持ちやすい。また、他人にこれを向けて、怒りや葛藤を感じてしまう。

⑨レッテル貼り――極端な形の「一般化のしすぎ」。ミスを犯したときに、どうミスを犯したかを考える代わりに、「自分は落伍者だ」と自分にレッテルを貼ってしまう。他人が自分の神経を逆なでしたときには「あのろくでなし！」というふうに相手にレッテルを貼ってしまう。そのレッテ

ルは感情的で偏見に満ちている。

⑩個人化——何かよくないことが起こったとき、自分に責任がない場合にも、自分のせいにしてしまう。

【長所と短所】

認知行動主義の長所は、**過去にとらわれずに「今・ここ」に焦点を当てて現実的解決を図っていこうとする、その「プラグマティズム（実用主義）」**にあります。現在の問題の根っこに当たる過去の根本原因を探り当てても、その問題が解決されるとは限らないという立場なのです。

また認知主義では、さまざまな逆境や事件があったとしても、自分のとらえ方（＝認知）によって結果が変わってくるという「自己責任」の原則を踏まえており、ここは評価すべきでしょう。

ただ、認知行動主義の流れのなかでも、**特に行動主義は、目に見えない信念の力を無視した極端な「機械論的な唯物論」**となっており、ここが決定的な弱点です。行動だけ制御しても、それは「対処療法」にしかすぎず、「根本治療」のためには、行動の奥にある信念の力にまで踏み込むべきでしょう。

【よい信念からの評価】

認知行動主義は、「自分」の行動や認知を修正して治療につなげるという意味で、空間軸の「自分に対する信念」を扱っているといえます。

また、「今・ここ」の現実的問題解決に焦点を当てるため、過去・現在・未来と流れる「人生に対する信念」では、「現在」を扱っているといえます。

さらに精神分析学と同様、認知行動主義は機械的な唯物論を取るため、「世界に対する信念」については、霊的視点が落ちた物質世界のみを想定した理論になります。

このように**スピリチュアルな観点が抜けているため、自分、他人、人生、世界に対して、「聖なるもので尊い」という突き抜けた明るさ、積極的な信念にはなりにくい**と考えられます。

【八正道からの評価】

症状を、刺激による反応であるというふうに、「原因―結果」の法則で見ようとはしていますが、霊的視点がまったくないため、よい信念の立場、正当な正見の立場からすると、力に欠けます。

ただ、認知の具体的な表れとしての言葉、行動、生活を制御していくという観点については、正語、正業、正命をある程度カバーしているといえます。

第3勢力・人間性心理学の長所と短所

【理論】

心理学の第3勢力、人間性心理学は、1960年代のアメリカに誕生しました。この勢力に結集したのは、それまでの心理学の二大潮流だった精神分析学と（認知）行動主義に対して、理論的矛盾や治療効果の限界を感じた心理学者たちでした。

その中心となったのが、人間性心理学の父とされる**アブラハム・マズロー（ニューヨーク市立大学、1908〜1970年）**です。彼が、人間性心理学を創設した背景には、既存の心理学に対する不全感がありました。それは、精神分析学は人間の過去のトラウマに焦点を当て病的で異常な側面を研究しており、認知行動主義は人間と他の動物を区別せずに精神性を軽視しているため、どちらも「正常で健康な人間」を対象とする視点が欠如しているという点でした。

そこで、マズローは、「人間は、一人ひとりが『自己実現』を目指す内的傾向がある」という見解を示しました。そして、その欲求に段階があることを発見したのです。

それが、**有名な「マズローの欲求5段階説」**です。人間の欲求は5段階のピラミッドのようになっていて、まず底辺から始まり、1段目の欲求が満たされると、一段上の欲求を志すというように段階的に進むものと考えました。

彼はしばらく「自己実現の欲求」が人間の最終地点だと考えていましたが、晩年になると、それ

図表23　マズローの自己実現欲求5段階説

が終点ではなく、さらにもう一段上の欲求「自己超越」があることを提唱しました。マズローのこの考え方が、その後のトランスパーソナル心理学の創設へとつながっていきました。**【注8】**

人間の欲求の段階（図表23）は、それぞれ次のように説明されています。

①生理的欲求と②安全の欲求――衣食住など、人が生きる上での根源的な欲求です。例えば、会社員は、衣食住を得るためと社会的福利厚生という安全を受けるため、つまり「飯を喰うため」に、自分の会社に労働力を提供するわけです。

③所属と愛の欲求――他人と関わりたい、他者と同じようにふるまいたいなどの集団帰属の欲求です。

例えば、ある会社に所属することで、他人との連帯感が生まれ、チームとしての誇りを持つようになります。

④承認（尊重）の欲求――自分が、集団から価値ある存在と認められ，尊敬されることを求める認知欲求です。例えば、会社で出世して、より高

い地位を得て偉くなりたいという気持ちです。

⑤自己実現の欲求――自分の能力、可能性を発揮し、創造的活動や自己の成長を図りたいと思う欲求です。例えば、会社で人に認められるかどうかに関係なく、自分の強みを生かし、潜在能力を発揮し、人格的にも成長したいと願うことです。

⑥自己超越の欲求――自分という存在を超えて、他者を豊かにし、公に貢献したいという欲求です。この段階に達すると、自己滅却的に問題に没頭するようになり、自然にフローの状態になるといいます（フローに関しては87、254ページ参照）。例えば、会社に勤めていたとしても、自分の身がどうこうというよりも、社会的奉仕のために仕事そのものに没頭している状態といえます。

【代表的な理論家と心理療法】

①カール・ロジャーズ（ウィスコンシン大学、1902〜1987年）による「来談者中心療法（Client-Centered Therapy）」――カウンセラー側の知識の量や権威は不必要とされ、それよりも、カウンセラーの態度、すなわち、自己一致（カウンセラーの気持ちに嘘がなく、純粋であること）、無条件の肯定的関心（患者が表現している肯定的なものも否定的なものも同じように大事にして受け止めること）、共感的理解（患者の気持ちに感情移入することで、あたかも自分が感じている気持ちであるかのごとく感じ取り、同時にその感情に飲み込まれないこと）をどう実現するかが重視されます。**【注9】**

②ユージン・ジェンドリン（シカゴ大学、1926年〜）による「フォーカシング（Focusing）」――抑圧した感情を解放する技法です。日頃、私たちが何となく身体や気持ちのどこかでぼんやりと感じていながら、もう一つはっきりしない問題に焦点づけ（フォーカシング）し、それが発するメッセージをつかみ、新しい発見や癒し、問題解決へと導こうとします。**【注10】**

具体的手順としては、〔1〕体に質問する。〔2〕フェルトセンス（言葉にならないが意味のある感覚）に挨拶する。〔3〕フェルトセンスと一緒にいてあげる。〔4〕フェルトセンスに名前をつける。〔5〕感謝する。〔6〕繰り返す、です。

③ヴィクトール・フランクル（オーストリアの精神科医、1905〜1997年）による「ロゴセラピー（Logotherapy）」――「ロゴ」は、ギリシア語で「意味」の意であり、患者に、その生活状況のなかで「生きる意味」を見つけ、充実させることができるように援助する技法です。**【注11】**

これは別名「開き直り療法」とも呼ばれ、恐怖を感じるものを、意識的に開き直って逆に発想させることによって、逆説的に恐怖する症状を軽減させようとするものです。

例えば多汗恐怖の患者さんに対してフランクルが使った言葉は「昨日はまだ1リットルしか汗をかいていない。それでは今日は一つ10リットルばかり発汗してやろう」というものです。このような開き直ったユーモアの態度で、自分の症状と接すれば、自然に症状と距離を取って恐怖が薄らぐようになります。

最終的には「本来、人間は、自分の外見、体臭の強弱、汗の多少で、その人の存在意識が評価されるものではなく、もっと他に人生の意味や価値があるのではないか」といった実存的な説得を加えることが重要とされます。

④フレデリック・パールズ（ドイツの精神科医、1893〜1970年）による「ゲシュタルト療法（Gestalt Therapy）」――「ゲシュタルト」とは、ドイツ語で「全体性」とか「全体の形」を意味します。本技法は、未完結な問題や悩みに対して、「人生は外部の世界のバラバラな寄せ集めではなく、意味のある一つの『まとまった全体像』として認識する」ことで「今ここ」での「気づき」を得て、より統合された人格へと成長することを目指します。**【注12】**

例えば、失恋して人生は終わりだと考えている人には、その失恋の背後に隠れている他の意味を考えることで、視野が広がり、人格が統合されるのです。視点に「ゆらぎ」を与えるため、ロールプレイング（心理劇）、夢のワーク（夢の中の断片として登場した人物、動物、景色、家などをパズルのように「意味ある」ものへと統合していく技法）、エンプティ・チェア（空席の椅子を用意し、「もう一人の自分」や「気になる相手」「問題そのもの」を座らせ、仮想で対話を進めることで新たな気づきが得られる技法）、ファンタジートリップ（ファンタジーの世界で、例えば老賢者に会って知恵を授かってきます。自己の潜在能力などを発見する目的で用いる技法）、ボディーワーク（手技や体操、運動を通して身体から意識に働きかける技法）などの多様な技法が駆使されます。

⑤エリック・バーン（カナダの精神科医、1910〜1970年）による「交流分析（Transactional Analysis）」――これは、バーンが精神分析を応用して編み出したもので「精神分析療法の口語版」といわれます。「構造分析」により親、大人、子供の3つの自我のバランス（エゴグラム）を分析することで患者自身の自我状態を把握します。【注13】

また他者との日常生活のやり取りを分析する「交流パターン分析」や、患者の対人関係が投影されたゲームの中でそのクセを見抜いて心理過程を分析する「ゲーム分析」、さらに患者自身が人生をドラマに見立ててそのシナリオを分析する「脚本分析」などを行い、それらの分析で明確になった問題点を改善していく技法もあります。

この心理療法の基本な理念は、〔1〕感情、思考、行動の総責任者は自分自身、〔2〕過去と、他人の考えや行動を変えることはできないが、現在の自分は変えることができるというものです。

【長所と短所】

人間性心理学の強みは、観察または計測可能なもののみを対象としたそれまでの自然科学的な心理学に対し、**生きがい、価値、実存、生きる意味、善悪、死、主観的真実性、苦など、実存する人間の心の問題を本格的に扱っている点**です。人間の潜在能力と自己成長能力を重視し、人間とはよりよき生に向かって歩む主体的存在であるという積極的な考え方が長所となります。

弱点は、この勢力の開始点が、合理的知性の限界を認識し、身体と感情の妥当な復権を目指す改革運動だったところに表れており、振り子が振れ過ぎて「知性への不信」と「身体・感情への過信」が見られます。また人間の持つ「悪」や「影」の部分を軽視する傾向があります。

【よい信念からの評価】

人間性心理学は、「自分」独自の特質、選択性、創造性、価値判断、自己実現を重視するという意味で、空間軸の「自分に対する信念」を扱っています。また空間軸の「他人に対する信念」については、マズローの欲求段階説の第3段階「所属と愛の欲求」、第4段階「承認（尊重）の欲求」、第6段階「自己超越」で重視しています。「人生に対する信念」では、過去よりも現在や未来の可能性に重きを置いていて明るく積極的だといえます。

さらに「世界に対する信念」では、マズローの欲求段階説でいえば、第1～5段階の物質界の中での関心が中心で、第6段階「自己超越」でのスピリチュアリティへの関心は後付けの理論になっており、信念の内容でいえば、この世的なものに止まる傾向があります。

まとめると、**人間性心理学は、自分、他人、人生に対して、明るく積極的で建設的な信念をベースにしてはいるものの、世界に対する信念を中心に、スピリチュアリティの観点が十分に強調されているわけではない**ということになります。

【八正道からの評価】

「原因・結果の法則」を使って症状の原因を探って分析するという面は薄く、感情（欲情）や行動の「意味」を分析していくという傾向があることから、正思と正業を断片的に含むといえます。また、人生の意味、目的、使命などにフォーカスするため、正念の要素を含むといえます。

第4勢力・トランスパーソナル心理学の長所と短所

トランスパーソナル心理学とは、精神分析学、（認知）行動主義、人間性心理学に続く第4の心理学として1968年に宣言され、翌年に学会が設立されました。この潮流を生み出したといえるアブラハム・マズローは、「私は第3勢力である人間性心理学を過渡的なものと思っている。私は、トランスパーソナル心理学を、人間性、アイデンティティ、自己実現などを超えて、人間の欲求や関心ではなく、トランスヒューマンな、より高次の第4の心理学の土台としてとらえている」と語っていました。

1960年代のアメリカは、経済的な繁栄とは裏腹に、泥沼化するベトナム戦争、女性の自立、家族の崩壊、人種差別・マイノリティ問題、環境汚染などが噴出していました。つまり個人主義、物質主義、消費主義などのアメリカ的価値観が行き詰まりを見せていたのです。

そこでトランスパーソナル心理学では、**東洋の「霊的伝統」と人間性心理学における「自己超越」の概念を融合し、さらに発展**させました。トランスパーソナルという言葉は、「個人的なこと（personal）」を「超える（trans）」という意味で、人間の究極的な目的を「自己を超えた何ものかに統合されること」だと考え、そのための手法を開発したのです。

トランスパーソナル心理学の代表的論客であるケン・ウィルバー（アメリカの現代思想家でインテグラル思想の提唱者、1949年〜）によれば、**人間の発達は、3つのステップ、前個（プレパーソナル）→個（パーソナル）→超個（トランスパーソナル）という段階を踏んでいきます。**【注14】

この発達段階を分かりやすく例えると、次のようになります。

ある人が「神さまからのお告げがあった」と感じたとします。そのお告げを盲目的に信じ、たとえ他人に危害を加える悪質な内容であっても、お告げに従ってしまうのが「前個」の段階です。これは、前合理的な一番未熟なレベルといえます。

次の「個」の段階は、神さまからのお告げが確かに聞こえたとしても、冷静に論理的、合理的にその内容を分析し、その妥当性について正当に評価してから、そのお告げを信じるかどうかを決めるという段階です。

最後の「超個」の段階では、そういった「前個」や「個」の見方を十分理解しつつも、個人を超えた世界全体の根源である「スピリット」「仏や神の眼」「絶対精神」の視点から物事を判定しようとします。したがって合理的に考えたら慣習にそぐわなかったり、自分に不利になったりすることでも、人類の幸福増進につながるのなら、そのお告げを信じて果敢に行動していくということになります。

この例からも分かるように、高次の段階からは低次の段階を理解できますが、低次の段階から高次の段階は理解できません。

また注意が必要なのが、「前個」と「超個」はともに非合理的な世界なので、しばしば混同されるという点です。「どちらもすべてを神聖化する立場」とか、反対に「どちらも幼稚な退行現象」といって混同されて見下されがちです。

トランスパーソナルでは、これを「前／超の錯誤（Pre/Trans fallacy）」と呼びます。つまり、「単に合理性がない」のと「合理性を踏まえた上での超合理性」は違い、「単に常識を知らない」のと、「常識を知った上での超常識」は違い、**「単に未熟なだけ」なのと「個の確立をした上で個を超える」のは違うと明確に区別**します。

トランスパーソナル的な装いをして自由人をふるまっていたとしても、常識や合理性を知らない人は、実際には、単に非合理、非常識、未熟な人にすぎないと注意を促しているのです。

【代表的な理論家と心理療法について】

①ホロトロピック・ブレスワーク（Holotropic Breath Work）　――ＬＳＤのような薬物に頼らずに人を「変性意識状態」へと導くための呼吸法で、アメリカインディアンの儀式をヒントに開発されました。**【注15】**

「ホロトロピック」という言葉は、ギリシャ語で「holos ＝全体」と「trepein ＝〜へ向かう」を組み合わせたもので、「全体性へと向かう」を意味します。意識を、宇宙という「全体」に開くことにより、心身の解放や癒しが進むと考えます。

具体的手順は、横になって目を閉じ、音楽をかけながら、深くて速い呼吸を行います。自分の心に目を向けながら、深くて速い呼吸に集中します。ときに幽体離脱を引き起こすケースも報告されています。一つのセッションは2時間半ほどで、音楽はクラシック、宗教音楽、民族音楽などが使われます。

②プロセス志向心理学（POP：Process-Oriented Psychology）――この心理療法では、何かを「説明する」ような理論は存在しません。その代わり、プロセスを見守るための「視点」を重視します。極端にいえば「自覚（awareness）」だけを大切にしているのです。その前提になっているのが「今起こっていることには意味がある」ととらえるスタンスであり、問題を解決するために原因を突き止めなければいけないという因果論的な考え方は取りません。【注16】

現代の常識的な価値観では「症状」や「悩み」は不健康な解消すべきものとされるので、「治す」あるいは「癒す」ために心理療法が行われます。しかしプロセス志向心理学では、そうした常識的思考を反転させ、「『症状』や『悩み』というもの（プロセス）は、自分の潜在意識が表面意識に語りかけてきた意味深いメッセージだ（ドリームボディだ）」と問い直していきます。ドリームボディは、「視覚」「聴覚」「身体感覚」「動作」「人間関係」「世界」という6つのチャンネルのどれかを通じて表面意識化されると考えます。

具体的な方法論は、「うしろ向きに馬に乗る」と表現されており、まず発想を逆転させ、「症状」や「悩み」として今起こっていることを、もっと丁寧に体験することを行います。

例えば、みぞおちの痛みに苦しむ人が、その感じに意識を向けて瞑想をしたら、もっと本音をはっきり言いたいと自分が感じていること、それが痛みとなって表現されていたことに気づくという具合です。

【長所と短所】

トランスパーソナル心理学の長所は、なんといっても、**個人を超えた世界全体の根源である「ハイヤー・スピリット」「仏神の眼」「絶対精神」を想定していること**です。

これまで一部の宗教エリートのみが表現してきた人間の究極的体験や可能性について、誰にでも起こりうるものとして心理学的に探求を試みたのです。

また、この心理学は、全体主義でも個人主義でもなく、両者の問題を解決する方向性を指し示しています。これは「個を確立」しながら、なおかつ「個を超える」道です。

短所としては、日常生活における悩みや問題を、具体的に解決する**プラグマティックな（実用的な）心理療法が豊富ではない**ことです。

「大所を忘れず、小事をおろそかにしない」ということわざは、心理学にも当てはまります。人間は「個」を超えて「超個」レベルへと成長していくという「大きな方向性を忘れない」ことは大切ですが、「絶対精神の視点から、個別の人生問題を実際に解決していく」ためのきめ細かい考え方と介入ツールが貧弱なのです。

さらに人間の持つ「悪」や「影」の部分を認め、どのように解決していくのかという具体的方策が少ないようです。

さらには、科学的に洗練された臨床介入試験でトランスパーソナル心理療法の有効性を実証した学術的報告が少ないことが批判されています。

【よい信念からの評価】

トランスパーソナル心理学は、合理的、理性的、常識的、慣習的な「個の確立」を大前提にしており、空間軸の「自分に対する信念」を扱っています。さらに「超個」において個人から人類全体へ向けた関心への広がりを人格成長と見なしており、空間軸の「他人に対する信念」も扱っています。超個レベルで「仏神の眼」や「絶対精神」をはっきり想定しており、スピリチュアリティに富み、かつ、明るく、積極的な信念の根本基盤を持っている心理学といえましょう。

「人生に対する信念」では、過去よりも、現在や未来の可能性に重きを置いています。

さらに「世界に対する信念」では「個の確立」において物質界での処世術を軽視はしていませんが、それをはるかに凌駕してスピリチュアリティな世界との関わりを重視しています。

注意点を一点挙げるとすれば、先の短所でも指摘した通り、よい信念を練り上げる具体的な介入ツールが不足している点でしょう。

【八正道からの評価】

人間性心理学と同様、「原因・結果の法則」で症状の原因を探って分析するというより、感情（欲情）や行動の「意味」を分析していく傾向があることから正思と正業の断片を含むといえましょう。

また、瞑想を通じて、人生課題や生きる意味を探っていく傾向が強いことから、正定も一部含むと見てよいでしょう。

対人関係療法について

【理論】

これまで見てきた心理学の大きな勢力とは別ですが、見落とせない潮流をいくつか紹介し、現代心理学のほぼ全景を鳥瞰したいと思います。

その一つ、「対人関係療法」（ＩＰＴ：Interpersonal Psychotherapy）は、１９６０年代後半からジェラルド・クラーマン（ハーバード大学、１９２８〜１９９２年）とマーナ・ワイスマン（コロンビア大学、１９４４年〜）によって開発されました。これは、**アメリカ精神医学会の治療ガイドラインでも、うつ病に対する有効な治療法として位置づけられる**など、**認知行動療法と双璧をなす短期精神療法**として知られています。

【注17】

もともとは、うつ病の治療法として開発されたものですが、その後、**摂食障害**（拒食症や過食症など）や**外傷後ストレス障害**（ＰＴＳＤ）など、さまざまな状態に対する治療法として手を加えられてきています。

対人関係療法は、**「重要な他者」との「現在」の関係に焦点**を当ててカウンセリングします。したがって過去の人間関係は、初期に聴取して認識はしますが、治療の焦点とはしません。

対人関係療法では、最終的には認知療法と同じように認知面への効果が大きいのですが、治療の際は、患者の「気持ち」や「感情」に注目し、それを引き起こした対人関係上のやり取りそのものに光を当てます。「どのような認知が、そのような感情を引き起こしたか」と考えるのではなく、「誰が何を言ったから、そのような感情が起こったのか」ということを直接見るのです。

「対人関係」というと、すぐに本人の「パーソナリティの改善」が求められることが少なくありません。しかし、**成人していない患者など、本人の自己責任を大きく問えないケースの場合、「パーソナリティの改善」を追っても、追い詰められて問題が悪化するだけ**になります。そうした場合に、この対人関係療法が有効なのです。

また、単に焦点を当てるのではなく、対人関係で生じている問題を４つのテーマに分類し（後述）、それぞれの戦略に従ってカウンセリングをしていくというふうに、**ある程度マニュアル化されています。技法がきちんと定義されているので、効果のデータも正確に取ることができ、有効性が検証**されています。精神療法の中でも、有効性を証明するデータが多い治療法であるといえます。

対人関係療法での治療は、**プロセス全体で「医学モデル」を基本**としています。医学モデルとは、「病気」という概念を用いて、「その状態が患者にとって基本的に望ましくないものであり、自分の意思でコントロールすることができないものだ」ということを明確にしたものです。この医学モデルを理論基盤として「病者の役割」を患者に与えます。つまり、病人であるから、通常人の社会的義務である労働などがある程度免除されると同時に、患者として治療者に協力するなどの義務が生じるという意味での義務感を生じさせ、それによって、罪悪感が減じられ、治療がスムーズに進むと考えるのです。

この点については、本書の立場からいえば、治療を受ける人に、「自分は病人だ」「病気はコントロールできない」という悪い信念を植えつけることになり、後々別の問題が生じる可能性も指摘しておかねばなりません。

【介入法】

対人関係療法における具体的な心理的介入は、対人関係の問題を、以下のように4つの領域に分けて、それぞれ治療が行われます。

①悲哀——重要な他者の死による喪失後、「喪の作業」がうまく進まず、異常な悲哀の感情となって抑うつ症状を生じた状態です。これについては、失った人に対する感情を「素直に表現」させ、それに対して過大か、過小かを評価し、極端を是正することによって、新しい人間関係を築いたり活動を始めたりできるようになります。

②対人関係上の役割を巡る不和・不一致——対人関係の中で、お互いが相手に期待する役割にズレがあり、これにより生じる問題が解決しない状態をいいます。

不和の程度に応じて、〔1〕お互いがズレに気づいていて積極的に解決しようとしている「再交渉」の段階、〔2〕お互いがズレに気づいているが、それを解決する努力をあきらめて沈黙している「行き詰まり」の段階、〔3〕お互いのズレが取り返しのつかないところまできている「離別」の段階の3段階に分けられます。

そして各段階に応じた介入をしていきます。再交渉の段階に対しては、関係者の気持ちを落ち着かせて問題解決を促すよう援助し、行き詰まりに対しては、相手に対する思いやりやズレを明確にして、再交渉が可能な状態になるよう援助します。そして離別の段階では、別れが適切に行われるよう、喪の作業がうまく進むように援助します。

③役割の変化——生活や仕事の環境の変化によって、対人関係が変わり、それによって問題が生

じているケースです。人生には、入学、卒業、就職、昇進、退職、リストラ、結婚、妊娠、出産、離婚など、さまざまな生活事件（ライフイベント）が起きますが、それぞれにおける対人関係上の問題を治療の対象とします。新旧の役割のよい面と悪い面について細かく吟味し、バランスの取れた見方をし、新しい役割に伴う困難な問題の特定と解決を助け、古い役割から新しい役割に速やかに適応できるよう援助していきます。

④対人関係の欠如——満足すべき対人関係を持てない、または、対人関係が破綻しているという問題に焦点を当てます。対人関係療法では、このタイプの問題が一番難しいと考えており、問題を解決するというより、人間関係を持とうとするよう援助するほうが妥当とされています。過去の重要な人間関係や現在の特徴的な対人関係のパターンを特定し、これを改善していくよう援助します。

【長所と短所】

対人関係療法の魅力は、すでに述べたように、本人の自己責任を大きく問えないケースに有効です。例えば、まだ自立できていない学童の子供が不登校になっている場合、家族問題が関わっていることが少なくありません。不登校になっている患者本人に介入するより、両親や兄弟にも心理療法に参加してもらい、家族問題の整理をすることで不登校が解決していきます。

また治療戦略が、ある程度マニュアル化されているので、治療者によって治療内容に偏りが少なく心理療法の質が保てます。さらに対人関係療法は**「短期」精神療法として開発されており、治療期間は12〜16週間などと、明確に期限をもうけて治療が進められます。**おもに症状の軽減のみに焦点を当てており、非常にプラグマティック（実用的）です。

一方、その弊害として、すでに述べた通り、「病気を患者の性格のせいにすることはしない。患者の性格には治療の焦点を当てず、一般的にはそれが変わることも期待しない」という「病者の役割」を適用し「続ける」問題があります。**【注18】**

確かに患者の性格を矯正しようとするのは、対人関係療法が売りにしている「短期」心理療法では難しいのはうなずけます。ただ症状を軽減するのみでは永続的な治療効果は得られず、「病気を患者の性格のせいにすることはしない」という考えは「責任転嫁」の発想以外の何ものでもありません。症状が重くて他に考える余裕がなく、緊急避難的に病者の役割を適用するという急場の使用は仕方がありませんが、その信念が長期的に定着しないようにしなければいけません。

【よい信念からの評価】

先述したように、対人関係療法では「病気を自分の性格のせいではなく、性格が変わることも期待しない」という「病者の役割」を前提としています。患者の性格自体には治療の焦点を当てず、「対人関係調整の結果、間接的に本人の性格が変わることがあるかもしれない」という程度にしかとらえておらず、空間軸の「自分に対する信念」はかなり弱々しいものと考えられます。

一方、対人関係にフォーカスを当てて治療戦略を組み立てている点から、空間軸の「他人に対する信念」は扱いますが、他人に対する見方の変更は迫らないため、あまり明るく積極的であるとはいえません。

「人生に対する信念」では、時間軸でいえば「現在」の人間関係に焦点を当てています。

さらに「世界に対する信念」では物質界での対人関係のみを対象にしており、スピリチュアリティの要素は皆無です。

このように、**「病者の役割」を前提としているため、自分に対する信念は消極的で弱々しいもの**になります。また、スピリチュアルな観点もないため、他人、人生、世界に対する信念も、積極的で可能性があるというわけではないのです。

【八正道からの評価】

対人関係療法では、本人の「気持ち」や「感情」に注目して、それを客観視させ、気持ちを整理させる点と、それを引き起こした対人関係上の行動そのものに焦点が当てられる点から、おもに、正見のごく一部、また、正思や正業の一部を含むといえるでしょう。

神経言語プログラミング（NLP）について

もう一つ、注意が必要な療法に簡単に触れておきたいと思います。

神経言語プログラミング（NLP：Neuro-Linguistic Programming）といって、心理学、精神医学の臨床現場ではほとんど活用されていないのですが、**人材開発のための技法である「コーチング」の理論的基盤になって広がっている体系**です。実際、世界的ベストセラーを連発しているアメリカのカリスマコーチ、アンソニー・ロビンズを見れば分かるように【注19】、この理論はビジネスシーンで多大なる影響を与えていています。

NLPの「神経（Neuro）」とは、五感のことです。人は、視覚・聴覚・身体感覚・臭覚・味覚といった五感を通して、出来事を体験します。「言語（Linguistic）」とは、人が五感を通して得られた情報を言語によって思考し、意味づけし、コミュニケーションすることを表しています。「プログラミング（Programming）」とは、思考や行動パターンを指します。脳はコンピューターと似ているところがあり、プログラミングされた通りに動くので、望ましい結果を得られるよう、プログラミングを変えることができると考えるわけです。

NLPは神経、言語、プログラミングの相互作用を解き明かすものであり、**「人間の脳を思い通りの方向へと導くための考え方で、自分が望んだ通りの結果を出すために、脳を最大限に活用するための科学」**と要約されます。

この理論は、言語学者のジョン・グリンダーと数学者でゲシュタルト療法専門家のリチャード・バンドラーによって提唱されました。他の心理学派と同様に、NLPでもさまざまな介入技法があります。代表的な技法を紹介します。【注20】

①リフレーミング（視点変換）――認知の枠組

みを変える技法で、経験したことや行動の意味づけを変えます。つまり、イメージや認識の仕方で、「ピンチはチャンスに変えられる」ということです。

②モデリング（ものまね）——その分野で卓越した実績を出している人の戦略（行動や頭と身体の使い方）をそのまま真似する技法です。尊敬する人の思考パターンや生活習慣を真似ることで、人生は大きく飛躍していきます。

③ラポール（関係）——対人スキル向上のために、相手と信頼感や安心感のある打ち解けた関係を作っていきます。ラポールを築くために、「バックトラック（オウム返し）」「ペーシング（相手の会話ペースに合わせる）」「ミラーリング（相手の身体の動きに合わせる）」「リーディング（望ましい状況になるよう相手を導く）」などのテクニックを駆使します。

④メタモデル（適切な質問）——問題の原因になっている変形した情報、省略・歪曲・一般化などに対して、適切な質問をすることで修正を図っていきます。

【長所と短所】

長所は、**卓越した心理療法家たちの「言葉使い」や「行動」を抽出して、誰でも使えるように体系化した点で、即戦力**になります。

成功者を「嫉妬」せずに、「祝福」して真似するモデリングや、失敗してもそこから新たな意味を見出して次の成功に結びつけていくリフレーミングなど、悩みを解決するだけでなく、人生を成功させるポジティブなテクニックが満載です。

ただ、すでに述べたように、この理論がよって立つところは「脳機能」です。

したがって、**一歩間違えると唯物論、無神論に流れていく可能性が高く要注意**です。

実際、この理論を援用して活動している計算言語学者で脳科学者の苫米地英人氏は、「神はいないことを証明した」と豪語しています。**【注21】**

彼のこの主張は、第3章で詳述したように、スピリチュアリティに関する学術的研究を踏まえれば、見当外れというほかありません。

　こうなった場合、よい信念の立場からも、八正道の立場からも、人間を幸福にするとはいえない悪い基盤ができてしまうので、注意が必要です。

最新の第5勢力・ポジティブ心理学の長所と短所

　最後に、心理学の最新の流れである「ポジティブ心理学」について言及しておきます。

　1998年、当時米国心理学会会長であったマーティン・セリグマン（ペンシルベニア大学、1942年〜）が創設したポジティブ心理学は、「人生をよい方向に向かわせることについて、科学的に研究する学問」、あるいは「私たち一人ひとりの人生や、私たちの属する組織や社会のあり方が、本来あるべき正しい方向に向かうよう、そのための諸要素について科学的に検証・実証を試みる心理学の一領域」などと定義されています。

　ポジティブ心理学は最新のアプローチであり、**「人生を最も生きがいのあるものにする事柄を研究の主題として真剣に取り組む学問」**でもあります。**【注22】**

　この心理学は、「生きる意味と目的」を探求する理論を中心に据えており、直接の基礎となったのは第3勢力、人間性心理学といえます。

　ただ、人間性心理学とポジティブ心理学との大きな違いは、前者は仮説や理論が中心であるのに対し、後者は仮説や理論を実証する科学的研究を包含していることです。例えば本書で紹介してきた《実験1〜41》のほとんどは、ポジティブ心理学の研究者たちが報告したものです。

ポジティブ心理学が発見した、人類の宗教、哲学に共通する「6つの美徳」とは

　ポジティブ心理学が上げてきた業績の一つに、すべての宗教や哲学的な伝統の中に共通した「6つの美徳」の発見があります。**【注23】**

　セリグマン率いるペンシルベニア大学の研究チ

ームは、アリストテレス、プラトン、アキナス、聖アウグスチヌス、旧約聖書、タルムード、孔子、仏陀、老子、武士道、コーラン、ベンジャミン・フランクリン、ウパニシャッドなどの哲学書や宗教教典を網羅的に調べました。古いものと新しいものとの間には、3000年ものタイムラグがあるにもかかわらず、これらを共通して貫く美徳があり、それは6つに集約されるというのです。さらに彼らは、**「6つの美徳」を獲得することができる「24の性格の強み」**について解明しました。

①知恵と知識

1. 好奇心と関心
2. 学習意欲
3. 判断力、批判的嗜好、偏見の無さ
4. 独創性、創意工夫
5. 社会的知性、個人的知性
6. 将来への見通し能力

②勇気

7. 武勇、勇敢
8. 勤勉、粘り強さ、継続的努力
9. 誠実、純粋、正直

③人間性と愛情

10. 思いやり、寛大さ
11. 愛すること、愛されること

④正義

12. 協調性、義務感、チームワーク、忠誠心
13. 公平さ、公正さ
14. リーダーシップ

⑤節度

15. 自制心
16. 慎重さ、思慮深さ、注意深さ
17. 謙虚さ、慎み深さ

⑥精神性と超越性

18. 審美眼
19. 感謝
20. 希望、楽観主義
21. 精神性、目的意識、信念、信仰心
22. 寛容、慈悲
23. ユーモア、陽気
24. 熱意、情熱、意気

ポジティブ心理学では、これらの強みは、十分な訓練と粘り強さ、そして適切な指導と熱意があれば、しっかりと根付き、育っていくと考えています。これらのいくつかを、意志の力で実践し、徳高い人になることをポジティブ心理学では勧めるのです。

クロニンジャーの性格論とポジティブ心理学の6つの美徳の関連については、それぞれ別個で研究が始まっており、現時点では、直接的なものはありません。ただ、大変似てはいるので、今後、何か、理論の融合的な発展が見られる可能性もあります。

美徳を身につける際は、各人が持っている性格の「強み」に焦点を当て、さらに伸ばしていくことが重要です。このポジティブ心理学の理論は**ビジネスシーンにも応用**されていています。つまり、現代経営学で最も重視されている**「強みを生かす」**ことです。

例えばピーター・ドラッカーは著書でこう述べています。

「重要なことは、成果を上げる能力を磨くことである。強みを中心に人事を行い、その強みの発揮を求める。弱みの上に何かを築くことはできない。人事は強みを発揮させるものでなければならない。重要なことは、強みを発揮させ、弱みを意味のないものにさせることである」。【注24】

このような**ポジティブ心理学による古今東西の思想の研究成果を踏まえて【注25】、仏教の智慧「八正道」が最有力の精神理論であり、かつ心理介入技法といえそうだという議論を、第4章で詳述し**たわけです。

ポジティブ心理学の心理療法

具体的心理療法としては、328ページの図表24に示すように、人生に対する信念において、過去〜現在〜未来へと3つの時制において、明るく積極的で建設的な信念を持つための技法がそろっています。ここでは6つ紹介します。

なお、心理療法の詳しい内容に関しては、また別途、拙著などを出版する予定ですので、ご一読ください。

【長所と短所】

ポジティブ心理学の長所は、マイナスの心を修正し、プラスの心を作り出す点です。

怒り、憎しみ、恨み、奪う愛、臆病、絶望、慢心、憂うつ気分、暗さ、悲観主義、消極性、悲しみ、嫉妬、愚かさ、不安など、心のマイナス面を修正して、平均レベルに戻します。それだけではなく、許し、与える愛、勇気、誇り、感謝、希望、明るさ、楽観主義、積極性、喜び、畏敬、智慧、安らぎなど、心のプラスの潜在能力を発揮していくのです。

人間性心理学やトランスパーソナル心理学と似ているように見えますが、ポジティブ心理学では仮説や理論だけでなく、それらを検証・実証する科学的研究を包含している点が決定的に違います。

実際の治療に当たっては、患者さんの社会心理的背景に応じてバラエティに富むポジティブ心理療法が用意されています。適応される時間軸も過去〜現在〜未来と広範囲にカバーします。

短所としては、人間のポジティブな側面に焦点を当てるあまり、精神疾患を治すことよりも、通常の人生をより充実したものにするための研究が多いと批判する声があります。ただ、「意識は同時に二つ以上のことを考えられない」という心理学の法則がありますので、心のポジティブな側面を膨らませることで、同時にネガティブな側面は萎んでいくので、ポジティブ心理療法は精神疾患の治療にもなっているわけです。

またポジティブ心理学は「人生山あり谷あり」の「山」の部分しか見ておらず、「谷」の部分は無視していると指摘する方がいらっしゃいますが、この批判は的を射ていません。なぜなら先述したように、ポジティブ心理学では「お気楽な楽観主義」ではなく、リスクから目を背けない「現実的楽観主義」を勧めているからです。

ポジティブ心理学は、新しい流れだけに、過去の療法の限界をうまく克服している面が強いといえます。

	実践法
	楽な姿勢を取って腹式呼吸を。鼻から息を吸った時に「1」と頭の中で数え、口から吐いて「2」、鼻から吸って「3」……と「10」まで数える。鼻と口は逆でもＯＫ。
	①憎い相手が自分になした仕打ちの理由を考え（理解）、②自分も間違いを犯した過去があることを思い出し、③それなら憎い相手だって間違いを犯すことがあると納得する。
	父、母、兄弟、先生、会社の先輩など、自分に身近な人に対して、①してもらったこと、②お返ししたこと、③迷惑をかけたことの三つを思い出し、感謝の思いを強める。【注26】
	自分の善意、長所、強みを見つける習慣をつけることで、他人の善意、長所、強みを見つけやすくなり、他者への感謝が深まる。【注27】
	腹式呼吸しながら、身体の一部に意識を集中させ、そこが感じている感覚を感じ取り、その場所に、あるいはその中に自分の意識を止めるようトレーニングする。【注28】
	①問題をリストアップし、②「今、取り組める問題」と「当面、取り組めない問題」に分け、③解決できる問題に「優先順位」をつけ、④具体的な解決案を考える。
	目標設定ノートを作り、①長期的目標、②短期的目標、③行動計画の三つのステップで目標設定をする。日常生活における数々の誘惑から身を守る防波堤になる。
	「もしも私が、今の10倍以上の知性（あるいは能力）があったら……」「もしも、今より10倍以上、愛深い人間だとしたら……」など、各文の「……」を埋める。白紙の目で見る方法。【注29】
	A（Adversity or Activating Event）＝困った状況。B(Belief)＝思い込み。C(Consequence)＝結末。D(Disputation)＝反論。E(Energization or Effective New Belief)＝元気づけ。【注30】
	①イメージ＝ビジュアライゼーション、②言葉＝「言霊《ことだま》」の力、③感情＝知性レベルにとどまらず「感性」も総動員、④繰り返し＝「習慣化」の力。【注31】
	①自分が死ぬ間際の場面を想定する。②「どういう人生だったら悔いが残らないか」「自分が生きていてよかったと、他人にも喜んでもらえるかどうか」を瞑想しながら考える。
	①M（Meaning）「何に意義を感じるか？」＝意義、意味。②P（Pleasure）「何に喜びを感じるか？」＝喜び、内発的動機づけ。③S（Strength）「何が得意か？」＝長所、強み。

図表24　ポジティブ心理学の各種療法

カテゴリー	意味	時制	意味
① 許し	怒りは許しで和らぐ。 理解できれば許せる。	過去	数息観《すそくかん》
			REACH法
② 感謝	「愛してくれない」という 愛欠乏症の対極が感謝。	過去 〜現在	内観療法
			ほめ日記（自己賞賛ノート）
③ 快楽	「今、ここ」の楽しみや 幸福感をじっくりと味わう。	現在	マインドフルネス瞑想
			悩みのリストアップ
④ 充足感	自分の美徳を見つけ、 育むことで得られる幸福感。	現在 〜未来	目標設定エクササイズ
			文章完成プログラム
⑤ 楽観	現実を真正面から捉える 「現実的楽観主義」。	現在 〜未来	ABCDEモデル
			アファメーション
⑥ 希望	希望は①意志力と、 ②柔軟な発想力で構成される。	未来	棺桶《かんおけ》瞑想
			MPSプログラム（天職探し）

【よい信念からの評価】

ポジティブ心理学では自分が持っている「24の強み」に焦点を当て、「6つの美徳」のうちのいくつかを実践し、徳高い人になることを目指します。したがって空間軸の「自分に対する信念」はポジティブ心理学の大前提といえます。

一方、ポジティブ心理学では「許し」や「感謝」など、他者を前提とした理論や心理療法も豊富で、空間軸の「他人に対する信念」も重視します。

「人生に対する信念」では、バラエティに富むポジティブ心理療法が用意されており、過去〜現在〜未来と広範囲な時間軸をカバーします。

さらに「世界に対する信念」については、ポジティブ心理学が勧める「6つの美徳」のうち、精神性・超越性があり、霊性に理解があるといえます。

また、「24の性格の強み」の中に好奇心と関心、社会的知性・個人的知性、義務感・チームワークなど、社会的関心、責務、常識を問うものがあり、物質界も軽視していません。

このように、自分、他人、人生、世界に対して、ポジティブな側面に焦点を当てるため、明るく積極的な信念になります。

さらに、「24の性格の強み」の中に、「信仰心」というファクターがしっかり入っており、スピリチュアリティもカバーして、信念基盤がより強固になっているのです。

【八正道からの評価】

ポジティブ心理学では、REACH法やABCDEモデルなど、認知行動療法とオーバーラップする心理介入技法があり、これらはまさに「原因—結果」法則をベースにしているという意味で、「正見」の一部を含んでいるといえます。

また、感情や行動に焦点を当ててそれをコントロールする技法として、数息観やマインドフルネス瞑想などがそろっており、正思、正業、正定の一部もカバーしています。

ほめ日記（自己賞賛ノート）とアファメーションでは、ポジティブな言葉を使うよう日々努力し

図表 25　ポジティブ心理学のカバー領域

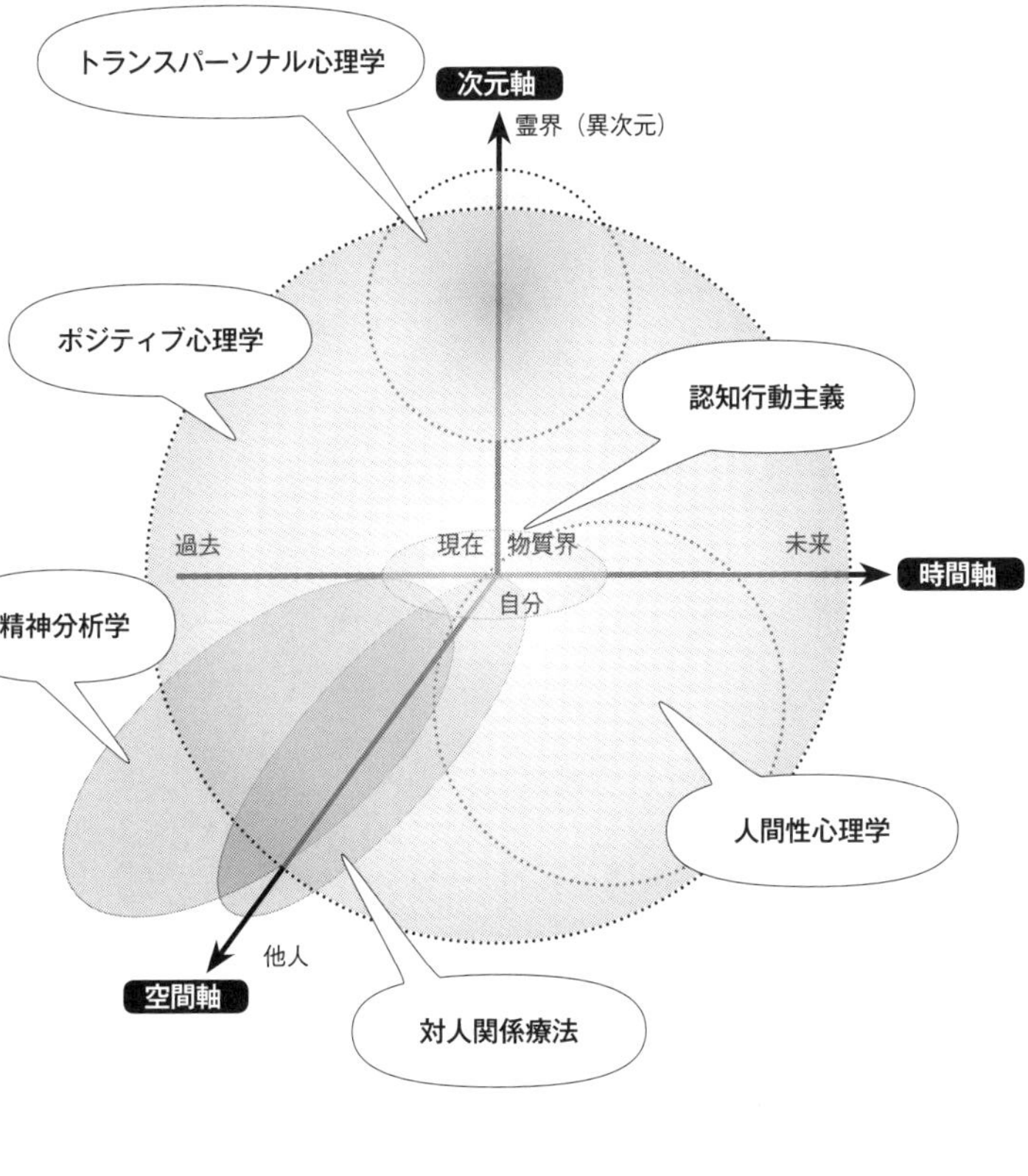

ていくという意味で、正語と正精進も含まれるでしょう。

また、目標設定エクササイズやMPSプログラムでは、正しい人生目標を設定し、具体的に生活を正していくので、正命と正念が含まれているといえます。

新たな潮流への期待

以上で見てきた精神分析学、認知行動主義、人間性心理学、トランスパーソナル心理学、対人関係療法、ポジティブ心理学などを、信念の3軸論で立体的に俯瞰すると図表25のようになります。

これまでの心理学・精神医学の歴史の流れは、ヘーゲルの「正・反・合」の弁証法になぞらえると、歴史的には、宗教をベースにする「信仰療法」(つまりエクソシズム)から、次に「唯物論的心理学」(つまり精神分析学、認知行動主義、対人関係療法)へシフトし、現在はこの両者を高次なレベルで統合した「より統合的な心理学」(つまり人間性心理学、トランスパーソナル心理学、ポジティブ心理学)へと進化しているといえます。

ただ心理学の最先端を走り、信念の3軸を広範囲にカバーするポジティブ心理学であっても、序章で結論的に述べ、第3章末や第4章の後半でまとめた「よい信念」を完全に網羅しているわけではありません。

特に、精神医学的、心理学的に見て、「スピリチュアリティ」と「宗教性」は、よい信念の基盤であり、こうした信念を前面に打ち出した「新たな心理学の潮流」は、歴史的、理論的に必然性があります。

特に、「9・11アメリカ同時多発テロ」の宗教間の争いを見るにつけ、また、その争いに巻き込まれた人々の心を救うことを目指すため、精神医学、心理学で求められる宗教性は、あらゆる既存の宗教を包含する「広さ」と「高み」がなければなりません。

こうした「至高の宗教性」と一体となった心理

学こそ、人間を本当に幸福にする科学になるに違いありません。

今後の理論の発展が待たれるところです。

あとがき

海外の文献を読んでいると、多くの超一流の科学者たちが、神の存在を賛美し、神の一部の表れであるところの人間、人生、世界の崇高な美しさを賛美している箇所によく出会います。悲しいことに、日本語訳された文献では意図的に割愛され、誤訳されていることも多いのですが……。

ときに宇宙の深遠な美しさに浸り、感激し、そして神の創りたもうた世界に隠された未知なる真理、限りない可能性を発見しようと目を輝かせて生きた彼らは、どんなに幸福だったことでしょう。

超一流の科学者は、超一流の信念の持ち主でもありました。その多くが、スピリチュアリティ（霊性）、宗教性、神仏を自明のこととした上で科学研究に携わってきたのです。

ニュートン（1642〜1727年、イギリスの物理学者、数学者）

神の叡智は
創造の業の中に表れている。

ガリレオ・ガリレイ（1564〜1642年、イタリアの天文学者、物理学者）

数学は、
神が宇宙を書くためのアルファベットだ。

パスカル（1623〜1662年、フランスの物理学者、数学者）

人々は宗教を軽蔑している。
彼らは宗教を嫌悪し、宗教が真実であるのを恐れている。
これを矯正するには、
まず宗教が理性に反するものではないことを示してやらねばならない。

ライプニッツ（1646〜1716年、ドイツの数学者、哲学者）

神が存在するとか、
あらゆる直角が等しいというようなことは、
必然的な真理である。

ウィリアム・ジェームズ（1842〜1910年、シカゴ大学教授、アメリカ心理学の父）

信仰は、人間が生きる拠り所とすべき力の一つだ。

そしてそれが皆無になることは破滅を意味する。

アレクシス・カレル（1873〜1944年、フランスの外科医、ノーベル生理学・医学賞受賞）

本来、人間は無限の可能性を秘めた、崇高な存在である。

その可能性を十分引き出さなくてはならない。

そのためには自分と向き合い、自省し、神と対話し、

ある程度ストイックな生活を送る必要がある。

アインシュタイン（1879〜1955年、アメリカの理論物理学者）

宗教なき科学は不完全であり、

科学なき宗教は盲目だ。

本書で紹介してきた最新の研究結果も踏まえれば、やはり科学には、しかるべき理想、理念、使命が必要だと筆者は感じます。補章の結論で述べたように、それが「至高の宗教

性」と一体となった科学であれば、さらに偉大な発見につながっていくでしょう。科学研究では、結論が先に見えれば、群を抜いた研究業績が上がるのです。その好例が、先に列挙した超一流の科学者たちです。

虹は、見る角度によってその姿が変化するように、同じ現象でも、見る人のその信念や価値観や解釈によって、違った研究結果が導き出されます。

心理学・精神医学の世界でも、この原則は成り立ちます。人間の思考過程をさまざまな理論で解釈する心理学各派がありますが、人々を最も大きな幸福に導くという意味での、この分野での「真理」は確かにあり、本書では、理論的、歴史的にそれらを検証し、その真理を浮きぼりにしようと試みました。精神医学・心理学の第一線で研究する者として、その真理に着実に近づいているものと信じています。

本書を閉じるに当たって、科学に対してオープンな「至高の宗教性」をご教示くださっている幸福の科学グループの大川隆法総裁先生に、この場を借りて心から感謝申し上げます（合掌）。

2012年7月7日

精神科医　千田要一

参考文献・資料

第1章

1　クロニンジャーは、性格は先天的な3つの気質でできているという独自の気質3因子理論（新奇性追求、損害回避、報酬依存）を立てた。しかし、先天的な要因だけでは、社会に適応しにくい個人と、適応しやすい個人の違いなどを説明することができないことが分かったため、後天的に成長可能な性格3因子（自己志向性、協調性、自己超越性）を追加した。最終的には、7つ目の「固執」気質因子を加え、「7次元（因子）モデル」として完成させた。

2　クロニンジャーは当初、4つの気質因子は遺伝子で決定された先天的なもの、3つの性格因子は後天的に変え得るものと仮定した。その後、近年の双子疫学研究により、各因子の遺伝率が明らかになった。

その結果を見ると、それぞれの遺伝率は新奇性追求＝32％、損害回避＝29％、報酬依存＝20％、固執＝23％、自己志向性＝25％、協調性＝16％、自己超越性＝26％となっていて、最も遺伝率が高い新規性追求でも3割程度であり、私たちは、後天的な努力で、この7つの因子を大幅に変えていけることが分かった。詳しくは次を参照。

Robert Cloninger, *Feeling Good: the science of well-being*, Oxford University Press, 2004, pp. 290-303

なお本書では、「固執」がもともと「報酬依存」から分かれてきた気質因子であるため、前者を後者に含めて考え、6項目として「信念チェックリスト」を作成した。詳しくは次を参照。

木島伸彦らの「Cloninger の気質と性格の7次元モデルおよび日本語版 Temperament and Character Inventory (TCI)」精神科診断学 7：379―399頁。

3　Kennon Sheldon and Sonja Lyubomirsky, "Is it possible to become happier? 'And if so, How?'," *Social and Personality Psychology Compass* 1(2007): 129-145

4　リチャード・ワイズマン『運のいい人の法則』角川文庫、２０１１年、85—92頁

5　トム・ラス、ジム・ハーター『幸福の習慣』ディスカヴァー・トゥエンティワン、２０１１年、82—83頁

6　Michael McCullough, et al. "Writing about the benefits of an interpersonal transgression facilitates forgiveness," *Journal of Consulting and Clinical Psychology* 74(2006): 887-897

7　ショーン・エイカー『幸福優位７つの法則——仕事も人生も充実させるハーバード式最新成功理論』徳間書店、２０１１年、175—177頁

8　リチャード・ワイズマン『運のいい人の法則』角川文庫、２０１１年、74—76頁

9　クロニンジャーの理論では、この「固執」が理論の発展の過程で分離して、一つの独立した項目として立てられ、最終的に７つの項目で性格を分析するスタイルになった。本書では、学問的裏打ちを維持しつつも、複雑化をできるかぎり避けるため、統合して６つの項目にしている。

10　トム・ラス、ドナルド・O・クリフトン『心のなかの幸福のバケツ』日本経済新聞出版社、２００５年、52—56頁

11　マルコム・グラッドウェル『ティッピング・ポイント——いかにして「小さな変化」が「大きな変化」を生み出すか』飛鳥新社、２０００年、16—18頁

12　トム・ラス、ジム・ハーター『幸福の習慣』ディスカヴァー・トゥエンティワン、２０１１年、83—84頁

13　Yuichi Shoda, et al. "Predicting adolescent cognitive and self-regulatory competencies from preschool delay of gratification," *Developmental Psychology* 26(1990): 978-986

14　Judith Rodin and Ellen Langer, "Long-term effects of a control-relevant intervention with the institutionalized aged," *Journal of Personality and Social Psychology* 35(1977): 897-902.

15　Lan Nguyen Chaplin and Deborah Roedder, "Growing up in a material world: Age differences in Materialism in children and adolescents," *Journal of Consumer Research* 34(2007): 480-494

16　リチャード・ワイズマン『運のいい人の法則』角川文庫、２０１１年、60—65頁

17 David Strohmetz, et al. "Sweetening the till: The use of candy to increase restaurant tipping," *Journal of Applied Social Psychology* 32(2002): 300-309

18 Yoichi Chida and Andrew Steptoe,A. "The association of anger and hostility with future coronary heart disease: A meta-analytic review of prospective evidence," *Journal of the American College of Cardiology* 53(2009): 936-946

19 リチャード・ワイズマン『運のいい人の法則』角川文庫、２０１１年、132―141頁

20 Eva Jonas et al. "The Scrooge effect: Evidence that mortality salience increases prosocial attitudes and behavior," *Personality and Social Psychology Bulletin* 28(2002): 1342-1353

21 M・チクセントミハイ『フロー体験入門――楽しみと創造の心理学』世界思想社、２０１０年

22 例えば、リサ・ランドール『ワープする宇宙――５次元時空の謎を解く』日本放送出版協会、２００７年

23 Dale Carnegie, *How to Win Friends and Influence People*, Pocket Books, xix, 1990

24 河合隼雄『無意識の構造』中公新書、１９７７年、33頁

25 エレン・ランガー『ハーバード大学教授が語る「老い」に負けない生き方』アスペクト、２０１１年、12―20頁

26 オウィディウス『変身物語』岩波文庫、上巻、１９８１年、75―76頁

27 Robert Rosenthal and Lenore Jacobson, *Pygmalion in the Classroom: Teacher Expectation and Pupil's Intellectual Development*, Crown House Pub Ltd, 2003

28 ＮＨＫ取材班『ＮＨＫスペシャル　うつ病治療　常識が変わる』宝島社、２００９年、149―153頁

第2章

1 Dragan Svrakic, et al. "Temperament, character, and personality disorders: etiologic, diagnostic, treatment issues,"

2 *Acta Psychiatrica Scandinavica* 106(2002): 189-195.
3 岡田尊司『パーソナリティ障害――いかに接し、どう克服するか』PHP新書、2004年、50―52頁
4 デイビッド・ブルックス『人生の科学――「無意識」があなたの一生を決める』早川書房、2012年、109―120頁
5 タル・ベン・シャハー『最善主義が道を拓く』幸福の科学出版、2009年、32―43頁
6 ピーター・J・ボウラー『チャールズ・ダーウィン 生涯・学説・その影響』朝日新聞社、1997年
Jerry Bergman, "Was Charles Darwin Psychotic? A study of His Mental Health," *Impact* #367: http://www.icr.org/i/pdf/imp/imp-367.pdf, 2004
7 ビル・クリントン『マイライフ クリントンの回想』上・下、朝日新聞社、2004年
8 コリン・ファース主演、映画「英国王のスピーチ」Happinet、2011年
9 ジョージ6世主演、映画「英国王のスピーチの真実 ～ジョージ6世の素顔～」Happinet、2011年
神経症レベルを簡単にまとめると、DSM―Ⅳ―TR（精神疾患の診断・統計マニュアル）のパーソナリティ障害分類でいう「C群」に当たる。C群とは、強迫性パーソナリティ障害、依存性パーソナリティ障害、回避性パーソナリティ障害の3つが含まれ、不安や恐怖心が強いとされる。一方、精神病レベルとは同じ分類でいう「A群」に相当し、妄想性パーソナリティ障害、統合失調型パーソナリティ障害、統合失調質パーソナリティ障害が入り、風変わりで自閉的で妄想を持ちやすく奇異で閉じこもりがちな傾向がある。参考までに、「B群」では、反社会性パーソナリティ障害、境界性パーソナリティ障害、演技性パーソナリティ障害、自己愛性パーソナリティ障害が含まれ、しばしば演技的で、感情的で、不安定に見える。
9 岡田尊司『愛着障害――子ども時代を引きずる人々』光文社新書、2011年
10 アンドリュー・モートン『完全版 ダイアナ妃の真実――彼女自身の言葉による』早川書房、1997年
11 チャールズ・チャップリン『チャップリン自伝 上――若き日々』新潮文庫、1981年
チャールズ・チャップリン『チャップリン自伝 下――栄光の日々』新潮文庫、1992年

12　山口昌子『シャネルの真実』人文書院、２００２年
シャーリー・マクレーン主演、映画「ココ・アヴァン・シャネル」ワーナー・ホーム・ビデオ、２０１０年
13　ジョン・トーランド『アドルフ・ヒトラー』1～4、集英社文庫、１９９０年
14　アンリ・エレンベルガー『無意識の発見　上・下――力動精神医学発達史』弘文堂、１９８０年
15　ウォルター・アイザックソン『スティーブ・ジョブズ　Ⅰ』講談社、２０１１年
ウォルター・アイザックソン『スティーブ・ジョブズ　Ⅱ』講談社、２０１１年
ノア・ワイリーら、映画「バトル・オブ・シリコンバレー」ワーナー・ホーム・ビデオ、２０１１年
16　三宅幸夫『ブラームス』新潮文庫、１９８６年
17　浜田和幸『快人エジソン――奇才は21世紀に甦る』日経ビジネス文庫、２０００年
18　千田要一『幸せな未来をつくるポジティブ心理学――人生の悩みを笑顔で乗り越える54のヒント』アーク出版、２０１１年、215―217頁
19　例えば、ハロルド・G・コーニック『スピリチュアリティは健康をもたらすか――科学的研究にもとづく医療と宗教の関係』医学書院、２００９年、65―78頁
20　千田要一「心のケアについて考える―精神免疫学から」クリニカルプラクティス24（２００５年）：2―6頁
21　悪い信念を持つことによって、ストレスが発生しやすくなり、身体症状に表れる「心身相関のメカニズム」について、純粋に科学的にそのプロセスを示しておく。
まずストレスと神経との関連を、簡単に説明する。身体の中の臓器は、自律神経の「交感神経」と「副交感神経」の働きによって調節されている。体の外からの刺激は、神経によって脳の中枢に伝えられ、この情報をもとに、自律神経系は即時に反応して指示を出す。心血管系、呼吸器系、胃腸系、腎臓系、内分泌系など、体の中のさまざまな臓器システムは、これらの神経によって調節され、外部環境が変化しても、内部環境は一定に保たれるという仕組みになっている。

「交感神経」は、血管平滑筋、心臓、骨格筋、腎臓、腸、脂肪など、他の組織にも張り巡らされている。「交感神経」はホルモンにも関与していて、循環エピネフリンやノルエピネフリンというホルモン（神経伝達物質）を供給している。ストレスがかかると「交感神経」が興奮し、心拍出量の増加、脈拍の増加、呼吸の促進、気管支の拡張、血糖上昇、発汗などの急性の反応を引き起こす。

一方、「副交感神経」の中心部分は脳の脳幹と仙髄というところにあり、それぞれ迷走神経、骨盤内臓（膀胱、尿道、直腸、肛門、前立腺、子宮など）を支配している。迷走神経が活性化すると、心臓の機能が抑制され、気管支や消化管を動かす平滑筋が収縮して管の動きをよくする。さらに、外分泌腺の活動が促進される。これは、要するに消化活動を活発にして万一に備えてエネルギー貯蔵しておくということである。骨盤内臓を支配する副交感神経が活性化すると、腸管が活発に動き始め、膀胱も収縮してトイレに行きたくなる。

「交感神経」と「副交感神経」は、お互いにシーソーのようにバランスを取る傾向がある。強いストレス下で「交感神経」が過剰に興奮し過ぎると、バランスを取るために「副交感神経」が過剰に興奮することがある。その場合は、胃酸分泌を促進させて「ストレス潰瘍」を生じたり、腸の運動を過剰にさせて「過敏性腸症候群」の原因となったりする。「副交感神経」系の過剰な活動は、ストレス下で、身体が痛みを感じたり、痛みを予感したりした場合にも生じる。

また、生体にストレスが加わると、「内分泌系」においては、視床下部―下垂体―副腎系（HPA axis）が活性化する。このシステムは、まず、視床下部から副腎皮質刺激ホルモン放出ホルモン（CRF）が下垂体に送られ、下垂体から副腎皮質刺激ホルモン（ACTH）が分泌され、それに刺激を受けた副腎が副腎皮質ホルモンを放出するというメカニズムである。

副腎皮質ホルモンは、「HPA axis」システムの最終部分で働くホルモンであり、全身ホメオスタシス（体内環境を一定に保つ働き）と、ストレスに対する組織反応のコントロールに関わっている。また、糖新生（活動エネルギーとなる糖を身体の中で合成する）を促進し、免疫系を抑制する。

「HPA axis」によって、ストレス状況では、まず、血糖値が上昇し、リンパ球や好酸球が減少する。

そして、さらにストレスが長期になると、免疫細胞を作る胸腺が萎縮したり、副腎が肥大したりといった症状が認められるようになる。糖尿病、感染症、膠原病（慢性関節リウマチやＳＬＥなど）、アレルギー性疾患、がんになりやすい状態になるのだ。

このように心理的ストレスが、神経系、内分泌系、免疫系を通して、身体に有害な作用を引き起こすことが分かってきたということだ。

22 Chida Y et al., "A bidirectional relationship between psychosocial factors and atopic disorders: A systematic review and meta-analysis," *Psychosomatic Medicine* 70(2008): 102-116

23 Chida Y et al., "An association of adverse psychosocial factors with diabetes mellitus: A meta-analytic review of longitudinal cohort studies," *Diabetologia* 51(2008): 2168-2178

24 Shedlon Cohen et al., "Psychological stress and susceptibility to the common cold," *New England Journal of Medicine* 325(1991): 606-612

25 Chida Y et al., "Does psychosocial stress predict symptomatic herpes simplex virus recurrence?: A meta-analytic investigation on prospective studies," *Brain, Behavior, and Immunity* 23(2009): 917-925

26 Chida Y et al., "Adverse psychosocial factors predict poorer prognosis in HIV disease: A meta-analytic review of prospective investigations," *Brain, Behavior, and Immunity* 23(2009): 434-445

27 Chida Y et al., "Do stress-related psychosocial factors contribute to cancer incidence and survival?," *Nature Clinical Practice Oncology* 5(2008): 466-475

1　エレン・ランガー『ハーバード大学教授が語る「老い」に負けない生き方』アスペクト、２０１１年、123—125頁

2　リチャード・ワイズマン『その科学が成功を決める』文藝春秋、２０１０年、174—176頁

3　A.J. Crum and E.J. Langer, "Mind-Set matters. Exercise and the Placebo effect," *Psychological Science* 18(2007): 165-171

4　キャロル・S・ドゥエック『「やればできる！」の研究——能力を開花させるマインドセットの力』草思社、２００８年、88—90頁

5　ジョージ・A・アカロフ、レイチェル・E・クラントン『アイデンティティ経済学』東洋経済新報社、２０１１年、43—44頁

6　バーバラ・フレドリクソン『ポジティブな人だけがうまくいく　３：１の法則』日本実業出版社、２０１０年、219—220頁

7　J. Forster et al., "Automatic effects of deviancy cues on creative cognition," *European Journal of Social Psychology* 35(2005): 345-359

8　立花隆『臨死体験〈下〉』文春文庫、２０００年、212—214頁

9　カール・ベッカー『死の体験——臨死現象の探究』法蔵館、１９９２年、93頁

10　Nicholas Maxwell, "The Rationality of Scientific Discovery Part II," *Philosophy of Science*, 1974, pp. 275-295

11　養老孟司『唯脳論』ちくま学芸文庫、１９９８年

12　Hill PC et al., "Conceptualizing religion and spirituality: points of commonality, points of departure," *Journal of the Theory of Social Behaviour* 30(2000): 51-77

13　サム・パーニア『科学は臨死体験をどこまで説明できるか』三交社、２００６年
van Lommel P et al., "Near-death experience in survivors of cardiac arrest: a prospective study in the Netherlands," *Lancet* 358(2001): 2039-2045

14　カール・ベッカー『死の体験——臨死現象の探究』法蔵館、１９９２年、13—29頁

15 ブライアン・L・ワイス『未来世療法――運命は変えられる』PHP研究所、2005年、18―21頁

16 ダニエル・ゴールマン『EQ～こころの知能指数』講談社、1996年

17 ダナー・ゾーハー、イアン・マーシャル『SQ　魂の知能指数』徳間書店、2001年

18 V・S・ラマチャンドラン、サンドラ・ブレイクスリー『脳のなかの幽霊』角川書店、1999年、239―242頁

19 ダナー・ゾーハー、イアン・マーシャル『SQ　魂の知能指数』徳間書店、、2001年、127―132頁

20 W・ジェームズ『宗教的経験の諸相　上』岩波文庫、1969年、16―18頁

21 ダナー・ゾーハー、イアン・マーシャル『SQ　魂の知能指数』徳間書店、2001年、102―120頁

22 加藤俊徳、渡部昇一『絶対「ボケない脳」を作る7つの実験』フォレスト出版、2010年、99―102頁

23 加藤氏は、「神経細胞の酸素消費」と「脳血流」というまったく別の二つの生理機能を『同じ方程式』に乗せなければ脳機能を説明できないことに気づいた。この非連続性（つまりクォンタム・リープ）を連続させるために、理論物理学者、エルヴィン・シュレーディンガー（ウィーン大学、1933年ノーベル物理学賞受賞）が導いた波動方程式の虚数「i」を引用するとスムーズに説明できた。加藤氏は波動方程式を取り込んだ脳機能を説明する数式を「酸素交換方程式」と名づけた。

24 アレクシー・カレル『ルルドへの旅・祈り』春秋社、1998年

25 Chida Y and Andrew S. "Positive psychological well-being and mortality: A quantitative review of prospective observational studies," *Psychosomatic Medicine* 70(2008): 741-756

26 Chida Y et al. "Religiosity/spirituality and mortality: A systematic quantitative review," *Psychotherapy and Psychosomatics* 78(2009): 81-90

27 β―エンドルフィンは脳内の報酬系に多く分布する。報酬系とは「中脳の腹側被蓋野から大脳皮質に投射するドーパミン神経系（別名A10神経系）」のことを指す。

28 例えば、樺沢紫苑『脳内物質仕事術』マガジンハウス、2010年

29　例えば、ディビッド・ハミルトン『「親切」は驚くほど体にいい！』飛鳥新社、2011年

第4章

1　G・W・F・ヘーゲル『精神現象学』作品社、1998年
2　バーバラ・フレドリクソン『ポジティブな人だけがうまくいく 3：1の法則』日本実業出版社、2010年
3　ジョナサン・ハイト『しあわせ仮説』新曜社、2011年、136―143頁
4　三枝充悳『仏教入門』岩波新書、1990年、99―103頁
5　渡辺照宏『仏教　第2版』岩波新書、1974年、95―97頁
6　大川隆法『仏陀の証明――偉大なる悟りの復活』幸福の科学出版、1995年、15―54頁
7　ジェームズ・アレン『「原因」と「結果」の法則』サンマーク出版、2003年、14頁
8　カール・グスタフ・ユング『自然現象と心の構造―非因果的連関の原理』海鳴社、1976年
9　デール・カーネギー『人を動かす　新装版』創元社、1999年、48頁
10　P・F・ドラッカー『ドラッカー名著集1　経営者の条件』ダイヤモンド社、2006年、46頁
11　ヒルティ『幸福論』第1部～第3部、岩波文庫、1961年、149頁
12　ナポレオン・ヒル『成功を約束する17の法則』ソフトバンククリエイティブ、2005年
13　M・チクセントミハイ『フロー体験入門――楽しみと創造の心理学』世界思想社、2010年
14　ヴィクトール・E・フランクル『夜と霧　新版』みすず書房、2002年
15　岸見一郎『アドラーを読む――共同体感覚の諸相』アルテ、2006年
16　ジョン・カバットジン『マインドフルネスストレス低減法』北大路書房、2007年

17　エレン・ランガー『ハーバード大学教授が語る「老い」に負けない生き方』アスペクト、2011年、48—52頁
18　三枝充悳『龍樹・親鸞ノート』法蔵館、1997年、111頁
19　C・G・ユング『自我と無意識』レグルス文庫、1995年
20　G・W・F・ヘーゲル『精神現象学』作品社、1998年

補章

1　Anne Harrington, *Cure Within: A history of Mind-Body medicine*, W.W. Norton & Co Inc. 2008
2　マルコ福音書の9章14—27節
3　サトウタツヤ『流れを読む心理学史—世界と日本の心理学』有斐閣、2003年、70—71頁
4　アンリ・エレンベルガー『無意識の発見　上・下——力動精神医学発達史』弘文堂、1980年
5　前田重治『図説　臨床精神分析学』誠信書房、1985年
6　P・H・オーンスタイン『コフート入門——自己の探究』岩崎学術出版社、1987年
7　デビッド・D・バーンズ『〈増補改定第2版〉いやな気分よ、さようなら——自分で学ぶ「抑うつ」克服法』星和書店、2004年、24—35頁
8　アブラハム・H・マズロー『完全なる人間——魂のめざすもの』誠信書房、1998年
9　カール・ロジャーズ『エンカウンター・グループ——人間信頼の原点を求めて』創元社、1982年
10　ユージン・T・ジェンドリン『フォーカシング』福村出版、1982年
11　V・E・フランクル『人間とは何か——実存的精神療法』春秋社、2011年
12　フレデリック・S・パールズ『ゲシュタルト療法——その理論と実際』ナカニシヤ出版、1990年

13 スチュアート・イアン『エリック・バーン』チーム医療、2007年
14 ケン・ウィルバー『アートマン・プロジェクト――精神発達のトランスパーソナル理論』春秋社、1997年
15 スタニスラフ・グロフ『ホロトロピック・セラピー（自己発見の冒険）』春秋社、1988年
16 アーノルド・ミンデル『プロセス志向心理学』春秋社、1996年
17 マーナ・M・ワイスマン、ジェラルド・L・クラーマン、ジョン・C・マコーウィッツ『臨床家のための対人関係療法クイックガイド』創元社、2008年
18 マーナ・M・ワイスマン、ジェラルド・L・クラーマン、ジョン・C・マコーウィッツ『臨床家のための対人関係療法クイックガイド』創元社、2008年、104―107頁
19 例えば、アンソニー・ロビンズ『一瞬で自分を変える法――世界№1カリスマコーチが教える』三笠書房、2006年
20 前田忠志『脳と言葉を上手に使う　NLPの教科書』実務教育出版、2012年
21 例えば、苫米地英人『なぜ、脳は神を創ったのか？』フォレスト出版、2010年
22 クリストファー・ピーターソン『実践入門　ポジティブ・サイコロジー――「よい生き方」を科学的に考える方法』春秋社、2010年、3―8頁
23 マーティン・セリグマン『世界でひとつだけの幸せ――ポジティブ心理学が教えてくれる満ち足りた人生』アスペクト、2004年、191―244頁
24 P・F・ドラッカー『プロフェッショナルの原点』ダイヤモンド社、2008年、75頁
25 ジョナサン・ハイト『しあわせ仮説』新曜社、2011年、136―143頁
26 三木善彦『内観療法入門――日本的自己探求の世界』創元社、1976年
27 手塚千砂子、田中宏幸『ほめ日記実践ガイド』三五館、2011年
28 ジョン・カバットジン『マインドフルネスストレス低減法』北大路書房、2007年
29 ナサニエル・ブランデン『自信を育てる心理学――「自己評価」入門』春秋社、2004年

30　アルバート・エリス『どんなことがあっても自分をみじめにしないためには――論理療法のすすめ』川島書店、１９９６年

31　ルー・タイス『アファメーション』フォレスト出版、２０１１年

著者プロフィール

千田要一（ちだ・よういち）

医学博士、精神科・心療内科医、ハッピースマイルクリニック院長。1972年、岩手県生まれ。九州大学大学院卒業後、世界でもトップクラスの実績を上げているロンドン大学（University College London）臨床研究員を経て、現在、ロンドン大学名誉上級研究員。欧米の研究機関と国際共同研究を進めつつ、日本ではクリニックを開業し、臨床の現場で多くの治癒実績を持つ。ロンドン大学では最先端の心理学「ポジティブ心理学」の研究に従事し、欧米（英語）と日本での学術論文と著書は100編を超える。第66回アメリカ心身医学会学術賞（2007年）、日本心身医学会第4回池見賞（2006年）など学会受賞多数。著書に、『幸せな未来をつくるポジティブ心理学』（アーク出版）がある。

幸福感の強い人、弱い人

最新ポジティブ心理学の信念の科学

2012年7月27日　初版第1刷

著　者　千田 要一

発行者　本地川 瑞祥

発行所　幸福の科学出版株式会社

〒107-0052　東京都港区赤坂2丁目10番14号
TEL（03）5573-7700
http://www.irhpress.co.jp/

印刷・製本　中央精版印刷株式会社

落丁・乱丁本はおとりかえいたします

ISBN978-4-86395-213-3 C0011

大川隆法ベストセラーズ

心を癒す
ストレス・フリーの幸福論

人間関係の問題、経済問題、老後の心配に負けないための、ストレス・マネジメントのコツから、奇跡を感じるスピリチュアルな解決策まで。

1,500円

アイム・ファイン
自分らしくさわやかに生きる７つのステップ

この「自己確信」があれば、心はスッキリ晴れ上がる！　笑顔、ヤル気、タフネス、人間の魅力を磨き続けるための７つのステップ。

1,200円

ハーバード大学人気 No.1 講義シリーズ

ハーバード大学人気No.1講義

HAPPIER ハピアー

タル・ベン・シャハー　著
坂本貢一　訳

幸福も成功も手にするシークレット・メソッド

ポジティブ心理学の第一人者によるハーバード大生殺到の大人気講義！　『ニューヨークタイムズ』ベストセラー、日本でも、大手ネット書店ビジネス・経済・キャリア部門ベストセラー第２位。

1,500円

最善主義が道を拓く

タル・ベン・シャハー　著
田村源二　訳

ポジティブ心理学が明かす、折れない生き方

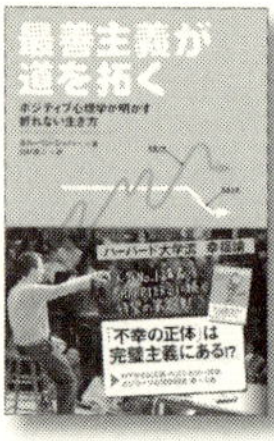

「不幸の正体」は完璧主義にある!?　現代人が陥りやすい「完璧主義」とその処方箋としての「最善主義」を徹底解説！　ハーバード大学人気No.1講義『HAPPIER』に続く第２弾。

1,700円

※表示価格は本体価格（税別）です。